KB133901

한 중 일
비 교 통 사

한중일 비교 통사
_역사상의 재정립이 필요한 때

2020년 12월 1일 제1판 1쇄 인쇄
2020년 12월 11일 제1판 1쇄 발행

지은이   미야지마 히로시
옮긴이   박은영
펴낸이   이재민, 김상미

편집   정진라
디자인   정계수

종이   다올페이퍼
인쇄   청아문화사
제본   국일문화사

펴낸곳   너머북스
주소   서울시 서대문구 증가로20길 3-12
홈페이지   www.nermerbooks.com
등록번호   제313-2007-232호

ISBN 978-89-94606-62-0 93910

너머북스와 너머학교는 좋은 서가와 학교를 꿈꾸는 출판사입니다.
홈페이지 www.nermerbooks.com

한 중 일
비 교 통 사

역사상의 재정립이 필요한 때

미야지마 히로시 지음

박은영 옮김

너머북스

역사의 삼각측량 :
비교사를 통한 새로운
동아시아 역사상을 찾아서

이 책은 1994년에 처음으로 제기한 '동아시아 소농사회론'을 더욱 발전시키기 위해 지난 20년간 조금씩 써온 글을 모은 것이다. 제2부 제1장의 연구사에 관한 글과 제3장 족보에 관한 논문을 제외하고 나머지는 이 책을 위해 새롭게 집필하였다.[1]

제1부는 14세기부터 19세기 전반까지의 동아시아 통사이고, 제2부는 소농사회론의 내용을 보다 체계화하기 위해, 연구사, 소농사회의 성립에 따른 정치적 변혁의 문제, 소농사회 성립의 기초가 된 집약적 농업의 성립 과정과 그에 따른 국가의 토지 파악 방식의 변화 등을 논한 것이다. 물론 소농사회론을 더욱더 체계적으로 논증하기 위해서는, 이 책

---

1) 제2부 제1장은 「동아시아의 근대화, 식민지화를 어떻게 이해할 것인가?」(임지현·이성시 편, 『국사의 신화를 넘어서』, 휴머니스트, 2004)의 일부이며, 제3장은 「동아시아 시계 속의 한국 족보」(계명대학교 한국학연구원, 『한국 족보의 특성과 동아시아의 위상』, 계명대학교 출판부, 2013)를 수정한 것이다.

에서 다룬 문제 외에도 사회구조 신분제의 문제, 문화, 특히 사상의 문제 등 많은 분야에 관해서도 연구가 필요할 것이다. 이들 문제에 관해서는 후일을 기약하고자 한다.

동아시아 소농사회론은 『미야지마 히로시, 나의 한국사 공부』(너머북스, 2013)에서 논했듯이, 동아시아의 전통시대라고 일컬어지는 14세기부터 19세기 전반까지를 소농사회라는 개념으로 파악하여 한국·중국·일본 삼국의 공통점과 차이점을 밝히려는 것이다. 일본에서 한국사 연구를 시작한 필자가 소농사회론을 제기하게 된 것은 뭔가 운명적으로 느껴진다. 한국사 연구를 본격적으로 시작한 대학원 시절부터 주위에는 일본사나 중국사 연구자들뿐이었고 한국사 연구자는 거의 찾을 수 없었다. 그래서 연구회 등에서 발표할 때에도 늘 일본사나 중국사와 관련시켜 한국사에 관한 이야기를 해야 했다. '습관이 오래되면 마침내 천성이 된다[習與性成]'고 하듯이, 한국사 연구를 하면서도 일본이나 중국과의 비교를 통해 한국사의 특징을 생각하는 것이 습관이 된 것이다.

동아시아 소농사회론을 제기하게 된 또 다른 요인은 다름 아닌 한국사 자체 안에 존재하고 있었다고 생각한다. 지금까지의 비교사 연구는 대부분 양자 비교, 곧 한국과 중국, 한국과 일본, 일본과 중국처럼 두 나라 간의 비교가 압도적으로 많았다. 동아시아 삼국 중에서 연구의 축적이 가장 방대한 일본과 중국 두 나라를 비교하면 그 차이가 컸는데 이것이 비교사적인 연구의 진전을 방해해 왔다고 여겨진다. 하지만 일본과 중국 사이에 한국을 두고 보면, 중일 간의 비교에서는 보이지 않았던 것을 깨닫는 일이 종종 있다. 이는 한국이 중국과의 유사성을 가지면서도, 다른 한편으로는 일본과의 유사성을 가지고 있기 때문이다. 그런 의미에서 동아시아 소농사회론을 제기할 수 있었던 것은 일본인으로서 한국사를 연구한 덕분이라고 말해도 과언이 아니다.

필자가 지금까지 수행해 온 동아시아 삼국의 비교사 방법은, 이른바 '역사의 삼각측량'이라고도 부를 수 있다. 이 말은 일본의 저명한 문화인류학자인 가와다 준조(川田順造)가 제기한 '문화의 삼각측량'[2]에서 힌트를 얻은 것이다.

가와다에 의하면 비교에는 영향이 있었던 사회를 비교하는 경우와 영향이 없었던 사회를 비교하는 경우의 두 가지가 있는데, 후자의 비교에서는 양자 비교보다 삼자 비교가 보다 효과적인 방법이라고 하며, 이를 '문화의 삼각측량'이라고 명명하였다. 그리고 가와다는 자신의 고국인 일본, 유학지인 프랑스, 연구 대상인 아프리카의 삼자를 비교한 것이다. 한편 역사학에서 비교라는 방법의 중요성을 일찍부터 주장한 프랑스의 역사학자 마르크 블로크(Marc Bloch)는 역사 연구에서는 상호 영향관계가 있었던 사회를 비교하는 것이 중요하며, 영향관계가 없었던 사회를 비교해도 인간정신의 기본적 동일성의 증명 등 매우 일반적인 결론밖에 얻을 수 없다고 논한 적이 있다.[3] 가와다가 제기한 '문화의 삼각측량'을 블로크가 말하는 영향관계에 있던 세 사회의 역사에 응용한 것이 이른바 '역사의 삼각측량'이다.

이 책에서 시도한 '역사의 삼각측량'은 중국의 영향을 깊게 받은 한국과 일본을 비교할 뿐만 아니라, 이를 통해 중국도 새롭게 재검토해 보려는 방법으로, 양자 비교로는 드러나지 않는 것을 삼자 비교를 통해 파

---

2) 川田順造, 『文化の三角測量: 川田順造講演集』, 人文書院, 2008.
3) マルク・ブロック 著, 高橋清徳 譯, 『比較史の方法』, 創文社, 1978.

악하는 것을 목적으로 한다. 물론 그 방법이 어디까지 유효한 것인지, 이 책에서 그 방법이 충분히 활용되었는지에 대해서는 전적으로 독자들의 판단에 맡기고 싶다.

서구에서 발원한 근대문명은 지금 근본적 전환점을 맞고 있는 듯하다. 자연 파괴의 가속화, 지구온난화 등 과학의 '진보'가 인류를 위기에 빠뜨리고 있는가 하면, 경제의 전 지구화에 의한 경제 격차의 공전의 확대 등 사회적 균열의 심화가 한층 진행되어 인류의 미래를 걱정하는 목소리가 커지고 있던 차에 '코로나 19' 사태가 발생하여 인류의 위기가 누가 봐도 확실한 형태로 가시화되었다. '코로나 19'는 백신이나 치료제 개발을 통해 그 위협을 통제할 수 있을 것이라고 해도 근절은 어려울 것으로 보이는 데다, 장차 더 강력한 바이러스가 나타나 인류를 위협할지도 모른다. 미래가 현재보다 더 나아질 것이라는 희망이 근저에서 흔들리기 시작한 것이다. 미래에 대한 전망을 갖지 못한 채 역사를 배우고 연구하는 행위가 과연 의미를 가질 수 있을 것인지, 나아가 내 자신이 지금까지 해 온 역사 연구가 현재의 시점에서 어떤 의미를 가질 수 있는지에 대한 의문들이 이 책을 준비하는 과정에서 비로소 명확하게 의식되게 되었다. 역사학의 존재 의의가 새삼스럽게 근본부터 의문시되고 있는 것이다.

칠순이 지난 나이와 고혈압이라는 기초질환을 갖고 있는 나로서는 코로나 앞에서 비로소 언제 죽어도 이상하지 않다는 걸 실감하게 되었다. 지금까지의 연구를 집대성하여 정리해 두고 싶다는 생각이 이 책으로 결실을 맺었지만 여전히 불충분한 부분이 많이 남아 있다는 것은 누구보다 내 자신이 자각하고 있다. 남겨진 과제에 매진할 수 있는 시간이 많기를 바랄 뿐이다.

　마지막으로 이 책의 출판 역시 많은 분들로부터 받은 연구상의 자극과 격려가 있었기에 가능했다. 특히 일본어 원고의 한국어 번역뿐만 아니라 용어의 설명과 참고문헌의 작성까지 담당해 준 박은영 박사와 어려운 상황 속에서도 출판을 맡아주신 너머북스 이재민 대표님께 깊은 감사의 마음을 전한다.

2020년 11월

미야지마 히로시

2부 _ 주제사: 동아시아의 새로운 이해

전통의 성숙과
새로운 시대로의 항해

(14~19세기 전반)

1장

14세기 동아시아의
정치 변동

왕조교체,
정권교체의 파도

　12, 13세기에 유례없는 지배영역을 실현한 몽골 제국도 14세기에
들어서자 그 지배에 그늘이 드리웠다. 14세기에는 동아시아 각 지역에
서 왕조교체와 정권교체가 잇따라 일어났다. 몽골 제국이라는 초영역국
가의 멸망은 명·조선이라는 새로운 영역국가의 성립은 물론 일본의 정
권교체와도 상호 깊이 연결된 사건이었다. 곧 중국의 당·송 변혁과 명·
청 교체가 동아시아 규모의 정치변동을 야기했듯이, 14세기 동아시아
에서도 정치변동의 동시대성을 확인할 수 있다.

원에서 명으로

　1350년대 중국 각지에서 원의 지배에 반기를 드는 움직임이 빈번해

졌다. 그 직접적인 계기가 된 것은 황하의 대범람과 그 수복 공사에 따른 노역 부담에 대한 불만이었다. 1351년 백련교의 교주 한산동이 봉기했는데, 이들 무리는 붉은 두건을 표식으로 했으므로 홍건군紅巾軍으로 불렸다. 나중에 명을 건국하는 주원장도 당초 이 홍건군에 가담하여 점차 두각을 나타냈고, 홍건군 이외에도 장사성, 방국진 등이 연속해서 봉기했다.

주원장은 빈농 출신으로 젊어서 방랑 생활을 한 후에 홍건군에 투신했다. 그리고 얼마 되지 않아 그 집단의 지도자가 됨과 동시에 송렴 등의 유학자를 수하에 두게 되면서, 단순한 종교 집단의 지도자가 아닌 엄연한 지방정권의 담당자로 성장해 나갔다. 1368년 장사성 등의 라이벌을 타도하고 응천(남경)에서 황제에 즉위한 후 국호를 명으로 정했다. 당시 대도大都(북경)는 여전히 원의 지배하에 있었는데, 같은 해 명의 북벌군이 대도를 함락하자 원 황실은 북방으로 도망쳤다. 이렇게 해서 원을 대신한 새로운 왕조로서 명이 중국 전토를 지배하게 되었다.

명의 통치는 당초 유교이념에 기반하여 상당히 엄격하게 이루어졌다. 예를 들면 강남 부유층의 재산을 가차 없이 몰수한 데다 이갑제里甲制[1]를 통해 민중을 철저하게 파악하는 정책이 채택되었다. 다른 한편으로 신속하게 과거를 실시하여 지식인을 장악했고, 원대 이래의 중앙·지방 관제를 개정하여 황제 권력을 강화했다. 이러한 명대 국가체제의 대부분은 이후 청대에도 계승되었는데 그 기본은 주원장에 의해 만들어진

---

1) 명의 촌락자치적 행정제도이다. 1381년 부역황책賦役黃冊(호적·조세 대장)의 제정과 함께 만들어졌다. 부역을 부담하는 110호戶를 1리里로 하고, 1리 가운데 부유한 10호를 이장호里長戶, 나머지 100호를 갑수호甲首戶로 하여 10호씩 10갑으로 나누어, 이장이 매년 교대로 조세를 징수하고 지역의 치안과 질서 유지 등 이里의 사무를 담당하였다.

것이다.

명의 성립은 한민족에 의한 통일왕조의 부활이라는 의미가 있었으나 통상적인 왕조교체와는 조금 의미가 달랐다. 즉 원이 멸망하여 명이 대신하는 형태라기보다 몽골족은 북방의 연고지로 돌아간 것이었다는 점에서 그들의 군사력은 명대 내내 오랫동안 명을 위협했다.

강남의 경제력과 북경 천도

명은 강남(장강長江 하류 지역)을 경제적 기반으로 해서 성립한 최초의 통일왕조였다. 그것이 가능했던 이유는 이 지역의 높은 경제력, 곧 강남 델타에 대규모의 수전水田이 개발된 것이 결정적이었다. 중국 대륙의 농업은 그 중심이 대체로 송대를 전후하여 황하 유역에서 장강 유역으로 이동했다고 볼 수 있는데, 명은 바로 그 강남 델타에서 흥기했던 것이다.

명이 처음에 도읍으로 삼은 남경은 강남 델타 중심부에 있었다. 조카의 황제직을 찬탈하여 즉위한 제3대 황제 영락제 대에 북경이 임시 수도가 되고 머지않아 정식 수도가 되었다. 북경이 수도가 된 가장 큰 이유는 북방 몽골의 군사적 위협에 대비하기 위해서였다. 북경은 원대에 정비되었던 대운하를 통해 강남 델타와 직결되어 있기 때문이다. 당대唐代까지 왕조의 수도가 대부분 황하 중유역(낙양)이나 황하 지류인 위수渭水 유역(장안)에 위치한 것과 비교하면, 명은 대운하를 통해 강남, 나아가 대운하의 남단인 항주를 통해 남방의 해상과도 연결되어 있었다.

조선 왕조와 무로마치 막부

몽골족이 북방으로 철퇴된 것은 중국뿐 아니라 다른 동아시아 여러 지역에도 큰 영향을 미쳤다. 특히 원의 지배하에 놓여 있던 고려 왕조에는 그 영향이 직접적으로 미쳤다.

1350년대 들어 원의 지배에 반하는 움직임이 활발해졌다는 소식이 전해지자, 고려의 공민왕은 반원의 자세를 취하기 시작했다. 원의 직할령이던 북부 지역을 회복함과 동시에 유학자를 등용하여 국정의 쇄신을 꾀하였다. 그러나 원의 영향은 왕실이나 정계 중추부에까지 깊이 미치고 있었으므로, 친원파와 반원파가 첨예하게 대립하는 사태가 일어났다. 친원파는 최영을, 반원파는 이성계를 중심으로 격렬한 주도권 싸움을 펼쳤는데, 이성계가 쿠데타(위화도회군)를 통해 권력을 장악하고 1392년 조선 왕조를 세운다.

이성계는 무인으로서 왜구의 퇴치로 명성을 높였고, 반원파의 중심 인물로 활약했다. 그 기반은 여진인을 포함한 사병私兵과 주자학자들이었다. 이성계는 조선 건국 후 고려의 국교로서 권세를 휘두르고 있던 불교를 억누르기 위해 주자학 이념에 기반한 국가체제를 목표로 내세웠다. 또한 1394년에는 수도를 한양으로 옮겨 500여 년을 지속하는 왕조의 기초를 정립했다.

같은 시기 일본에서는 가마쿠라鎌倉 막부에서 무로마치室町 막부로 정권교체가 일어났다. 가마쿠라 정권은 두 번에 걸친 몽골의 침공을 잘 막아 냈지만, 대규모 군사 동원에 따른 소모도 적지 않아 무사들 사이에서 불만이 높아졌다. 싯켄執權 호조北條씨는 전제를 강화함으로써 이에

22

대처하려고 했으나 도리어 반막부의 움직임이 가속화하는 결과를 초래하여 1333년 가마쿠라 막부는 멸망하고 말았다. 새롭게 정권을 잡은 이는 고다이고後醍醐 천황이었으나(겐무신정建武新政), 유력한 무사였던 아시카가 다카우지足利尊氏가 1336년 또 다른 천황을 즉위시켜 정권을 장악했다.

다카우지가 세이타이쇼군征夷大將軍에 임명되자 고다이고 천황은 요시노吉野로 도망쳤고, 이로부터 두 천황이 존재하는 이른바 '남북조시대'가 펼쳐지게 된다. 무사들은 각각 고다이고 천황의 남조나 다카우지의 북조 어느 쪽인가에 붙게 되어 일본은 내란 상태가 되었다. 그러나 점차 북조가 우세를 점하게 되고, 3대 쇼군 아시카가 요시미츠足利義滿 때에 북조로의 통일이 실현되었다. 요시미츠는 교토의 무로마치에 막부를 두었으므로 무로마치 막부라고 칭한다. 남북조의 합일이 이루어진 것은 기묘하게도 조선 왕조의 성립과 같은 해인 1392년이었다.

주자학 이념에
기반한
국가체제

남송 시대의 인물인 주희(주자)가 집대성한 새로운 유교를 주자학이라고 부른다. 주자학은 원 후기인 1315년부터 재차 실시된 과거에서 유교의 전통으로 인정받았고, 이후 명·청대를 통해 과거시험은 주자의 유교 해석을 따르는 것으로 제도화되었다. 이와 같이 중국에서는 주자학이 국가의 체제교학으로서의 지위를 확립하였고, 나아가 주변 동아시아 지역에도 사상적, 정치적으로 큰 영향을 미치게 된다. 그렇다면 주자학이 이 정도의 영향력을 발휘할 수 있었던 이유는 무엇인가.

주자학의 새로움

중국 전국 시대에 공자에 의해 창시된 유가의 가르침, 곧 유교는 한대漢代에 국교가 된 이후 국가체제에 큰 영향력을 미쳐 왔다. 그러나 주자학 이전의 유교는 사상으로서 체계화되었다고는 말하기 어렵다. 특히 불교가 유입되고 나서는 지배적인 지위를 위협받기도 했다. 따라서 주자학은 장대한 체계를 가진 불교에 대항하는 가운데 태어난 새로운 유교라고 말할 수 있으며, 주자학의 성립을 전후하여 유교 자체의 면목이 완전히 일신되었다. 더욱이 주자학의 탄생은 그것을 낳은 계층인 과거 관료층의 성립과 불가분의 관계에 있다는 점에서 사상계뿐만 아니라 정치와 사회의 존재 양태에까지 영향을 미쳤다.

그렇다면 주자학의 새로움은 어디에 있었던 것일까. 주자학을 이학理學으로 부르고, 주자학을 통해 집대성된 송학宋學을 이기理氣의 학으로 부르는 것에도 드러나 있듯이, 주자학의 가장 혁신적인 점은 이理와 기氣라는 두 가지 개념을 통해 우주·만물의 현상을 설명할 수 있으며, 심지어 인간은 이러한 법칙을 알 수 있다고 한 점에 있었다. 주자는 우주 천체로부터 인간계, 생물계에 이르기까지 모든 현상은 '기'라는 것의 이합집산에 의해 생기며, 그 '기'의 운동을 관장하고 있는 것이 '이'라고 생각했다. 게다가 주자는 이와 같은 만물의 현상을 인간이라면 누구라도 학문 축적을 통해 인식할 수 있다고 여겼다. 이 점에서 주자의 가르침은 철저한 주지주의, 인간중심주의적 경향을 띠고 있으며, 고대 주술적 세계로부터의 해방을 드높이 선언한 것이었다.

주자학은 이기론에 기반한 존재론, '성즉리性卽理'에 기반한 인간론, 수양론과 고전 해석학 등을 중심으로 하면서 정치·경제 면의 정책론에까지 미치는 매우 장대한 학문체계였다. 주자학에 대한 비판으로 등장한 양명학 등도 이기론 등의 기본적인 틀 자체는 주자학을 따르고 있었으므로 주자학의 내부 비판이라고 말할 수 있을 것이다. 그러한 의미에서 주자학은 동아시아에서 태어난 최대의 사상체계이며, 오늘날에 이르기까지 이를 대신하는 체계적인 사상은 나오지 않았다고 말해도 좋을 것이다.

동아시아 역사에 결정적인 영향을 끼친 주자학의 탄생은 그 담당자로서 과거 관료층의 성립과 불가분의 관계에 있었다. 송대에 제도적으로 확립된 과거는 중국 특유의 지배 엘리트로서 사대부라는 존재를 낳았다. 그들은 당대까지 지배층이던 귀족을 대신해 자신의 학문적 능력을 통해 등장한 자들로서 독특한 정신구조와 사회적 존재 형태를 가진 이들이었다. 주자에 의해 집대성된 송학의 발흥은 그들에 의해 주도되었고, 주자학은 사대부층에 가장 적합한 세계관이자 사상체계였기에 과거제도와 더불어 긴 생명력을 유지할 수 있었던 것이다. 그러면 주자학의 체제교학화는 국가와 사회의 양태에 어떠한 영향을 미쳤던 것인가.

과거 관료제와 사대부

명대가 되어 확립된 새로운 국가·사회체제의 모습을 상징하는 것은 사대부라는 독특한 지배 엘리트이다. 그들은 주자학을 배우고 과거를 통해 관료가 됨으로써 지배 엘리트로서의 지위를 인정받았다. 과거시험은 개인의 능력을 묻는 것으로 집안 배경이나 출신을 묻지 않는 개방적인 제도라는 점을 이념으로 했다. 실제로는 시험 준비에 전념하기 위해서는 경제적인 지원이 필요하다는 측면에서 가난한 사람들에게는 합격의 기회가 제한될 수밖에 없었으나, 그렇다고 해도 항상 만인에게 합격의 가능성이 열려 있었다. 무엇보다도 사대부로서의 지위는 1대에 한한 것이고 세습은 인정되지 않았다는 점이 중요하다.

과거 관료의 큰 특징으로서 또 하나 중요한 것은 그들도 기본적으로는 민民의 일원이었다는 점이다. 군주-지배 엘리트-민중이라는 삼층 구조를 염두에 두면, 당대唐代까지는 지배 엘리트와 민중 사이에 큰 단절이 있었고, 그만큼 군주와 지배 엘리트와의 거리는 가까웠던(새로운 왕조의 군주는 전 왕조의 지배층에서 배출되었다) 데에 비해, 송대 이후는 군주와 지배 엘리트 사이에 결정적인 균열이 생겼다. 곧 과거 관료는 어디까지나 신하의 일원에 지나지 않았고 왕위를 찬탈하려는 의지나 가능성을 갖지 않은 존재였던 것이다.

과거 관료제의 성립은 사회적으로도 큰 영향을 미쳤다. 그중에서도 가장 중요한 것은 종족宗族의 성립이다. 종족이라는 부계 혈연의 결합은 과거제도의 개방성, 과거 관료의 비세습성에 대응하여, 보다 큰 집단에서 계속적으로 과거 합격자를 배출하기 위한 장치로서 송대 이후 형성되기 시작했다. 종래의 연구에서는 중국 사회의 일관된 특징으로서 부계 혈연 결합의 강고함이 지적되는 경우가 많았다. 그러나 이러한 특징은 결코 초역사적인 것이 아니라 과거 관료제의 성립이라는 시대적 산물이라고 볼 수 있다.

마지막으로 명·청 시대 국가와 사회의 양태를 특징짓는 것으로서 또 하나 지적하고 싶은 것은 국가와 사회가 상대적으로 독자적인 영역을 형성한 점이다. 바꿔 말하면 서구에서는 시민혁명 이후에 비로소 형성되기 시작한 국가와 사회의 분리라는 사태가 중국에서는 이미 명·청대에 실현되었다는 점이다. 이를 통해 중국은 전근대사회에서 일반적으로 볼 수 있는 신분제의 틀을 빠르게 폐기했고, 이것은 19세기가 되어 중국에서 서구적 모델의 수용이 과제로서 제기되었을 때 독자적인 어려움을 초래하는 문제가 되었다.

한국과 일본의 주자학 수용과 비수용

중국에서 송대 이후의 전반적인 사회변화를 통합할 수 있는 국가체제와 그것을 이념적으로 지탱하는 세계관·사상으로서 주자학이 매우 긴 시간에 걸쳐 융합해 나갔다고 한다면, 한국의 경우는 주자학이 우선적으로 수용되었고, 그에 상응하는 국가·사회체제가 사후적으로 형성되는 과정을 겪었다.

한국에서는 고려 후기에 주자학이 수용되어 14세기가 되면 주자학 관료들이 정계에 진출하기 시작했다. 그들은 고려의 국가교학이었던 불교를 비판하면서 주자학 이념에 따른 국가체제의 수립을 주장하고 조선 왕조의 건국을 주도했다. 따라서 조선 왕조는 처음부터 주자학을 국가교학으로 삼고 과거의 본격적 실시와 『주례』에 근거한 중앙정부의 구성 등을 계획했다. 그러나 사회체제 면에서는 여전히 비주자학적 양상이 강하게 유지되고 있었다. 주자학이 사회 전반에 보급되는 것은 조선시대를 통해서인데, 한편으로는 과거의 실태나 양반의 신분적 성격 등 중국과는 다른 체제를 창조함으로써 비로소 전반적인 수용이 가능하게 되었던 것이다.

조선 왕조 건국 초기의 국가와 사회의 모습은 주자학 이념에 합치되지 않는 면이 많았다. 국가체제 면에서는 귀족적인 세력이 중앙정계를 좌지우지하고 있었고, 고려 초기부터 실시되던 과거도 당대唐代 과거와 마찬가지로 관료 등용 제도로서는 부분적인 의미를 갖는 데 지나지 않았다. 사회체제 면에서는 불교와 샤머니즘적 신앙이 지배적이고, 가족·친족 제도 역시 주자학이 이상으로 하는 종법주의와는 동떨어져 있었다. 조선 왕조는 이러한 체제를 전면적으로 개조하기 위해 국가 건설의 장대한 계획으로서 주자학화를 추진한 것이므로 그 과정은 당연히 긴 시간에 걸친 작업이 될 수밖에 없었다.

유교 교육의 진흥과 이를 위한 학교 제도의 정비, 유교 경전의 지식을 묻는 과거시험(문과)의 비중 증대와 같은 정책이 건국 초기부터 추진되었고, 동시에 중앙관제의 정비와 언관言官의 권한 강화, 지방 세력에 대한 억압책 등의 정책이 취해졌다. 불교에 대해서는 엄격히 억압하는 한편으로 중앙 및 지방의 공적 제사가 유교식으로 행해졌고, 종래의 민간 제사 역시 음사淫祀로서 탄압되었다. 그러나 이와 같은 정책은 여러 세력 사이에 알력을 낳았고 우여곡절을 거치며 서서히 진전되어 갔다. 그리고 그 최종적인 결과는 중국 이상으로 주자학적인 국가·사회체제로 귀결했다. 그러면 왜 이러한 사태가 벌어진 것인가.

조선에서 주자학의 담당자로 등장한 이는 고려 말기의 신진관료층이었다. 그들은 조선 건국 이후 중앙 및 지방의 지배세력으로서 지위를 확고하게 구축하는 가운데 점차 특권 계층화해 나갔다. 즉 양반층의 성립이라는 사태가 진행된 것이다. 이와 같은 양반층의 성립과 그들의 존재양식상의 특징이 주자학화의 모습을 결정지었다고 생각한다.

조선 왕조의 건국을 주도했던 그룹은 이미 건국 이전에 과전법이라는 전제田制 개혁을 실시했는데, 이것은 고려 말기 문란을 더하고 있던 관료층에 대한 수조권(국가를 대신해 토지에서 조세를 수취하는 권리)의 분여를 국가가 강력하게 통제하는 정책이었다. 건국 이후에도 이 방침이 답습되었고, 동시에 관료에 대한 과전 지급만이 아니라 정부 기관과 지방의 토착세력에 대한 수조권 분여에 관해서도 축소·통제하는 정책이 취해졌다. 이 과정은 수조권 분여의 특권을 향유하고 있던 계층의 강한 반발을 야기했으나, 최종적으로는 16세기 중엽 수조권 분여가 완전히 폐지되었다. 따라서 양반층은 한편으로 특권화의 길을 걸으면서, 다른 한편으로는 토지에 대한 특권을 상실한 자기 자신 안에 모순을 품은 존재였다.

양반층의 토지에 대한 특권이 부정된 것은 관료제적 국가체제를 목표로 하는 주자학적 이념에 따른 것이었다. 그러나 단순히 이념만으로 이러한 대변혁이 진행되었다고는 볼 수 없다. 여기에는 그러한 정책을 가능하게 한 현실적인 기반이 있었다고 생각할 수 있으며, 그 기반이란 2부 4장에서 설명하는 집약적 도작의 확립과 그에 따른 양반층의 농업 경영으로부터의 철퇴였다. 즉 양반이라는 계층은 지배계층이면서도 토지에 대한 지배권 혹은 특권을 조금도 갖지 않는다는 점에서 중국의 사대부와 동일한 성격을 띠는 존재가 되었고, 전면적인 주자학화는 이와 같은 양반의 모습을 통해 가능해진 것으로 보인다.

단, 조선 시대의 양반은 중국의 사대부에 비하면 훨씬 폐쇄적인 성격을 강하게 가졌으며, 양반의 지위는 세습적인 신분으로서의 측면을 지니고 있었다. 과거에 응시할 수 있는 자격의 신분적 제약이나 과거 합격자의 소수 가문 집중 등의 현상에서 양반층의 폐쇄적·신분적 성격이 전형적으로 나타났다. 이와 같은 점은 주자학의 이념과는 합치하지 않는다는 점에서, 조선 왕조는 과거를 통한 지배 엘리트의 유동성보다는 안정성을 중요시했다고 말할 수 있을 것이다. 동시에 주자학을 배우고, 그것을 통해 과거에 합격하는 것을 자기의 존재이유로 삼는 양반층이 밀도 높게 존재했다는 사실이, 역으로 주자학 이념을 전 사회적으로 보급시키는 데 결정적인 의미를 가졌다.

　한편 일본에서도 주자학은 이미 가마쿠라 시대에 유입되었지만 고려 왕조와 같은 현상, 즉 주자학 이념에 따른 정치변혁의 움직임은 겐무신정을 제외하고는 그다지 크지 않았다. 주자학은 고잔五山의 승려들에 의해 외교에 필요한 지식으로서 학습되는 정도에 머물렀다. 주자학이 국가체제를 지지하는 이념으로서 주목을 받게 되는 것은 에도 시대에 들어와서이고, 그러한 의미에서는 일본의 주자학 수용은 매우 의도적 내지는 선택적 수용이었다고 말할 수 있을 것이다.

동아시아
국제 교역 체제

조공 체제의 재확립

당대唐代에 동아시아 세계의 국제질서로서 확립되었던 당을 중심으로 한 조공 체제는 당대 중기 이후 당의 쇠망과 함께 그 기능이 쇠하였고, 송·원대에는 국가 간의 관계보다도 민간 상인에 의한 교역이 활발했다. 몽골 제국의 광대한 지배 영역과 적극적인 무역 장려책이 서로 맞물려 유라시아 대륙 규모의 교역이 왕성해졌다. 곧 중국에서 나침반이나 화약 제조 기술 등이 서방에 전해졌고, 또한 아라비아 세계의 천문학이나 지리학, 수학 지식 등이 동아시아에 전해졌다.

그러나 중국에서 명 왕조가 성립하면서 이러한 활발한 교역은 엄격한 제약을 받게 된다. 명은 성립 초기부터 해금海禁 정책, 즉 민간인의 대외무역을 금하는 정책을 채용했다. 처음에 이 정책은 장사성 등의 세력을 억제하기 위한 목적으로 시작되었으나 점차 엄격해졌고, 그것과 표리를 이루어 적극적인 조공체제의 수립이 뒤따르게 되었다. 명은 전국적인 통일을 실현하기 이전부터 주변 국가에 입공入貢을 촉구하는 사신을 적극적으로 파견했고, 많은 나라가 여기에 응하면서 명을 중심으로 하는 조공 체제가 확립되었다.

당초 조선 왕조와 명의 관계가 아주 원활했던 것은 아니었는데, 영락제 대에 조선의 제3대 국왕인 태종의 왕위를 정식으로 인정하는 고명誥命을 내림으로써 양자 사이에 조공 관계가 확립되었다. 무로마치 막부와도 1404년 아시카가 요시미츠를 일본 국왕에 봉하고 감합勘合(무역허가증)을 줌으로써 조공 관계가 수립되었다. 또한 이보다 앞서 류큐 열도의 추잔왕中山王 삿토察度도 명에 입공하였고, 이어서 류큐 왕국을 건국한 쇼 하시尚巴志 이후 류큐 왕국과도 조공 관계를 맺었다.

이와 같이 명의 조공 체제는 동아시아를 뒤덮었을 뿐만 아니라 동남아시아로부터 인도양에 걸친 지역에까지 영향을 미쳤다. 베트남의 경우는 영락제 시기 일시적으로 직접 지배가 이루어지기도 했으나 길게 지속되지는 않았다. 이 지역에 명의 영향력이 미치게 된 데에는 다음에 논할 정화의 원정에 의한 바가 컸다.

명에 의한 조공 체제의 성립은 단지 명과 조공국이라는 두 나라 간의 관계를 강화했을 뿐만 아니라 조공국끼리의 관계를 강화하는 데에도 큰 의미를 가졌다. 아시카가 요시미츠는 명을 비롯해 조선 왕조에도 사신을 파견했고, 이를 통해 양국 간에도 정식으로 국교가 시작되었다. 또한 류큐의 추잔왕 삿토는 1389년 고려에 사신을 보낸 이후 1431년까지 총 8회에 걸쳐 류큐선이 조선에 파견되었는데, 그 이후는 일본의 상선에 류큐 국왕의 사신이 동승하는 형태로 통교 관계가 계속되었다.

당대唐代까지의 조공 관계는 매우 간헐적으로 사신을 파견하는 정도에 불과했으나, 명대의 조공 관계 및 동아시아 여러 나라 사이의 관계는 그보다 훨씬 밀도가 진한 것이었다. 예컨대 조선에서 명으로 매년 3~4회의 사신이 파견되었고, 류큐는 2년에 한 번꼴로 명에 조공사를 파견했다. 류큐와 조선 간에는 15세기 말까지 37회의 통교가 행해졌다. 이런 가운데 무로마치 막부가 명으로 사신을 파견한 것은 단 19회에 그쳤는데, 이 점을 통해서도 알 수 있듯이 다른 나라들에 비해서는 상대적으로 얕은 관계였다고 말할 수 있을 것이다. 그 이유는 명과의 조공 관계에 대한 비판이 뿌리 깊게 존재하고 있었기 때문이면서 동시에 무로마치 막부의 국내적 기반의 취약함 때문이기도 했다.

정화의 남해 원정

명의 해금정책은 민간인의 대외 교역을 금지하는 것에 주된 목적이 있었고 무역 그 자체를 부정하는 것은 결코 아니었다. 오히려 많은 나라들에게 조공을 촉구하고, 국가가 주도하는 무역에는 적극적인 입장을 표하는 경우도 있었다. 그 상징적인 사업이 영락제 시대에 행해졌던 정화鄭和의 '남해 원정'이다.

정화는 무슬림 집안에서 태어나 환관이 되었는데, 영락제가 제위에 오르는 계기가 되었던 '정난의 역'에서의 공적을 인정받아 남해 원정의 지휘를 맡게 되었다. 명의 남해 원정은 1405년 제1차 원정 이후 영락제

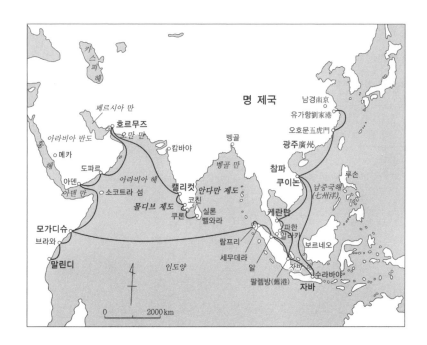

정화의 항해 루트

치세기에 6회, 선덕제 때 1회 등 총 7회에 걸쳐 행해진 대사업이었다. 수백 척의 배와 2만 명이 넘는 인원이 파견된 세계사적으로도 엄청난 규모의 대사절단이었다. 그 항로는 동남아시아에서 인도, 나중에는 아라비아 지역에서 아프리카 대륙 동부에까지 미쳤고, 가는 곳마다 명에 대한 입공入貢을 요구하는 것이 최대의 목적이었다.

정화가 이용했던 항로는 이미 무슬림 상인들에 의해 열려 있었고, 더욱이 몽골 제국 치하에서 상선의 왕래가 활발하게 이루어지고 있던 항로였다. 따라서 명의 남해 원정은 몽골 제국의 유산을 계승하는 것이었다고도 말할 수 있으나, 명대 초기에 행해진 이러한 남해 원정은 계속되지 않았고 결국 남해 원정에서 얻은 정보도 점차 잊혀졌다. 그러나 이 시대에는 해외에 나가 정착하는 이른바 화교가 등장하기 시작하고, 이들은 동남아시아를 중심으로 이후의 대중국 무역을 담당해 나가게 된다. 류큐의 대외무역, 특히 명과의 무역을 담당했던 이들도 명에서 이주하였다고 전해지는 '민인삼십육성閩人三十六姓'[2]이었다.

북방 지역의 동정

원의 멸망은 결코 몽골족의 소멸을 의미하는 것이 아니었다. 곧 몽골족은 원의 멸망과 함께 북쪽의 연고지로 돌아간 것에 지나지 않았다. 따라서 명대가 되어서도 몽골과의 관계는 여전히 중요하고, 동시에 머리를 썩이는 문제이기도 했다. 강남에서 일어난 명조가 영락제 시대에 재차 북경(원대의 북평北平을 고쳐 북경으로 함)을 수도로 했던 것도[3] 몽골에 대한 대비가 가장 큰 원인이었다.

명 사람들은 몽골을 크게 달단韃靼(타타르)과 와자瓦剌(오이라트)로 나눠 파악했는데, 이들은 영락제의 몽골 원정으로 대체로 진압되었다. 그런데 오이라트에 에센이 나타나 몽골 방면의 통일을 목표로 활발한 움직임을 보이기 시작했다. 에센은 명에게 조공무역의 틀을 확대할 것을 요구했고 명은 이를 거부했다. 그러자 이것을 이유로 명에 침입하여 정통

---

2) 류큐의 추잔왕 샷토가 명에 입공했을 때, 홍무제는 조공에 필요한 선박은 물론 항해사, 통역 등의 많은 직능집단을 하사했다. 이들의 대부분은 민閩(현 복건성福建省) 출신이었으므로 '민인삼십육성'으로 불렸다.
3) 처음에는 임시 수도였으나 1441년 정식 수도로 정해졌다.

제를 포로로 잡는 사태가 벌어지기도 했다(토목의 변).

그러나 에센은 머지않아 암살되고, 그 후 몽골에서는 내분이 계속되는데, 이때에도 명에 대한 침입이 아주 없어지지는 않았다. 명은 이에 대비하여 만리장성을 재차 축조했다. 현재 남아 있는 장성은 명대에 축조된 것이다.

몽골인의 거주 지역 동쪽 편은 여진의 세계였다. 명 조정은 그들을 부족 단위로 파악했고, 부족의 수장에게 군사적인 직위를 줌과 동시에 조공무역을 행할 권리도 인정했다. 여진의 거주지 북방, 현재의 러시아 연해주 지역에서부터 가라후토(사할린), 캄차카 지역에는 코랴크Koryak, 윌타Uilta 등의 이른바 북방민족이 거주하고 있었다. 그들은 일본열도의 북방에 사는 아이누와 공통된 문화를 가졌으며 활발한 교역을 하고 있었다. 몽골은 일본 원정, 이른바 '원구元寇'에 앞서 아이누를 공격했는데, 그것은 아이누의 팽창을 억제하는 것을 목적으로 했다. 아오모리현의 도사미나토十三湊는 아이누의 해외 교역의 거점으로 14세기부터 15세기 전반에 걸쳐 크게 번영했다.

명을 중심으로 하는 조공무역 체제는 조선·일본에서부터 동남아시아에 이르는 남방뿐만이 아니라 북방을 향해서도 크게 열려 있었고, 심지어 그것은 상호 간에도 깊이 연결되어 있었다.

류큐 왕국의 성립과 번영

이 시기에 동아시아 역사의 무대에 등장하는 것이 류큐이다. 오키나와제도[4]에는 이미 구석기 시대부터 인류가 거주하고 있었던 것이 확인되는데, 일본의 조몬繩文문화 시대에는 오키나와도 조몬문화에 포섭되어 있었다. 그러나 그 후의 역사는 일본열도와 다른 과정을 걷게 되었고, 12세기 무렵부터는 농경문화와 철기문화의 시대로 전환하기 시작했다. 각지에 아지按司(또는 안지)라고 부르는 수장首長 계층이 등장하여 아지 상호 간의 항쟁이 전개되었다. 아지들은 구스크城를 거점으로 세력을 다퉜는데, 이 과정에서 오키나와본도에는 호쿠잔北山(또는 산호쿠山北라고도 함), 추잔中山, 난잔南山(산난山南이라고도 함)이라는 세 강대한 아지(산잔三山으로 총칭함)가 출현하여, 각각 독자적으로 명조와 조공 관계를 맺기에 이르렀다.

산잔의 항쟁이 계속되는 가운데, 난잔의 지배하에 있던 쇼 시쇼尚思紹·쇼 하시尚巴志 부자는 1406년에 추잔왕을 멸망시키고 스스로 추잔왕의 자리에 올랐고, 1416년에는 호쿠잔왕을, 뒤이어 1429년에는 난잔왕을 무너뜨려 산잔의 통일을 달성하였다. 그러나 이렇게 해서 성립된 류큐왕국은 쇼 하시 사후 단기간에 다섯 명의 왕이 연이어 왕위에 오르는 혼란한 상태가 지속되었다는 점에서, 당시까지 그 체제가 안정되지 않았던 것으로 보인다. 그리고 1469년에 7대왕 쇼 도쿠尚德가 죽자 결국 쿠데타가 일어나 세자가 암살되고 왕조(제1 쇼씨 왕조)는 일단 멸망했다.

쿠데타의 결과 왕위에 오른 쇼 엔尚円은 쇼 도쿠의 세자 자격으로 명에 사절을 파견하고, 명도 쇼 엔을 류큐 국왕에 봉했으므로 이로부터 제2 쇼씨 왕조가 시작되었다. 쇼 엔에 이어 왕위에 오른 아들 쇼 신尚眞

---

4) 이 책에서는 지리적 명칭으로서는 오키나와, 오키나와제도沖繩諸島라는 명칭을 사용하고, 역사적 명칭으로서는 근대 이전을 류큐, 근대 이후를 오키나와라고 부른다.

시대에 류큐 왕국의 체제가 확고하게 정비되었다. 즉 쇼 신은 여전히 독자적인 기반을 가지고 있던 각지의 아지를 수도 슈리首里로 강제 이주시키고, 대신 아지웃지按司掟를 파견하여 전국을 마기리間切·시마シマ라는 행정구획으로 재편했다. 이를 통해 집권적인 통치체제를 정비하고, 더불어 제사를 관장하는 신녀 조직도 정비했다.

이렇게 해서 쇼 신 시대에 류큐 왕국의 체제는 안정기를 맞이하게 된다. 곧 류큐의 국가 성립에 이르는 격동과 통일의 달성이라는 과정은 대외적인 문제와 불가분의 것이었다. 다시 말해 명의 입공 요구와 해금 정책, 그리고 그에 수반한 일부 명인明人의 해외 이주라는 움직임 속에서 류큐가 중국과 동남아시아를 묶는 교역의 주체로서 활약하기 시작하는 것으로, 류큐의 정치적 변동은 이러한 교역 주체로서의 류큐의 국제적 위치와 깊이 연동하는 것이었다.

류큐의 대외교역은 이미 13세기 무렵부터 왕성하게 이루어지고 있었으나, 동남아시아로부터 중국·조선에 이르는 해역에서 활발한 교역 활동을 개시하게 되는 것은 산잔에 의한 정치적 통합이 진전하는 시기부터이다. 그리고 류큐 왕국의 성립과 더불어 그 활동은 한층 왕성해졌다. 류큐의 대외교역을 기록한 『역대보안歷代寶案』에 따르면 류큐는 명·조선뿐만이 아니라 샴(현재의 태국), 말라카, 파타니Patani, 자바, 팔렘방, 순다Sunda 등 동남아시아 전역에 무역선을 파견하고 있었다. 1458년에 주조되어 왕궁 슈리성의 정전正殿에 걸렸던 만국진량萬國津梁의 종鐘은 류큐의 왕성한 해외교역의 모습을 다음과 같이 전하고 있다.

류큐국은 남해南海의 빼어난 지역에 있는 나라로, 삼한三韓(조선)의 우수함을 모아 놓았고, 대명大明과는 보거輔車의 형세를 이루며, 일역日域(일본)과는 순치脣齒의 관계를 이룬다. 류큐는 이 두 나라 사이에서 솟아난 봉래도蓬萊島와 같은 낙원이다. 주즙舟楫(배)으로서 만국의 진량津梁(가교)이 되고, 이산지보異産至寶(이국의 산물과 보물)는 온 나라에 가득하다.

류큐는 14세기부터 15세기에 걸쳐 동아시아의 국제교역에 있어서 매우 큰 역할을 수행했는데 그것은 명의 해금정책에 힘입은 바가 컸다. 따라서 명의 해금이 완화되고, 나아가 16세기 후반에 해금이 해제되자 류큐의 지위는 점차 저하되기 시작했다. 해외교역의 부진은 류큐 왕국의 존립 기반을 위태롭게 하는 것이었다. 17세기에 들어와 사쓰마薩摩의 시마즈島津씨의 침략을 받아 그의 지배하에 놓이게 되는 내적 원인도 바로 여기에 있었다.

2장

생산·생활 혁명

집약도작의
보급

동아시아 도작의 특징

14~16세기라는 시대는 동아시아의 농업이 획기적이라고 말할 수 있는 변화를 보였던 시기이다. 그리고 이에 수반하여 생활관습 등의 다양한 방면에서 오늘날과 직접적으로 연결되는 '전통'적인 것이 형성되기 시작하는 것도 이 시기이다. 이러한 변화를 낳은 가장 큰 계기는 동아시아의 독특한 집약도작集約稻作의 확립과 보급이었다.

아시아 전체를 놓고 보면 역사적으로도, 또 오늘날에도 다양한 방식의 도작을 볼 수 있다. 그것들을 크게 유형화하면 건조대륙乾燥大陸(건조한 평야부)의 전작형田作型(밭농사형) 도작, 조엽수림照葉樹林(습윤한 산간부)의 이식移植 도작, 열대산지熱帯山地의 화전火田식 도작으로 나눌 수 있다. 건조대륙의 전작형 도작은 인도에서 발달했다. 벼를 다른 전작물田作物(밭

43

작물)처럼 재배하는 도작으로 모내기를 하지 않고 직파한다. 동남아시아나 방글라데시의 델타 지대는 오늘날 세계 도작의 중심지라고 할 수 있는데, 여기서 행해지는 도작도 기본적으로는 전작형 도작으로 동아시아의 도작과는 그 재배법이 크게 다르다.

조엽수림의 이식 도작은 조엽수림대의 산간 분지에서 발달한 도작법이다. 여기서는 건조대륙과는 달리 기후가 습윤하여 직파할 경우 잡초가 무성해지므로 모내기를 한다. 동아시아의 집약도작이란 이와 같은 이식 도작법이 대하천 하류부에까지 진출함으로써 성립되었다.

중국의 경우는 회하淮河를 경계로 남북에서 농업의 양태가 완전히 다르다. 회하 이북에서는 대맥, 소맥이나 조를 중심으로 한 전작田作이 중심인 데 비해, 회하 이남은 수전水田 도작 지대이다. 역사적으로 보면 당대까지는 북부의 전작 비중이 높았으나, 송대 이후 남부의 도작이 농업의 중심이 되었다.

고대의 화북華北 전작 농업은 황하 문명을 일으켰는데, 그 농업시스템은 다른 고대 문명과 마찬가지로 건조지역에서의 고도의 관개灌漑에 기반한 것이었다. 이집트·메소포타미아·인더스 문명을 일으킨 관개농업은 염해鹽害 때문에 망치거나 혹은 고대의 상태로 장기간 머물렀다. 이에 비해 중국 문명은 그 기반을 북에서 남으로 옮김으로써 다시 태어났다. 세계사의 기적이라고도 말할 수 있는 중국 문명의 장기 지속의 비밀은 바로 여기에 있었다고 말할 수 있다.

중국의 집약도작 확립 과정

중국 강남 지역에서는 아주 오래전부터 벼의 재배가 이루어지고 있었다. 그것은 아마도 산간 지대의 소규모 이식 도작과 장강 유역의 조방적 도작이었을 것이라고 생각한다. 이와 같은 상황이 변화하기 시작한 것은 남북조 시대 이후의 일로, 화북으로부터 한족의 이주가 진전되면서 점차 강남의 개발이 본격화되었다. 송대가 되어 장강 델타에 우전圩田 또는 위전圍田이라고 불리는 수전水田이 대규모로 조성되면서 이곳이 곡창지대가 되었던 것이다. 우전 또는 위전은 주위를 제방으로 쌓은 수전인데, 제방으로 물을 막으면서 도작이 행해졌다. 그러나 송대의 위전은 한 구획의 면적이 매우 컸으므로 내부에서 물의 통제가 어려웠다. 따라서 델타 지역의 도작은 조방적인 수준에 머물렀고, 오히려 산간 평지에서 이루어지던 이식 도작 쪽이 보다 집약적이었다.

이러한 상황이 크게 변화하는 것은 명대에 들어와서의 일로, 특히 장강 델타의 치수가 정비된 점이 중요했다. 송대에 델타의 치수가 어려웠던 이유는 태호太湖에 유출입하는 물의 제어가 불가능했기 때문이다. 그런데 명대에 반복적으로 행해진 대공사를 통해 태호의 치수가 정비되었다. 이와 더불어 기존의 우전과 위전을 소구획으로 분할하는 분우分圩 사업이 진전되면서 비로소 델타 지역의 집약도작을 가능하게 하는 조건이 정비되었다. 이러한 집약도작의 획기적인 확대는 당시 세계적으로 유례를 찾기 어려울 정도의 높은 토지생산성과 인구밀도를 낳는 원동력이 되었다.

경제학적으로 말하면 토지의 한계생산성이 매우 높은 농업이 실현된 것이다. 이와 같은 농업을 이해하기 위해서는 서구적인 관점만으로는 불충분하다. 예를 들어 토지의 한계생산성이 낮은 서구의 농업에서는 토지에 추가적 노동력을 투입하더라도 생산성은 체감遞減할 뿐이다. 따라서 농업생산력의 발전 방향은 생력화省力化가 기본이 되므로, 결국 노동 용구인 농구農具의 발전을 기준으로 농업생산력의 발전을 파악할 수 있다. 그러나 토지에 노동력을 투입하면 투입할수록 생산성이 올라가는 동아시아의 집약도작에서는 보다 높은 생산성을 낳는 최대의 요인은 토지 그 자체이므로 토지에 대한 투자가 결정적으로 중요하다. 이와 같은 동아시아 농업의 특징을 충분히 고려하지 않은 채 후진성 운운하는 것은 완전히 오류이다. 몽골 제국의 성립과 함께 시작되어 16세기에 획기적인 확대를 이룩한 세계 시장 형성의 움직임은 동아시아, 특히 중국의 부富를 찾아 일어났던 것이고, 그 원천은 집약도작의 성립이었다.

이와 같은 집약도작의 발전은 농업경영의 측면에서 보면 가족경영의 발전을 재촉하는 것이었다. 즉 새롭게 획득된 농업생산력의 담당자로는 고용 노동력이나 예속적 노동력을 사용하지 않는 가족의 노동력만으로 이루어진 경영이 가장 걸맞았다. 중국 화북의 농업은 그 기후적 조건 때문에 축력畜力의 이용이 불가피하므로 가족 경영에는 적당하지 않았다. 그 때문에 역축役畜을 소유한 대경영과 거기에 보조적인 노동력을 제공하는 영세 경영 내지는 예속적 노동력의 존재라는 이중구조가 존재할 수밖에 없었다. 그러나 집약도작의 발전은 이러한 이중구조를 해소시켜 가족경영의 보편화를 초래했다.

송학宋學, 특히 주자학은 이와 같이 대두한 농민층을 어떻게 지배할 것인가를 강하게 의식한 학문이었다. 주자학은 생래적인 신분의 차이를 부정하고 '배움'의 차이를 통해 사회를 질서 있게 유지하고자 한다. 따라서 주자학은 귀족적인 체제를 부정하고 과거에 합격하는 것을 통해, 즉 실력으로 지배 엘리트가 된 사대부층에 적합한 사상이면서 동시에 경영 주체로서 성장해 온 '민民'의 존재를 인정하고 이들을 어떻게 통치할 것인지를 자각적으로 의식하는 가운데 성립한 것이다.

집약도작의 발전은 가족경영의 발전을 가져왔을 뿐만 아니라 농업으로부터 지배층의 분리를 촉진했다. 중국 강남 지역 개발의 경우는 국가와 사대부층의 역할이 컸는데, 일단 개발이 완료되자 그들은 농업 생산으로부터 물러났다. 왜냐하면 집약도작에서는 가족경영이야말로 가장 높은 생산력을 실현할 수 있는 방법이므로, 그들은 스스로 농업에 관여하기보다는 지주로서 지대를 받는 길을 선택하는 편이 유리했다. 그리고 이것은 과거 준비에 전념할 수 있는 조건을 제공하는 것이기도 했다. 그러나 이처럼 농업생산에서 유리遊離하게 된 사대부층은 동시에 농촌 지배를 위한 독자적 기반까지도 넘기게 되었던 것이다. 사대부들은 지배 엘리트이기는 하나 토지에 대해서는 어떠한 특권도 인정받을 수 없게 되었고, 토지 지배는 완전히 국가에 집중·독점되는 현상을 낳았다. '어린도책魚鱗圖冊'이라는 토지대장은 이와 같은 토지 지배의 국가적 집중을 상징적으로 보여 준다. 즉 여기서 '업주＝토지소유자'는 모두 일률적으로 파악되었고 사대부 역시 일반 농민층과 다름없이 업주로서 등록되었던 것이다.

한국과 일본의 집약도작의 길

한국의 도작은 그 역사가 길며 전작형 도작의 전통을 강하게 볼 수 있다. 15세기 전반에 저술된 관찬 농서『농사직설農事直說』에서도 전작형 도작이 주류를 점하고 있다.『농사직설』에는 수경법水耕法, 건경법乾耕法, 묘종법苗種法 세 종류의 도작법에 대해 기술했는데, 앞의 두 가지는 직파법이고 묘종법만이 이식법이다. 묘종법에 관해서는 '농가의 위사危事'로서 피해야 할 농법으로 언급되고 있다. 묘종법이 위험한 농법으로 여겨진 이유는 이식기에 물이 부족해질 경우 수확이 전무할 위험성이 있어서인데, 이것은 장마전선의 북상이 늦은 한반도의 기후 조건 때문이다.

한국에서 '전田'이라는 한자는 '밭'을 의미하고, '수전水田'은 '답畓'이라는 글자가 사용되었다. 일본에서는 '전田'이라는 한자가 '수전'을 의미하고, '전畑' 또는 '전畠'이라는 일본식 한자가 만들어진 것과 대조적이다. 이것으로도 알 수 있듯이 한국의 농업은 원래 전작을 중심으로 발달했으며, 도작 역시 전작형 도작이 주류를 점하고 있었다.

특히『농사직설』에서 볼 수 있는 건경법은 밭과 같은 상태의 토지에 벼를 직파하고, 유묘기幼苗期에 물을 대지 않고 키우는 도작법으로 인도 등지에서 널리 볼 수 있다. 다만 인도에서는 모이(대나무로 만든 사다리 모양의 써레)를 사용해 축력畜力에 의한 보수保水와 제초除草를 하는 데 비해, 『농사직설』에서는 기본적으로 인력人力을 통한 중경中耕(사이갈이)이 이루어지고 있다. 중국 화북 지역에서는 벼도 재배되지만 어디까지나 중심 작물은 아니었고, 화북보다 습윤한 조선에서는 드라이 파밍dry farming(건지농업)의 원리가 도작에 적용되어 널리 재배되었던 것이다. 20세기 들어 한국인들이 중국 동북부의 도작을 널리 행하게 된 것도 그들이 전작형 도작 기술에 익숙했기 때문이다.

이처럼 한국에서는 15세기에도 여전히 전작형 도작이 중심을 이루었는데, 이와 같은 상황은 16세기 이후 이식 도작이 보급되어 점차 도작의 중심을 점하게 되면서 크게 변화한다. 즉 16세기 후반에 저술된 『농가집성農家集成』이나 17세기 전반에 저술된 『산림경제山林經濟』 등의 농서를 보면 이식법에 관한 기술이 『농사직설』보다 훨씬 상세하게 되어 있는데, 이것은 수전 농업의 중심이 이식 도작으로 옮겨 간 상황을 반영한 것으로 보인다.

한편 이 시기 일본의 농업에 관해서는 알려진 것이 많지 않다. 이는 농서의 편찬이 17세기 후반이 되어서야 이루어진 점에서도 알 수 있듯이, 당시 농업의 실태를 보여 주는 제대로 된 사료가 존재하지 않기 때문이다.

930년경에 저술된 『화명초和名抄』에서는 약 86만 정보町步로 집계된 전국의 수전 면적이 1450년 시점에 약 95만 정보(『습개초拾芥抄』)가 되어 있는 것으로 볼 때, 500년간 수전은 거의 증가하지 않은 것으로 보인다. 율령국가 시대에는 국가에 의해 수전의 개발이 활발하게 추진되었으나, 그 이후 대규모의 수전 개발이 행해지지 않게 되었기 때문일 것이다. 가마쿠라 시대, 무로마치 시대의 농업개발은 밭을 중심으로 한 것이었는데, 도작의 변화로서 중요한 것은 대당미大唐米의 재배였다. 대당미라는 것은 중국 송대의 문헌에 나오는 점성미占城米(참파미)를 말하는 것으로, 이 점성미는 저습지에 적합한 품종으로서 송대에는 장강 델타의 저습지에서 널리 재배되었다. 이것이 일본에 들어와 대당미라는 이름으로 불렸고, 이로부터 일본에서도 대하천 중하류 지역 등의 저습지에서 조방적인 도작이 시작되었다는 것을 알 수 있다.

이 시기 일본 농업의 발전을 보여 주는 사료로서 교과서나 사료집에서는 송희경宋希璟의 『노송당일본행록老松堂日本行錄』의 기술이 빈번하게 소개되고 있다. 즉 1419년 이른바 '오에이應永 외구外寇 사건'[5]의 사후 처리를 위해 15세기 전반 무로마치 막부에 파견된 송희경이 오사카 근처에서 이모작, 삼모작이 행해지고 있는 것을 이 책에서 소개하였는데, 일본은 이를 근거로 일본에서 집약적 농업이 진전해 있었음을 주장해 왔다. 그러나 이러한 해석은 매우 의문스럽다. 오히려 경지의 개발이 진전되지 않았던 상황 속에서 어쩔 수 없이 적은 경지를 집약적으로 이용했다고 이해하는 편이 실태에 가깝다고 생각된다.

일본에서 수전 농업의 획기적인 변화가 일어나는 것은 16세기가 되고 나서이다. 즉 가마쿠라 시대의 고케닌御家人이나 무로마치 시대의 슈고다이묘守護大名보다 훨씬 강력한 지역 권력으로서 등장한 센고쿠다이묘戰國大名의 성립과 함께 적극적인 농지 개발의 움직임이 본격화되었다. 다케다武田씨의 영지에 조성된 신겐츠츠미信玄堤는 그 전형적인 예라고 할 수 있다. 다만 이러한 움직임은 센고쿠 시대에는 여전히 불안정한 것이었고, 통일 권력이 등장하는 도요토미·도쿠가와 정권 이후 본격적으로 대하천 중하류 지역을 중심으로 한 폭발적인 수전 개발이 이루어지게 된다.

---

5) 조선이 왜구의 본거지로 간주하던 쓰시마를 공격한 사건이다. 조선에서는 기해동정己亥東征이라고 부른다.

생활혁명과
문화교류의
양상

옷감 혁명

이 시기는 앞에서 논했듯이 동아시아 지역의 농업이 혁명적인 변화를 경험한 시기였을 뿐 아니라 생활문화와 깊이 관계된 여러 면에서도 큰 변화가 일어난 시기였다. 바로 이 시기부터 오늘날까지도 계속되는 이 지역의 생활양식의 기본이 형성되었다. 그러한 의미에서 이 시기는 동아시아의 전통적 생활양식이 형성된 시기였다고 말할 수 있다.

이 시기의 변화로서 매우 큰 의미를 가진 것은 면화의 재배가 정착, 보급됨과 동시에 주요한 의료衣料(옷감) 재료로서 면포가 널리 사용된 점이다. 또한 이전부터 고급 의료로서 사용되던 견직물 생산에서도, 이 시기에 획기적인 발전이 있었으며 중국에서 생산된 견직물과 생사가 세계 상품으로 각광을 받으면서 국제관계에도 큰 영향을 미쳤다.

인도를 원산지로 하는 면화는 중국에서는 송대부터 재배가 보급되기 시작하였고 본격화되는 것은 명대에 들어와서이다. 그리고 한국에서는 고려 후기에 원에서 면화 종자를 들여왔고, 조선 시대가 되고 나서 재배가 본격화되었다. 일본의 경우는 이보다 더 늦었는데, 대체로 16세기까지는 조선으로부터의 수입에 의존하였고 16, 17세기에 이르러 일본 내에서 재배가 이루어지게 되었다. 이와 같이 시기적으로는 조금씩 차이가 있으나 면화의 재배와 면포의 생산이 이루어지면서 면포는 이 지역에서 주요한 의료로서의 지위를 획득해 나간다. 더욱이 면화 재배의 도입은 농업의 다각화에도 크게 기여했을 뿐만 아니라 상업적 농업의 발달에도 큰 의미를 가지는 사건이었다.

동아시아에서는 면포가 의료로서 널리 사용되기 이전에 대개 마麻나 저마苧麻가 주요한 의료로서 사용되고 있었다. 그러나 흡수성이 나쁜 이러한 의료는, 특히 고온다습한 여름을 보낼 수밖에 없는 동아시아 지역에서 노동의료로서는 적합하지 않았다. 따라서 흡수성이 뛰어난 면포가 널리 보급된 것은 단순한 의료 재료의 변화라는 측면뿐만이 아니라, 이 지역의 독특한 집약도작의 확립과 발전을 지탱하는 중요한 요인이었다.

면포가 동아시아에서 일반적인 의료로서 지위를 얻은 것은 19세기 후반 이후의 이른바 '서양의 충격Western Impact'에 대한 이 지역의 대응의 전제로서도 중요한 의미를 갖는다. 주지하듯이 영국의 산업혁명은 면공업에서 시작되었고, 영국이 주도한 자유무역체제라는 것은 맨체스터산 면포를 세계에 수출하는 것을 주요한 목적의 하나로 삼았다. 19세기 후반 이후 동아시아 지역에 대한 개항 압력도 그 일환이었으므로, 개항 이후 영국산 면포는 신속하게 이 지역에 침투하기 시작했다. 그러나 영국을 비롯한 유럽의 면포는 너무 고가였던 견직물의 대체물로써 인도에서 수입되었으므로 번수番手가 높은 고급품이 주류를 이루었다. 그에 비해 동아시아에서 면포는 주로 대중적인 의료로서 노동복으로 널리 보급되었으므로 번수가 낮은 것이 주류였다. 이러한 차이는 영국산 기계제 면포가 동아시아에 몰려왔을 때 그것에 저항하는 기반으로 기능하였고, 이 지역의 수입 대체를 이루게 되었던 것이다.

한편 견직물과 생사에 대해 살펴보면, 16세기는 중국에서 생사 생산이 폭발적으로 확대된 시기였다. 이 생사 생산을 담당한 지역은 집약도작의 무대이기도 한 장강 델타 지역으로, 집약도작을 가능하게 한 치수의 안정이 양잠업의 발전을 비롯해 그에 기반한 생사 생산의 비약적 확대를 동시에 이룩하게 하였다. 집약도작의 확립은 대량의 인구를 필요로 하면서 동시에 인구 부양력의 현저한 증가를 가능하게 했는데, 양잠업과 생사산업은 이러한 대량의 인구를 적극적으로 흡수했던 것이다. 이와 같이 장강 델타의 양잠업과 생사 생산의 비약적 확대는 주로 농가의 잉여노동력을 이용하는 형태로 실현되었으므로, 영국의 면 공업에서와 같은 기계제 공업으로 발전하는 데 있어 유인誘因은 약했다.

어쨌든 이 시기 중국에서 생산된 생사는 세계 상품으로서 세계 무역을 주도하는 지위에 오를 정도로 수요가 많았다. 그리고 이 무역을 둘러싸고 일본과 아메리카 대륙의 은銀은 세계를 휩쓸게 되었던 것이다.

전통적 생활양식의 성립

이 시기에는 의衣의 변화를 비롯해 식食과 주住라는 일상생활의 기본적인 측면에서도 동아시아의 전통적 생활양식이 서서히 형성, 확립되었다.

먼저 주住에 대해 살펴보면, 사회 상층부의 주거와는 별도로 일반 서민의 주거는 수혈식竪穴式 주거가 가장 보통의 형태였다. 그러나 한반도와 일본열도의 경우 12, 13세기 무렵부터 일반 서민의 주거에도 기둥을 사용한 주거 형태가 보급되었다. 동아시아의 주住 생활에서 흥미로운 것 중에 하나는 앉는 방식의 문제이다. 동아시아에서는 원래 바닥에 앉는 가부좌跏趺坐가 행해지고 있었는데, 중국에서는 남북조 시대부터 의자좌椅子座가 보급되기 시작한 것으로 보인다. 그것은 북방계 유목민족의 영향으로 생각되며 이러한 의자좌의 습관이 처음에는 사회 상층부에서 시작되어 송대에는 도시의 일반 서민에까지 보급되었다. 이후 의자에 앉는 스타일이 정착하여 오늘날에 이르고 있다.

그에 비해 한반도와 일본에서는 고대 중국의 영향을 받아 지배계층에는 의자좌가 수용되었으나 그것이 서민들에게까지 보급되지는 못하였고, 더욱이 지배층도 가부좌로 회귀하는 과정을 거쳤다. 단 한국의 경우는 왕궁이나 관아에서는 의자좌가 유지되었으나, 일본에서는 전면적으로 가부좌를 채택했다는 점에서 차이가 있다. 이와 같이 바닥에 앉을지 또는 의자에 앉을지의 차이는 단지 앉는 방식의 차이만이 아니라 가구의 차이(일반적으로 의자좌 쪽이 많은 가구를 필요로 함) 등과도 관련되어 있고, 나아가 체형에도 큰 영향을 주었다. 또한 한반도의 전통적 주거 문화의 특색이라고 할 수 있는 온돌 난방은 당초 서민의 주거에서 행해지던 것이 점차 사회 상층부로 보급된 것이다.

식생활의 경우도 이 시기를 중심으로 전통적인 식문화가 형성되었다고 할 수 있다. 예를 들어 중국요리로 말할 것 같으면 기름에 볶는 요리법이 매우 중요한데, 이 방법은 송대에 코크스cokes가 사용되면서 높은 온도를 얻을 수 있었기 때문에 가능했다. 현재의 한국요리에서 빠지지 않고 등장하는 고추의 전래는 16, 17세기의 일로 그 이전에는 고추를 사용하지 않은 김치를 먹었다. 일본의 전통적 식생활의 큰 특징이라고 할 수 있는 육식의 결여라는 문제도 수렵보다는 어업, 특히 담수 어업이 발전하는 가운데 무로마치 시대부터 강력하게 형성되어 갔던 것이다.

이 시기에 형성된 동아시아 의식주에 관한 생활양식은 20세기가 되어 서구의 영향을 받으며 크게 변화했다. 그럼에도 불구하고 현재까지도 가장 기본적인 부분에서 뿌리 깊게 남아 있다고 할 수 있다. 즉 아파트에 다다미방을 만드는 일본의 사례나 온돌을 만드는 남북한의 예 등은 이를 단적으로 상징하고 있다.

문화교류의 여러 양상

1769년 일본 교토에서 출판된 『당토행정기唐土行程記』라는 책이 있다. 편자는 기요다 단소淸田澹叟라는 유학자로, 이 책은 조선 전기에 간행되던 『표해록漂海錄』의 초역본이다. 『표해록』(원 제목은 '중조문견일기中朝聞見日記')은 1488년 최부崔溥가 명에 표착했을 때의 기록으로 조선 전기에 수차례에 걸쳐 간행되었다. 조선 왕조의 관료였던 최부는 1488년 임지였던 제주도에서 조선 본토로 항해하는 도중에 표류하게 되었는데, 명의 절강성 연안에 표착한 후 북경을 거쳐 무사히 본국에 귀국하였다. 『표해록』은 그때의 견문을 정리하라는 왕명을 받아 집필한 것이다.

곧 『당토행정기』는 조선인의 중국 표류 기록을 일본인이 번역한 책이라는 점에서 문자 그대로 동아시아적인 연관성을 가진다고 말할 수 있다. 이와 같은 책이 에도 시대에 상업적으로 출판되었다는 점은 당시 일본의 대외적 시야의 확대를 잘 보여 준다. 그러나 관점을 바꿔 말하면 에도 시대 이전의 일본에서는 동아시아에 대한 지적 관심이 여전히 미약했다는 사실을 상징한다고도 볼 수 있다.

명과 조선 사이에는 조공관계가 성립되어 있었기 때문에 양국 간의 사절 왕래가 빈번했다. 다만 최부의 체험은 육로를 이용해 북쪽을 경유하는 루트를 걸었던 견명사절과는 달리 강남 지역을 경유해 북경에 이르는 특이한 경로였다는 점에서 귀중하게 여겨졌다. 최부는 『표해록』에서 당시 완비된 지 얼마 안 된 대운하에 대해 그 시설을 상세하게 기록하고, 또한 여행 중에 만났던 명 관원과의 대화 내용을 기록하면서 주자학적인 입장에서 명의 현상을 비판적으로 파악하였다. 곧 주자학적 체제라는 측면에서 조선은 명에 견주어도 손색이 없을 뿐만 아니라 어떤 면에서는 보다 진보해 있다고 보고 있었다. 이러한 견해는 조선 후기의 소중화사상의 단초적인 표현이라고도 말할 수 있는데, 어쨌든 최부는 명과 조선이 이념을 공유하고 있다는 점을 전제로 명에 대한 비평을 덧붙였던 것이다. 이러한 일 자체는 이전 시대까지는 감히 있을 수 없는 현상이었다.

그에 비해 『당토행정기』에서 기요다는 최부의 명에 대한 비평을 언급하면서 때로 공감을 표하고는 있으나, 도요토미 히데요시 때의 상황 등을 예로 들면서 조선이 소국이라는 점을 야유적으로 논하고 있다. 그러면서 일본은 대대로 중국에 책봉을 받지 않았다는 점을 지적하고 조선과의 차이를 강조했는데, 여기에는 유학자라는 입장보다는 '민족적'인 입장이 전면에 드러났다고 할 수 있다.

이 시기는 앞에서도 논했듯이 명의 조공체제에 기반하여 동아시아 지역 내에서 외교·무역 관계가 이전과는 비교할 수 없을 정도로 활발하게 전개된 시기였다. 그중에서도 인적 교류나 물건의 왕래는 공전의 규모에 달하였고, 그에 수반하여 문화 면에서도 많은 영향이 나타났다. 예를 들면 무로마치 문화를 대표하는 노能(전통 가무극)나 수묵화 등을 보더라도 중국의 영향은 결정적이었다. 그러나 다른 한편으로 일본에서는 명과 조선 사이에서 볼 수 있던 이념의 공유 같은 것은 존재하지 않았고, 그에 대한 적극적인 관심도 찾을 수 없었다. 그러한 경향은 이 시기만이 아니라 『당토행정기』가 출판되었던 에도 시대까지 계속되는데, 16세기 동아시아 국제관계의 변동 역시 이러한 경향과 깊이 관련되어 있었다.

3장

16세기
유동하는
동아시아

유럽 세력의
등장과
은의 비등

14세기 후반 원의 멸망을 전후하여 동아시아 세계는 커다란 정치변동을 이룩했다. 명과 조선이라는 새로운 왕조의 성립, 무로마치 막부의 성립 등의 사태가 연쇄적으로 일어났다. 또한 류큐 왕국의 성립도 이러한 정치변동의 일환으로 파악할 수 있을 것이다. 동아시아 각지에 성립되었던 이러한 새로운 정권 아래 15세기는 전체로서는 상대적으로 안정된 국제관계가 유지되었는데, 이것은 각 정권이 국내적 통치체제의 정비에 힘을 쏟고 있었기 때문이기도 했다. 그중에서 일본은 무로마치 정권의 취약한 기반 때문에 15세기 후반 이후 내란 상태에 빠졌다. 그러나 16세기가 되면 다른 지역에서도 사회의 유동화 현상을 폭넓게 관찰할 수 있다. 그러한 유동화를 초래한 커다란 요인으로 이 시기 동아시아 국제교역의 결제수단으로 사용되기 시작한 은銀의 석권과 그 은의 유통에 깊이 관여한 유럽 세력의 등장이라는 두 가지 점을 지적할 수 있다.

조선과 일본의 은

동아시아 세계에서는 오래전부터 동銅을 화폐로 사용했다. 중국의 역대 왕조는 동전을 주조해 왔으나, 한반도와 일본열도에서는 고대 율령국가 시대에 몇 차례 동전 주조가 행해진 것 외에는 독자적으로 화폐를 주조하는 일은 거의 없었다. 그리고 송대에서 원대에 걸쳐 중국에서 지폐가 사용되자 중국의 동전은 동아시아에서 동남아시아에 걸친 광범한 지역에서 화폐로서 유통되었다. 한반도는 유일하게 중국의 동전이 널리 유통되지 않았던 지역으로, 고려 시대에 은병銀甁이라는 은 화폐가 사용된 적이 있으나 일반에 보급되지는 못하였고 주로 현물 화폐가 유통되었다.

이러한 동아시아의 화폐 상황에 큰 변화가 생기는 것은 16세기가 되어서이다. 그 최초의 계기는 새로운 은 정련법의 개발과 이에 따른 은 생산의 비약적 증대였다. 우선 조선에서 회취법灰吹法이라는 은 정련법이 개발되어 16세기 전기에 은 생산이 증가했다. 회취법은 납을 사용하여 은을 정련하는 방법인데, 이 방법을 통해 조선의 은 산출량이 획기적으로 증대했다. 그러나 조선 왕조는 은이 명에 대한 조공품으로 사용되었기 때문에 은의 증산은 곧장 부담의 증대로 이어질 수밖에 없었다. 따라서 조선 왕조는 은 생산을 금지하는 조치를 취했고, 조선의 은 생산은 정지되고 말았다.

조선을 대신하여 은의 증산에 성공한 것은 일본이었다. 조선에서 도입된 회취법을 이용하여 이와미은산石見銀山 등지에서 은의 대폭적인 증산이 일어났다. 그리고 일본에서 산출된 은의 대부분은 명에 수출되었다. 일본으로서는 명에서 생사生絲를 수입할 목적으로 은을 수출하려고 했다. 그런데 명은 왜 그렇게 많은 은을 필요로 했던 것인가.

명 초기에는 지폐가 발행되기도 했으나 단기간에 발행이 폐지되었고, 그 이후로는 동전이 사용되었다. 그러나 재정, 특히 북방에 대한 군사비 지출이 증대하면서 대량의 동전으로 그것을 조달하는 것은 매우 비경제적이었다. 이에 따라 은에 대한 수요가 커졌고, 정부도 기왕에 은 재정으로의 전환을 시도하나 오히려 은의 부족이 족쇄가 되었다. 바로 이러한 상황에서 일본 은이 등장했으므로, 일본의 은이 명을 향하는 것은 지극히 자연스러운 추세였다.

포르투갈의 동아시아 무역 참여

명은 전술했듯이 엄격한 해금정책을 취했고, 무로마치 막부와의 감합무역 역시 16세기 후반에는 완전히 끊어져 버렸으므로, 일본 은이 명에 들어가기란 쉬운 일이 아니었다. 이런 교역상의 어려움 속에서 두 나라 간의 교역 담당자로 등장한 세력이 왜구와 포르투갈 상인이었다.

주로 14세기에 활동했던 왜구를 전기 왜구, 16세기에 활동했던 왜구를 후기 왜구라고 부른다. 후기 왜구는 전기 왜구에 비해 규모도 훨씬 크고 그 구성원도 다양했다. 왜구에 대해서는 후술하도록 하고, 먼저 왜구와 더불어 또 하나의 교역 담당자였던 포르투갈에 관해 살펴보자.

15세기에 시작된 유럽인의 대외 진출은 그 선행주자였던 스페인과 포르투갈에 의해 지구를 동서로 이분하는 형태로 진행되었다. 그중에서 동아시아 지역은 포르투갈의 진출 지역이었다.

포르투갈은 우선 1511년 동남아시아 교역의 최대 거점이던 말라카를 점령하고, 이곳을 기점으로 대중국 무역에 참여하려고 했다. 예수회 선교사 프란시스코 사비에르Francisco de Xavier의 일본 다네가시마種子島 표착도 이러한 움직임 가운데 일어난 사건이었다. 포르투갈은 1554년 중국 광주에서의 통상을 인정받았고, 이어서 1557년 마카오에서의 거주를 허락받았다. 나아가 일본 나가사키長崎에도 거점을 확보하게 된 포르투갈은 일본과 명을 묶는 교역 루트를 장악하였고, 대량의 일본 은을 명에 반입할 수 있었다.

이렇게 해서 동아시아 역사의 무대에 유럽이라는 새로운 주체가 등장했다. 이들은 기본적으로 아시아 국가 간 교역의 중개자로서의 지위에만 머물렀다는 점에도 유의할 필요가 있다. 다만 무역 활동과 더불어 불가분의 것으로 여겨진 그리스도교 선교 활동은 동아시아 세계에 오랜 기간에 걸쳐 영향을 미치게 된다.

아메리카 대륙의 은과 스페인

일본에서 대량의 은을 수입했음에도 불구하고 명에서는 이를 훨씬 상회하는 은 수요가 존재했다. 그리고 그 부족분을 메우는 역할을 수행한 것이 저 멀리 아메리카 대륙에서 들어온 은, 바로 아메리카 은이었다.

포르투갈과는 반대로 서쪽으로 향했던 스페인은 아메리카 대륙의 식민지화를 추진하는 과정에서 포토시Potosi 은산銀山을 발견하고, 이곳에서 대량의 은을 산출하기 시작했다. 포토시 은산에서는 회취법보다 더욱 효율이 좋은 아말감법amalgam process이라는 새로운 은 정련법이 개발되어 세계 최대의 은 산출 지역이 되었다. 포토시 은산에서 생산되는 은의 대부분은 유럽으로 운반되었고, 이를 계기로 가격혁명price revolution이 일어났던 것은 주지의 사실이다. 그리고 이 포토시 은의 일부가 다시 서쪽으로 향하여 스페인이 1571년 건설한 필리핀 마닐라항을 통해 명에 수출되었다. 그뿐만 아니라 유럽에 운반되었던 은의 일부도 거기서부터 재차 명에 유입된 것으로 보인다.

이렇게 해서 16세기부터 17세기 전반에 걸쳐 동아시아 지역에는 은의 비등이라고도 부를 수 있는 사태가 발생했다. 물론 그 최대의 요인은 명의 방대한 은 수요에 있었으며, 세계 화폐인 은의 대량 유입과 유통은 동아시아 각 사회에 심각한 영향을 미치지 않을 수 없었다.

동아시아 사회의
유동화

16세기 명의 화폐경제와 양명학

16, 17세기 중국에 대량의 은이 유입되었다. 이는 명에서 화폐경제가 비약적으로 발전한 것에 따른 것이면서 동시에 은의 유입을 통해 한층 더 화폐경제의 발전을 재촉하는 상호 촉진적인 관계를 형성했다. 명을 건국한 주원장이 목표로 한 체제는 화폐경제를 폐하여 자급자족적인 농촌을 건설하고, 이갑제라는 공동체를 통해 치안의 유지와 징세를 행하는 것이었다. 명 초기 강남 지역의 부호로부터 대규모의 재산 몰수를 감행한 이유도 바로 이 때문이었다. 그러나 16세기가 되자 이러한 이념과 상반되는 사태가 급속히 진전했다.

16세기 후반 많은 동시대인들은 화폐경제의 발전과 그에 수반한 사회의 변화를 통감하기 시작했다. 도시와 농촌을 막론하고 모두가 화폐를 획득하는 것에만 열중하고, 근면하게 농업을 영위하는 것을 업신여기는 풍조가 만연했다. 또한 성공하는 사람과 몰락하는 사람 사이의 양극화 현상이 극심해졌다. 즉 누가 성공할지를 예측할 수 없는 이른바 '불확실성의 시대'에 돌입했던 것이다. 신안新安(휘주) 상인이나 산서山西 상인 등은 전국의 상권을 장악하여 막대한 부를 축적했고, 농촌의 주민 역시 대다수가 농업뿐 아니라 농촌 수공업을 부업으로 삼게 되었다. 이와 같이 일부 부유층은 공전의 번영을 구가하게 된 반면, 사회 전체로서는 불안감이 증대하는 모순적 상황 속에서 새로운 사상으로 등장한 것이 양명학이었다.

양명학의 시조 왕양명은 매우 진지한 주자학자였다. 그는 주자의 가르침인 '격물궁리格物窮理'를 실천하려고 7일 동안 대나무를 쉬지 않고 응시하였으나 끝내 대나무에 내재하는 이理에 도달할 수 없었다. 이로부터 그는 모든 사물에 이理가 내재하며 인간은 그것을 사물에 따라 파악할 수 있다고 말하는 주자의 가르침에 의문을 품게 된다. 그리고 이理는 외부에 존재하는 것이 아니라 자기의 마음속에 존재한다는 '심즉리心卽理' 사상에 도달했다. 당시 극심한 사회 불안과 혼돈 상황 속에서 양명의 사상은 사회질서의 근간으로서 모든 인간이 본래적으로 갖고 있는 도덕성, 즉 만물일체의 인仁을 발견하려는 시도였다고 생각할 수 있다. 엄격한 자기수양을 요구한 주자학과 달리 누구라도 본래적으로 도덕성을 가지고 있다고 주장한 양명학은 지식인만이 아니라 서민도 도덕의 담당자가 될 수 있다고 말함으로써 민중들의 열광적인 환영을 받았다. 그러나 한편으로 이것은 민중을 도덕 속에 가두려는 측면을 갖는 것이기도 했다.

이와 같이 시대적 산물이었던 양명학은 이후 동아시아 사회가 격렬하게 변동하는 시대에 새로운 질서를 찾기 위한 원리적인 하나의 방향성으로 시대와 지역을 초월하여 영향력을 발휘하게 된다. 일본 에도 시대 말기의 오시오 헤이하치로大塩平八朗나 한국 근대기의 박은식朴殷植 등에서 그 전형적인 예를 찾을 수 있다.

조선 사회의 계층화 현상

고려 시대부터 사용된 양반이라는 말은 본래 문관인 문반과 무관인 무반을 총칭하는 말로 현역 및 퇴역한 관료를 가리키는 말이었다. 따라서 이는 세습적인 신분으로는 볼 수 없는 것이었으나 조선 시대가 되면서 점차 신분적인 성격을 띠게 되었다. 곧 조상 중에 관료 경험자를 보유한 일족의 구성원 전체가 양반으로 간주되었던 것이다.

양반이라는 것의 표상은 국가에 대한 군역의 부담이 면제되는 것이었다. 그러나 16세기 무렵까지는 부친이 과거에 합격하여 관료가 된 경우라도 소수의 자녀만이 군역을 면제받았고, 다른 자녀들은 일반 양인 신분의 사람들과 마찬가지로 군역을 부담하는 것이 원칙이었다. 곧 양반이라는 지위의 세습적 성격이 그만큼 약했던 것이다. 그런데 16, 17세기에 걸쳐 군역의 면제 특권이 확대되고, 18세기가 되면 조상 중에 관료 경험자가 있는 사람의 대다수가 양반으로 간주되면서 군역을 면제받게 되었다. 왜 이러한 변화가 생긴 것인가.

조선 시대의 양반은 명·청 시대의 사대부보다 귀족적인 성격을 강하게 가지고 있었다. 그러나 왕조 창설 초기부터 15세기 말까지는 과거의 개방성이 이후의 시대보다 잘 유지되었으므로 사회의 계층화 현상이 그다지 현저하지 않았다. 지방 출신의 과거 합격자도 다수 배출되었고, 심지어 중앙정부의 높은 관직에 오르는 것도 진기한 일이 아니었다. 퇴직 후에는 아내의 출신지 등으로 가서 그곳을 세거지世居地(대대의 거주지)로 삼아 재지양반화했다.

그런데 국가가 양인 신분의 사람에게 부과했던 군역은 매우 무거운 부담이었다. 그 때문에 양인 신분의 사람 중에서 군역의 부담을 견디다 못해 스스로 양반의 지배하에 몸을 던지는 자가 급증했다. 양반들은 그들을 노비로 받아들여 농업이나 가사노동에 사용했다. 조선 전기는 경지의 급속한 확대가 이루어진 시기였는데, 그 경지의 다수는 양반들이 대량의 노비를 부려 개발한 것이었다.

이런 가운데 양良과 천賤이라는 두 신분을 근간으로서 양良 신분의 사람들 모두에게 과거 수험의 기회를 보장한다는 본래의 이념이 흔들리기 시작했다. 또한 양반 지위의 세습화 경향이 강해지면서 양반과 양인 간의 구분이 반상班常(양반과 상민) 관계로서 양천의 구별 이상으로 큰 사회적 장벽이 되었다.

16세기는 조선 주자학의 최고 전성기라고도 말할 수 있는 시기였다. 조선 시대를 대표하는 2대 주자학자인 퇴계 이황과 율곡 이이 모두 16세기 사람으로 이 두 사람을 중심으로 주자학의 기본 개념인 이理와 기氣의 관계에 관해 활발한 논의가 전개되었다. 이것은 조선식 주자학의 성립으로 평가할 만한 것이었으나, 다른 한편으로 16세기 명에서 일어난 양명학을 중심으로 한 주자학 비판과는 달리 양반의 세계관으로서의 주자학을 한층 정치화精緻化하려는 것이었다.

일본의 센고쿠 시대

1392년 남북조 통일 이후 대략 반세기 간은 무로마치 막부의 지배가 비교적 안정되었던 시기이다. 명과 조선과의 외교관계에서도 아시카가足利 쇼군이 '일본 국왕'으로서의 지위를 인정받고 있었다. 그러나 15세기 후반이 되자 슈고다이묘들의 힘이 강해지면서 유력한 슈고다이묘들 간의 싸움이 오닌應仁의 난(1467~1477)[6]으로서 표면화했다. 이후 일본은 긴 내란의 시대에 돌입하게 되고 슈고다이묘를 대신해 센고쿠다이묘가 등장했다. 이와 같은 움직임은 거시적으로 보면 가마쿠라 시대의 지토地頭, 고케닌御家人으로부터 무로마치 시대의 슈고다이묘, 그리고 센고쿠다이묘에 이르기까지 무사 계층 내부의 경쟁과 권력의 집중화로 정리할 수 있다. 그리고 센고쿠 시대는 그 최후의 국면으로, 이를 종언시킨 도요토미·도쿠가와 정권에 이르러 권력의 집중화가 완성되었다고 할 수 있다.

동아시아 세계에는 12세기를 중심으로 '무인武人의 시대'라고도 부를 수 있는 시기가 존재했다. 그러나 중국과 한반도의 경우는 이러한 '무인의 시대'가 길게 지속되지 않고, 과거 관료제에 기반한 문인 지배의 국가체제가 확립되었다. 그에 비해 일본에서는 오히려 일관되게 무

---

6) 쇼군의 후계 문제를 둘러싸고 벌어진 전국적인 규모의 내란으로 11년간 지속되었다. 이를 통해 쇼군의 권위가 크게 실추되고, 하극상의 센고쿠 시대를 여는 서막이 되었다.

사의 권력이 강해지는 가운데 마침내 센고쿠 시대를 거쳐 무사에 의한 전국적 정권의 성립으로 사태가 진전되었다. 동아시아 세계에서 일본의 이와 같은 특이성은 도요토미 정권의 조선 침략, 나아가 근대 아시아 침략과도 깊이 연관되어 있는 문제라고 생각할 수 있는데, 일본 역사학계에서는 일본의 특이성에 대한 인식이 매우 취약했다고 여겨진다.

중국과 한반도에서 무인의 시대가 지속되지 않았던 가장 큰 요인은 주자학의 성립과 주자학 이념에 기반을 둔 국가체제의 확립이었다. 주자학은 모든 인간을 이理의 인식 주체로 인정한다는 점에서도 알 수 있듯이, 그 이전의 귀족적인 국가·사회 체제를 타파하고 능력 본위의 체제를 목표로 하는 사상이었다. 그리고 그 배경에는 민중의 성장이 있었다. 환언하면 주자학은 이러한 민중의 성장을 충분하게 의식하면서 그 민중을 포섭한 지배체제를 구상한 것이었다. 따라서 그 이념이 현실화하는 데에는 두 나라 모두 긴 시간을 필요로 했다. 반면 일본에서는 주자학을 체제이념으로 수용하려는 사태가 일어나지 않았다.

문文에 의한 지배를 이상으로 하는 주자학 이념은 무사의 권력과 양립할 수 없으므로 일본에서 주자학을 체제이념으로 수용할 수 없었던 것은 어쩌면 당연한 일이었다고도 말할 수 있다. 그러나 그 때문에 무사의 권력은 불안정하거나 또는 매우 특이한 체제일 수밖에 없었다. 특히 센고쿠 시대는 일본에서 민중의 성장이 현저한 시기였다는 점에서, 센고쿠 시대를 종식시키고 통일정권을 수립한 도요토미·도쿠가와 정권은 민중의 성장을 억누르는 매우 특이한 지배체제를 유지했던 것이다. 이와 같은 일본의 특이성을 전형적으로 보여 주는 것이 도요토미 정권의 조선 침략이었다.

도요토미 정권의
조선 침략과
동아시아

왜구와 도요토미 정권

16세기는 13세기와 더불어 이른바 왜구가 활발하게 활동했던 시기였다. 당초 명은 엄격한 해금정책을 펼쳤으나 폭발적인 은 수요는 해금을 점차 이완시켰고, 이에 따라 명의 관민들까지 가담한 대규모의 왜구 활동이 전개되었다. 이것은 14, 15세기 명을 중심으로 형성된 조공무역 체제가 이 시기의 무역 수요에 대응할 수 없게 된 것을 의미했다. 왜구라는 것은 조공무역 체제의 틀 밖에서 무역을 담당하는 무장집단으로 그 주체는 일본 사람만이 아니라 중국 남부 연해 지역의 상인과 향신 등의 부호층, 나아가 포르투갈 상인까지도 포함된 매우 다양한 집단으로 구성되어 있었다.

왜구에 대한 견해는 그 침략적인 성격에 초점을 맞춰 부정적으로 평가하는 경향이 강했다. 특히 한국 학계 등에서는 왜구의 존재를 일본의 침략적인 속성을 나타내는 것으로서 도요토미 정권의 조선 침략, 더 나아가 근대 이후 일본의 아시아 침략과 결부하여 비판하는 것이 일반적이다. 이에 비해 최근 일본 학계에서는 왜구를 적극적으로 평가하려는 견해가 유력하다. 즉 왜구의 담당자는 일본 사람만이 아니라 이른바 다국적 성격을 지녔다는 점, 또한 국가라는 틀을 넘어 활동한 존재였다는 점에서 적극적으로 그 의미를 발견하려는 견해가 그것이다. 왜구의 담당자가 다양하고 당시 동아시아 사회가 안고 있던 구조적인 모순이 왜구를 낳은 원인이라는 견해는 충분히 수긍할 만한 점이다. 하지만 국가의 틀에 속박되지 않은 면을 긍정적으로 평가하는 점에 대해서는 재고의 여지가 있다고 생각한다.

이것은 현재 동아시아 각국에 공통하는 '국사'라는 강고한 틀, 곧 태고 이래로 마치 중국사, 한국사, 일본사라는 것이 존재했던 것처럼 통사 서술을 하는 것이 당연하게 여겨지는 상황 속에서, 국가의 틀이 상대적으로 약했던 일본의 '중세'를 높게 평가하고 그 전형적 존재로서 왜구를 이해하려는 방식이다. 그러나 국가 틀의 상대화와 왜구의 재평가가 꼭 직결하는 것은 아니다. 조공무역 체제라는 것은 그 자체에 여러 문제점(특히 조공을 강요당하는 쪽에게는 무거운 부담이 되는 경우 등)이 있었던 것은 확실하나, 다른 한편으로 기본적으로는 평화적인 무역 관계를 유지하는 틀로서 기능했다. 그러한 점에서 왜구가 본질적으로 가진 폭력적 측면을 경시하고 그 긍정적 측면만을 평가하는 것은 불가능할 것이다. 이와 같은 문제는 도요토미 정권의 조선 침략에 대한 평가와도 관련된다.

도요토미 정권도 조공무역 체제 밖에 있었다는 의미에서는 왜구와 비슷한 면이 있었다. 도요토미 히데요시는 해적 정지령을 내려 왜구의 단속을 강화했는데, 이것은 그 스스로 동중국해에서 무역의 주체로 등장하기 위해서였다. 그러나 명의 조공국이 되기를 거부한 히데요시에게 그것을 대신할 만한 무역시스템을 창출하는 것은 결코 쉬운 일이 아니었다.

임진·정유왜란 = 분로쿠·게이초의 역 = 만력조선역

1592년 센고쿠의 내란 상황에 종지부를 찍고 통일을 달성한 지 얼마 되지 않았던 도요토미 정권은 대군을 이끌고 조선에 공격을 개시했다. 이후 햇수로 7년간 계속된 이 침략전쟁은 한국에서는 임진·정유왜란으로 부르고, 일본에서는 분로쿠·게이초文禄·慶長의 역役으로, 중국에서는 만력조선역萬曆朝鮮役 또는 만력일본역으로 부른다. 이 전쟁은 그 규모와 소요 기간의 면에서도, 또한 동아시아 삼국이 참가하고 각각의 사회에 심대한 영향을 주었다는 면에서도, 전근대의 전쟁으로서는 이례적인 것이었다. 그리고 근대가 되어서도 청일전쟁과 같이 이들 세 나라 간의 군사적 충돌이 일어나면 이 전쟁을 상기한다는 점에서, 단순한 과거의 사건으로 끝나지 않는 기억을 남겼다.

군사적 침략의 가능성을 거의 예측하지 못했던 조선정부는 도요토미군의 압도적인 군사력 앞에서 패퇴할 수밖에 없었다. 도요토미군은 단기간에 수도 한양을 공격하고 북상을 계속했다. 그러나 해상에서 이순신이 이끄는 조선 수군이 우세해지고, 각지에서 의병의 봉기가 계속되면서 도요토미군은 점차 수세에 몰리게 되었다. 게다가 명이 원군을 보내 참전하자 1593년 3월부터 강화를 위한 교섭이 시작되었다. 강화 교섭이라고 해도 도요토미군의 조선 주둔은 계속되었고, 3년에 걸친 교섭 기간에도 소규모의 전투 또한 계속되었다. 그러나 군사적인 패배를 인정하지 않은 채 조선 남부의 할양을 바라는 도요토미 정권의 요구는 받아들여지지 않았고, 1597년 도요토미군은 재차 대규모의 공격을 개시했다(정유왜란=게이초의 역).

그러나 이때는 조선과 명 모두 전쟁의 체제를 정비하고 있었으므로 침략군은 당초부터 고전을 면치 못했다. 그런 만큼 도요토미군의 폭력성은 한층 더 심해졌고, 귀나 코를 베어 그것을 전과의 증거로서 본국에 보내는(교토의 미미즈카耳塚) 등의 야만적 행위까지도 서슴지 않았다. 이번에도 이순신의 수군은 도요토미군에게 괴멸적인 타격을 가해 제해권을 장악하였고, 이러한 상황 속에서 1598년 히데요시가 사망하자 이를 계기로 도요토미군은 완전히 철퇴했다.

결국 이 전쟁은 도요토미군의 완전한 패배로 끝났다. 그렇다면 이러한 무모하다고도 말할 수 있는 전쟁은 왜 일어났던 것인가. 전쟁의 원인에 관해서는 히데요시의 개인적 성격에 무게를 두는 설, 센고쿠 시대가 끝나며 정복해야 할 대상을 잃은 무사들의 영토 확장의 욕망을 만족시키기 위해 해외 침략을 감행했다는 설, 혹은 무역의 문제를 중시하는 입장에서 명의 조공무역 체제를 타파하기 위해 조선과 명의 정복을 시도했다는 설 등의 다양한 학설이 있다. 개중에는 일본 국내의 평화(천하총무사天下惣無事)[7]를 위해 해외 침략을 단행했다는,—즉 평화를 위한 전쟁이었다는—흡사 미국의 이라크 침략 논리와도 통할 만한 발상이 학문이라는 옷을 걸치고 이루어지는 상황이다.

그러나 이러한 설명은 모두 매우 단기적인 관점에 선 것으로 도요토미 정권에 의한 통일 수립이라는 형태를 취할 수밖에 없었던 근본적 원인, 거듭 말하면 일본에서 무사정권의 존재 이유라는 가장 기저에 놓인 문제를 도외시한 진단에 지나지 않는다. 무사의 등장을 일본의 중세=봉건제의 개시로 보고, 그것을 동아시아에서 일본사의 선진성으로 파악하는 전통적 발상이야말로 이러한 상황을 낳은 원인으로 보이는데, 바로 이런 발상 자체를 근본적으로 재검토할 필요가 있다.

동아시아의 구조 변동

도요토미군의 침략전쟁이 남긴 영향은 심대했다. 무엇보다 대규모의 침략전쟁에 패배한 도요토미 정권에 미친 영향은 가장 두드러져 도요토미 정권의 몰락과 도쿠가와 정권의 등장을 재촉하는 직접적인 계기가 되었다.

또한 이 전쟁에 원군을 보낸 명에도 큰 영향이 나타났다. 16세기 후반 이후 해금정책의 이완에서 볼 수 있듯이 명의 지배력은 이미 그늘을 보이기 시작했는데, 이 전쟁은 그러한 경향에 박차를 가했다. 물론 도요토미 정권의 멸망처럼 이 전쟁이 명의 멸망을 초래한 직접적 원인이 되었던 것은 아니나, ─명에서 청으로의 왕조 교체에는 다른 요인도 다양

---

7) '천하총무사天下惣無事'란 센고쿠 시대에 종지부를 찍는다는 명목 아래 무사들 간의 싸움을 금지하고 국내의 '무사無事', 즉 평화를 강제한 히데요시의 명령을 말한다.

하게 존재했으므로— 간접적인 요인으로서는 무시할 수 없는 영향을 미쳤다.

이처럼 일본과 중국의 정권이 전쟁의 영향을 크게 받았던 것에 비해 전쟁으로 최대의 피해를 입은 조선에서는 왕조 교체와 같은 사태는 일어나지 않았다. 오히려 의병활동의 선두에 섰던 지방 재지양반들의 명망은 높아졌고, 그들을 중심으로 한 지방통치 체제는 전후 부흥을 추진하는 과정에서 도리어 안정적으로 기능했다. 그러나 다른 한편으로 전쟁 때 원군을 보내 준 명에 대해서는 '재조지은再造之恩'을 강조하면서, 만주족의 대두와 명·청 교체라는 사태에 직면해 명을 지지하는 노선을 선택한 것은 물론 조선 후기 소중화 의식을 낳는 기반이 되었다.

도요토미 정권의 침략 전쟁은 당사자였던 각국의 정치체제에 중대한 영향을 주었을 뿐만 아니라 전후 동아시아 국제관계에도 큰 그림자를 드리웠다. 즉 그때까지의 국제관계는 향후 이와 같은 전쟁이 재발하지 않도록 하는 방향으로 재편되었다. 전술했듯이 16세기를 중심으로 한 '은의 분류奔流'를 통해 동아시아 각 사회는 큰 격동을 경험했다. 이 전쟁은 그와 같은 격동의 극단적 발로라고도 볼 수 있으며, 또 하나의 발로였던 명·청 교체를 거치면서 동아시아 사회는 상대적인 안정기에 들어가게 된다.

4장

17세기
해금의 시대로

화이변태

명에서 청으로 이어진 왕조 교체는 단지 중국만이 아니라 동아시아 전체로 봐도 큰 사건이었다. 이 왕조 교체는 조선과 일본에서 '화이변태 華夷變態', 즉 이夷가 화華를 대신하게 된 사건으로 이해되는 등 국제적인 파장을 일으켰다. 우선 중국의 움직임부터 살펴보도록 하자.

만주족의 대두

명의 해금정책이 완화되면서 동아시아 해역이 공전의 활황을 맞이했다는 점에 관해서는 앞서 논했는데, 이러한 활황은 동시에 중국 동북부를 근거지로 하는 여진女眞=여직족女直族의 움직임을 활발하게 했다. 일찍이 금金을 건국해 화북을 지배했던 여진은 몽골에게 멸망한 이후,

원과 명에게 지배를 받으면서 여진문자마저 잃어버린 상태였다. 명의 여진 지배는 몽골족에 대한 지배와 마찬가지로 위소제衛所制라는 군사조직을 통해 행해졌다. 명은 여진의 각 부족장에게 명의 관직을 내려 교역의 특권을 인정하고, 동시에 각 부족들 사이를 대립시키는 정책을 취했다. 특히 담비 등의 모피나 약용 인삼 같은 품목은 중요한 교역물품으로 명과의 교역을 통해 여진은 단순한 수렵민의 상태에서 벗어날 수 있었다.

명의 분할통치 체제는 누르하치가 등장하여 동북부 여러 지역의 민족들을 통일하려는 움직임이 본격화되면서 크게 흔들리기 시작했다. 누르하치는 1588년에 건주부建州部를 통일하고, 나아가 해서부海西部의 예허葉赫를 제외한 동북부 지역 대부분을 지배하에 넣었다. 1616년에는 아이신국을 건국한 다음 칸汗의 지위에 올랐다. 아이신이란 '금金'의 의미로 예전의 금을 계승한다는 후계자로서의 의도를 포함한 국호이다(이전의 금과 구별하기 위해 '후금'으로 부른다).

아이신국의 건국을 전후하여 누르하치와 그를 이은 홍타이지 시대에 국가로서의 체제가 점차 정비되었다. 그 하나가 만주문자의 제정이고, 또 다른 하나는 팔기제八旗制의 확립이다. 만주문자는 몽고문자를 차용하여 고안된 것으로, 이 문자를 사용해 만주족의 역사를 엮은 책을 편찬함으로써 누르하치 지배의 정통성을 강조하고자 했다. 또한 만주滿洲라는 호칭은 누르하치가 건주부를 통일한 때 명명했던 만주국에서 유래하는데, 만주라는 말은 산스크리트어 만주슈리Manjushri(문수보살文殊菩薩)에서 왔다. 홍타이지 시대에 여진을 대신하는 민족 명칭으로서 만주를 사용하도록 정했다.

팔기八旗는 아이신국의 독특한 군사제도이면서, 동시에 정치·사회 제도로서의 역할도 겸하고 있었다. 팔기의 기본은 여진어로 구사Gusa, 固山라고 불리는 조직인데, 모든 성년 남자는 반드시 여덟 개의 구사 중에 어디엔가 속했다. 각 구사는 각자 고유의 기旗(깃발)를 표상으로 사용했기 때문에 한자로 팔기로 표기되었다. 또 팔기는 만주족만이 아니라 당초부터 몽골족·한족이 포함되어 있는 다민족 구성을 취했다.

명은 이와 같은 만주족의 움직임에 경계심을 높이는 한편 예허와 연합하여 아이신국의 세력을 누르는 정책으로 전환했다. 그 때문에 누르하치도 명과의 전면대결을 결의하고, 양군은 1619년 사르후薩爾滸에서 맞부딪쳤다. 전투는 만주의 대승으로 끝났고, 이후 아이신국은 요하 동쪽의 농경지역까지 지배하게 되었다.

명·청 교체와 동아시아의 변동

누르하치를 계승한 홍타이지 시대에 만주족의 힘은 더욱 강해졌다. 홍타이지는 북방 몽골을 공격하여 복속시켰고, 동시에 두 차례에 걸친 조선 침공을 통해 조선을 복속시켰다. 홍타이지는 이 과정에서 몽골의 차하르부에 전하는 대원大元의 국새國璽를 수중에 넣었다. 그리고 1636년 만주족, 몽골족, 한족 무장의 추대를 받아 황제의 자리에 오른 후 국호를 청淸으로 고쳤다. 나아가 팔기제를 확대 정비해 팔기만주·팔기몽고·팔기한군의 체제로 정돈했다.

이렇게 해서 청나라가 성립했는데, 여기서 주목할 만한 것은 명을 무너뜨린 것은 청이 아니라 바로 농민반란이었다는 점이다. 명의 지배는 북방의 만주족·몽골의 군사적 공세와 해상에서의 왜구의 활동, 나아가 도요토미 히데요시의 조선 침략에 따른 원군 파견 등으로 재정적 어려움에 직면해 있었다. 장거정張居正(1525~1582)의 재정 개혁 이후 유효한 대책은 마련되지 않았고, 환관과 지식인의 대립으로 말미암아 통치력은 현저하게 약화되었다. 이러한 상황 속에서 17세기 들어 각지에서 농민반란이 잇달아 일어났다. 그중에서도 이자성李自成이 이끌었던 농민군은 지식인을 내부에 포섭하는 방식으로 세력을 확대하였고, 마침내는 명의 수도 북경을 함락하여 마지막 황제였던 숭정제를 자살로 몰아넣었다. 이처럼 명의 최후는 참으로 맥없는 것이었다.

이자성은 새로운 왕조를 세웠으나 사태는 뜻밖의 전개를 보였다. 명의 무장이던 오삼계吳三桂는 청에 복속해 이자성의 토벌을 꾀했고, 이에 청군은 대거 산해관山海關을 넘어 화북으로 진격해 들어왔다. 농민군을 모체로 한 이자성군은 기동력 넘치는 청군의 적수가 되지 못했고, 결국 청이 새로운 중국 대륙의 왕조로서 명의 뒤를 잇게 되었다. 그러나 처음에는 청의 지배에 반대해 복명復明, 즉 명조의 회복을 목표로 한 세력들이 각지에 할거하고 있었으므로 청은 이들을 하나씩 진압하면서 지배체제를 정비해 나갈 수밖에 없었다.

이런 상황에서 청은 만주족만의 독특한 스타일인 변발을 한족에게 강제한 것 외에는 대체로 한족을 회유하기 위해 노력했다. 예컨대 과거 실시와 같은 정책을 취해 한족 지식인을 체제 내로 포섭하고자 했다. 그리고 60여 년에 걸친 강희제 통치기에 삼번三藩의 난으로 대표되는 반청 세력을 완전히 제압함으로써, 이후 1911년 신해혁명으로 붕괴하기까지

260년 이상 지속된 체제를 정비했던 것이다.

청의 성립은 그 자체가 16세기 이래 동아시아 세계의 변동의 산물인 동시에 동아시아 여러 지역에 큰 영향을 준 사건이었다. 명이 쇠퇴한 커다란 계기가 도요토미 히데요시 군대의 조선 침략이었다는 점은 명·청 교체가 동아시아 세계와 깊이 연결되어 있다는 사실을 잘 말해 준다. 또한 일본에서도 도요토미의 패권이 쇠퇴하고 도쿠가와가 정권을 잡게 되는데, 이것 역시 동아시아 규모의 변동의 일환이었다고 생각할 수 있다.

조선 왕조의 경우 명·청 교체의 영향은 특히나 컸다. 주지하듯이 조선에는 이미 다수의 여진족이 살고 있었고, 15세기에는 조선 내의 여진에 대한 지배 강화와 동화정책이 추진되었다. 이처럼 조선 왕조에게 지배의 대상에 불과했던 여진족이 후금 시대에 명과의 전투에 협력하도록 조선 왕조에 요구해 온 것이다. 더욱이 명에는 임진왜란 때 원군을 받았던 '재조지은'이 있었기 때문에 조선이 여기에 응하는 것은 곤란했다.

당시 조선 국왕 광해군은 명과 여진 사이에서 국책을 결정하기 어려운 상황이었고, 조정 내 대다수의 중신은 원명援明을 주장했다. 이런 상황 속에서 조선은 사르후 전투에서 명 측에 서서 참전했으나, 결국 광해군은 그의 중립 정책에 반대하는 사람들이 일으킨 쿠데타로 추방되고 말았다(인조반정). 쿠데타로 성립한 인조 정권은 강경한 반여진 정책을 취했다. 이 때문에 조선은 두 번에 걸친 공격을 받았고 마침내 청에 항복했다. 그러나 청에 항복한 후에도 반청의식은 강하게 남았으며, 조선이야말로 명의 중화 전통을 계승하는 자라는 '소중화주의'가 일반적인 풍조가 되었다.

화기火器와 동아시아 대변동

여진=청이 조선 왕조에 집요하게 복속을 요구한 이유는 그 전략적 위치 때문이었다. 그와 더불어 또 다른 한 가지 요인으로 철포鐵砲의 문제를 들 수 있다. 임진왜란에서 일본군 철포의 위력을 직접 확인한 조선은 일본군 포로를 병사로 쓰면서 동시에 철포의 기술을 배우는 등 철포의 도입을 적극 추진했다. 여진은 바로 이 점에 주목했던 것이다.

여진의 군사력은 기마騎馬에 의한 기동력이라는 면에서는 뛰어났지만 철포나 대포 같은 화기 장비의 면에서는 약했다. 실제로 여진이 명과의 전투에서 가장 어려움을 겪었던 부분도 명이 보유한 포르투갈제 대포 때문이었다. 누르하치가 사망한 것도 대포에 의한 상처가 원인이었다고 전해지기도 한다. 머지않아 청도 명에서 투항한 한족 장군들로부터 대포를 입수하는데, 이것이 청의 군사력을 비약적으로 강화시켰다.

일본에서도 철포의 도입이 센고쿠의 동란을 종결시키는 큰 요인이 되었다. 종래의 기마 중심의 군대 편성이 철포의 도입을 통해 일변했다. 다케다 신겐武田信玄과 오다 노부나가織田信長 간에 벌어진 오케하자마桶狹間 전투가 그 결정적인 계기였다. 이렇게 보면 16세기에 동아시아 세계에 등장한 유럽 세력이 가져온 화기火器가 동아시아의 대변동에 큰 영향을 미쳤다고 말할 수 있을 것이다.

화이변태

중국의 격동은 일본에도 큰 영향을 미쳤다. 세키가하라關が原 전투와 두 번에 걸친 오사카 전투大坂の陣를 거치며 확립된 도쿠가와 정권은 대륙의 동향을 파악하기 위해 다양한 루트를 통한 정보 입수에 노력했다. 그러한 정보를 정리한 것이 하야시 슌사이林春齋가 편찬한 『화이변태』이다. 이 책에는 나가사키에 들어온 중국선中國船이나 쓰시마번이 입수한 조선 경유의 대륙 정보가 기재되어 있다.

도쿠가와 정권이 이와 같이 대륙의 움직임에 민감한 이유는 군사적 위협의 가능성은 물론 보다 절실하게는 무역 면에서의 영향을 우려했기 때문이다. 또 청의 성립 후 반청 세력으로서 대만에 웅거하고 있던 정씨鄭氏 일족이 도쿠가와 정권에 원조를 요청한 것도 무관심하게 있을 수만은 없는 요인으로 작용했다. 정씨의 원조 요청은 결국 무시되었으나, 정성공의 어머니가 일본 여성이었다는 점도 있어 후에 지카마쓰 몬자에몬近松門左衛門의 닌교조루리人形浄瑠璃[8] 「국성야합전國姓爺合戰」을 통해 널리 그의 이름이 알려졌다.

한편 『화이변태』에서는 명을 화華, 청을 이夷로 파악했는데, 이것은 일본에서도 조선과 동일한 화이의식이 공유되었다는 점을 말해 주고 있다. 곧 명·청 교체를 통해 만주족이 지배하는 왕조가 중국에 탄생한 것은 이후의 일본과 조선의 국가체제에 무시할 수 없는 그림자를 드리운 사건이었다.

---

[8] 일본의 전통 인형극으로, 샤미센三味線 반주에 맞춰 노래하듯이 말하는 조루리浄瑠璃에 맞춰 펼치는 극이다.

동아시아 삼국의
국가체제

16세기부터 17세기 전반에 걸친 동아시아의 격동은 17세기 후반에 들어가면 일단락된다. 이와 같은 격동 속에서 탄생한 청 왕조와 도쿠가와 정권은 임진왜란과 여진의 침공을 견뎠던 조선 왕조와 더불어 전근대 최후의 국가체제를 200년 이상에 걸쳐 운영해 나갔다. 그 200여 년간의 국제관계는 비교적 평온하고 평화로운 시대였다. 각 지역에서는 저마다 독특한 전통이 형성되고, 그 형태는 오늘날까지 여러 방면에 강하게 남아 있다. 이 시기에 형성된 전통이야말로 동아시아에 사는 우리들에게 직접적으로 이어지는 것이라고 말할 수 있을 것이다.

국가 틀의 강화

16세기와 같은 유동적 상황은 17세기 후반에는 완전히 모습을 감췄다. 해역이나 국가의 주변부에서 활발하게 활동을 전개한 자립적 세력들은 국가의 틀에 포섭되었다. 16세기의 유동 상황을 견인한 유럽 세력도 이 시기에는 동아시아 각국의 강한 규제 속에서 활동할 수밖에 없게 되었다.

국가의 규제가 가장 강하게 미친 영역은 무역이다. 청, 조선, 도쿠가와 세 정권 모두 해금정책을 채택했는데, 그것은 환언하면 국가에 의한 무역 관리 체제였다. 특히 조선과 도쿠가와 막부는 이 정책을 철저하게 시행하여 무역항이나 무역 품목, 무역고貿易高가 엄격하게 규제되었다. 청조의 경우는 당초 반청 세력의 거점 중의 하나가 해상에 있었으므로 천해령遷海令을 내려 연안에 사는 주민의 강제이주 정책까지 감행했다. 천해령은 정씨 세력이 토벌되면서 철회되었으나, 이후로도 광동을 비롯한 몇 개의 항구에 한해서만 무역이 인정되었다. 이러한 무역 관리 체제의 강화로 인해 류큐의 지위는 상대적으로 낮아졌다. 그러나 동시에 간과해서 안 되는 점은 이 시기 동아시아 각 지역 간의 무역 자체는 활발했다는 점이다.

무역 관리 체제 강화에 수반하여 주목할 만한 현상으로 표류민 송환 체제의 정비를 들 수 있다. 청, 조선 왕조, 도쿠가와 정권, 류큐 간에는 표류민이 표착할 경우 표류처의 부담으로 본국으로 되돌려 보내는 것이 관례화되었다. 개중에는 표류를 가장한 밀무역이 행해지는 일도 있었으나, 이와 같은 체제는 주민의 국가로의 귀속 의식, 즉 영민領民 의식을 강화하는 역할도 수행했다. 표류민 송환 체제의 정비는 영역국가로서 성숙해 가던 측면을 보여 주는 것이었다.

국경의 획정

일반적으로 엄밀한 의미의 국경이라는 개념은 근대 국민국가의 탄생과 함께 태어났다고 여겨진다. 그에 비해 전근대 국가의 경우는 국경이 애매한 것이 보통이다. 동아시아 세계 역시 마찬가지였는데, 대개 17, 18세기가 되면 국경에 관한 약정을 맺게 된다. 이것은 근대 이후의 영토 관념의 직접적인 전제가 되는 것이었다.

동아시아에서는 이미 송나라 때 요遼, 금金 등과 국경에 관한 협정을 맺은 적이 있는데, 이 시대에는 이러한 협정이 보다 광범위하게 등장한다. 그 효시가 된 것은 1689년 청과 러시아 사이에 체결된 네르친스크 조약이다. 이 조약의 배경에는 시베리아 진출을 꾀하고 있던 러시아가 명대까지 북방을 위협하던 몽골을 대신해 새롭게 청의 북방을 위협하는 세력으로 등장한 사정이 있었다. 네르친스크 조약에서는 흑룡강 지류인 아르군Argun 강과 외흥안령外興安嶺(스타노보이Stanovoy 산맥)을 국경으로 할 것을 정했고, 동쪽 방면에 관해서는 합의가 이루어지지 않았으나 이후 옹정제 때에 맺어진 캬흐타 조약을 통해 동쪽 국경도 정해졌다. 또한 청과 조선 왕조 간에도 18세기에 들어 국경 교섭이 이루어졌고, 1711년에 백두산을 국경으로 정했다. 청과 베트남도 마찬가지로 비슷한 시기에 국경을 정했다.

일본은 외국과 직접 접하지 않았으므로 국경 교섭을 하는 일은 없었으나, 이 무렵 영역 의식이 강화되는 모습을 확인할 수 있다. 그것을 단적으로 보여 주는 것이 도쿠가와 정권에 의해 반복적으로 시도된 국회도國繪圖의 작성과 이를 바탕으로 한 일본총도日本總圖의 제작이다. 국회도를 작성할 때에는 '국國'(고대율령제 국군제國郡制에 따른 국國)의 경계를 명시하도록 했다. 일본총도에서는 시기에 따라 류큐를 포함하기도 하고 포함하지 않기도 했다. 또한 부산에 있는 왜관을 지도에 표시한 것도 볼 수 있는데, 이러한 현상도 영역의식의 고양을 나타내고 있다.

이와 같이 어느 지역에서도 이전 시대에 비해 영역의식이 강화된 것을 엿볼 수 있는데, 다른 한편으로 소속이 애매한 경계 지역도 존재했다. 즉 조선 왕조에 신하로서 인식되었던 쓰시마對馬, 중·일 양쪽에 속하면서 왕국으로서의 체제를 지속적으로 유지한 류큐 등이 그것이다. 이상을 통해 근대 이후의 물샐 틈 없는 국경 개념과의 차이를 확인할 수 있다.

다민족 국가로서의 중국

중국 역사에 입각해 청조 성립의 의의를 생각해 보면, 그것은 송대 요·금의 등장에서 시작되어 원대에 본격화된 다민족 국가 중국으로 가는 움직임을 완성시키는 것이었다. 송대 이후 한족과 북방의 비농경 민족과의 관계는 그 이전 시대와 비교하면 점차 긴밀해졌고, 둘 사이의 일체화가 청의 성립을 통해 흔들림 없이 굳건해진 것이다. 중국에서는 역대 농경민족인 한족과 북방 유목민족과의 관계가 역사를 움직이는 결정적인 요인이었다. 만리장성은 이 둘을 나누는 상징이었는데, 청대가 되면 그러한 상징적인 의미는 완전히 없어지고 장성 이북의 땅도 내국화內國化되었다. 청조를 최후의 정복왕조로 보는 견해는 지극히 한족 중심의 견해이자 송대 이후 '화이' 일체의 역사적 경향성을 무시한 것이라고 말할 수 있다.

청의 다민족 국가로서의 성격은 팔기제가 창설 당초부터 만주족·몽골족·한족으로 구성되었던 점에 상징적으로 드러나 있다. 청 황제는 중국 역대 왕조의 정통을 계승하는 존재이면서 동시에 유목·수렵민 세계의 한汗의 지위를 겸한 존재였다. 나아가 청은 건륭제 때에 서북방의 위구르, 서방의 티베트까지도 지배하에 두게 되면서 공전의 영역을 실현했다. 북경의 자금성이 황제로서의 지위를 상징한다면, 열하의 이궁離宮은 몽골·위구르·티베트 등의 번부藩部 지배의 상징이었다. 이 둘을 묶는 상징이 성경盛京(번양藩陽)에 설치된 봉천행궁奉天行宮이었다. 현재 중국의 다민족 국가로서의 체제는 청대에 그 연원을 가지며, 영토적으로도 청의 영토가 현재 중국을 크게 규정하고 있다.

경제적
아우타르키

17세기 중반 무렵부터 동아시아 각국은 일제히 해금정책을 채택했는데, 지역 내의 무역은 16세기 못지않게 활발하게 전개되었다. 16세기와 다른 점은 무역의 양에 있었던 것이 아니라, 국가의 무역관리가 철저해졌다는 질적 측면에서 찾을 수 있다. 명대와 마찬가지로 17세기 이후 동아시아의 국제관계를 규정한 것은 청에 의한 조공 체제였다. 다만, 청대 조공 체제가 명대와 다른 점은 청의 영토 자체가 확대되어 종래 조공 관계에 있던 많은 지역들이 영토 내로 들어오게 되었으므로 이러한 지역을 청이 번부로서 통치한다는 이중 통치 체제를 취한 점, 그리고 일본이 조공 체제로부터 형식상 이탈한 점이다. 또한 명대에는 엄격하게 금지된 중국 민간인의 해외 도항(16세기에는 완화)이 인정된 것도 청대의 큰 특징이다.

청의 무역 체제

청은 대만을 제압한 직후인 1685년 월해관粵海關(광주), 민해관閩海關(하문), 강해관江海關(상해 부근), 절해관浙海關(영파)의 네 곳에 해관을 설치하고, 정부로부터 허가를 받은 상인의 무역만을 인정하는 조치를 취했다. 대체로 해관마다 무역의 상대가 특화되는 경향을 보였고, 유럽 각국의 선박은 대부분 광주에 내항했다. 1757년 이후 광주 이외의 항구로 내항하는 유럽선이 금지되었으나, 이른바 광동시스템하에서 18세기 후반이 되면 유럽 선박의 수가 서서히 증가하기 시작해 후의 아편전쟁으로 이어지는 상황이 조성되었다.

광동에서는 공행公行으로 불리는 중국 상인이 무역권을 독점하고 정부에 대신해 관세를 징수하는 체제를 취했는데, 이것이 유럽인이 불만을 품는 씨앗이 되었다. 유럽인은 '캔톤 팩토리Canton Factory'라고 불린 주강珠江 변의 외국인 거류지에 체재했는데, 이것은 일본 나가사키의 데지마出島나 조선 부산의 왜관과 같은 성격의 것이었다. 무역은 하지만 자국민이 이국의 사람들과 자유롭게 접촉하는 것은 엄격하게 제한했던 것이다. 더구나 이 시기의 유럽 선박은 유럽 상품의 교역이 아니라 중국 동남부와 동남아시아 간의 연안 무역country trade에 종사하고 있었다.

광주가 중국에 들어오는 선박의 무역항이던 것과 대조적으로 민해관이 설치되었던 하문은 동남아시아에 출항하는 중국 선박의 중심지였다. 18세기가 되면 종래의 생사와 도자기에 더해 차 수출이 급증하였고, 차의 주산지인 복건 등지에서는 쌀 부족에 시달리며 동남아시아로부터 쌀을 수입하게 된다. 그런데 동남아시아와의 관계에서는 단순히 무역을 하는 것뿐만 아니라, 그 무역을 담당하는 사람들 자체가 등장하였다. 바로 오늘날 화교의 조상들로서 그들이 동남아시아에서 대중국무역을 담당했던 것이다.

다른 두 해관, 곧 강해관과 절해관은 본래 대일본무역의 거점이었다. 16세기에 매우 활발했던 일본열도와의 무역은 17세기 중엽에 내려진 천해령에 의해 큰 타격을 받았으나, 이후 해관이 설치되어 무역이 공인되자 이전보다 훨씬 많은 중국 선박이 나가사키로 향했다. 중국선의 쇄도에 놀란 막부는 이를 제한하는 정책을 강화했는데, 그 배경에는 일찍이 왕성하게 수입된 면포와 생사, 견직물 등의 국내 생산이 가능해진 사정이 있었다. 이와 같은 도쿠가와 정권의 정책으로 중일무역은 점차 정체되었다.

청의 조공 체제

명과 마찬가지로 청도 넓은 범위의 조공 체제를 구축했다. 조공 관계는 중앙의 예부禮部에서 관할했으며, 상대 지역에 따라 조공의 횟수 등을 엄밀하게 결정하고 있었다. 청의 조공 체제 가운데서도 조선·베트남·류큐·샴·버마·술루의 여섯 나라는 국왕을 청 황제가 임명하는 종속관계가 유지되었으므로 정치적인 의미도 강하게 띠고 있었다. 특히 앞의 세 나라는 국왕의 교대 시에 청에서 사자使者(칙사勅使로 불림)가 파견되는 등 특별히 깊은 관계에 있었다. 19세기 중엽 이후 이들 세 나라의 대외관계에 청이 신경을 쓰게 되는 것도 이 때문이다.

수많은 조공국 중에서 가장 높은 빈도로 조공을 한 나라는 조선 왕조이다. 수년에 한 번 조공하는 지역이 일반적이었음에 비해, 조선은 당초 1년 4공이 의무화되어 있었다. 게다가 해로를 이용할 수 없고, 반드시 육로를 이용해야 했으므로 조공사의 파견 비용은 조선 측에 큰 부담이 되었다. 그 때문에 조선은 조공 회수의 삭감을 요구하여 1년 1공이 관례화되었다. 그럼에도 여러 명목의 임시 사절 파견도 많아 청조 200년 동안 대략 200회의 사절을 파견했다. 이와 같이 조공의 부담은 큰 것이었으나, 역으로 사절단을 수행하는 상인들에게는 그만큼 이익이 컸다.

청의 입장에서는 광동의 영국 상인이나 조약을 맺은 러시아도 이념적으로는 조공의 틀에 들어가야 하는 대상이었다. 이 시기 현실에서는 국경의 획정 등에서 볼 수 있듯이 조공 체제를 지지하는 중화의 이념(이에 따르면 국경이라는 것은 있어서는 안 되는 존재임)은 조금씩 틈이 벌어지기 시작했는데, 이 벌어진 틈이 표면화되는 것은 조금 더 후의 일이다.

조일 국교 회복과 조선통신사

도요토미 정권의 뒤를 이은 도쿠가와 정권은 당초 대외무역에 적극적인 태도를 취했다. 우선 임진왜란으로 완전히 왕래가 단절되었던 조선에 대해서는 일찍부터 쓰시마의 소우씨宗氏를 통해 국교 회복을 위한 활동을 벌였다. 조선 왕조 측은 좀처럼 이에 응하려고 하지 않았으나 일본의 국내 사정을 정찰할 필요도 있어 1607년 '회답겸쇄환사回答兼刷還使'라는 명칭으로 사절을 파견했다. '쇄환'이라는 것은 임진왜란 때 끌려간 조선인들을 조사해 데리고 돌아온다는 의미이다.

쓰시마번과 조선과의 무역도 재개되고 1607년의 기유조약에서 그 골격이 정해졌다. 쓰시마번은 조선 동래, 즉 부산에 왜관을 둘 수 있게 되었고, 여기에 사람을 상주시켜 조선과의 교섭 창구로 삼았다. 17세기 전반은 명·청 교체와 복명운동, 청의 천해령 등의 사정이 거듭되면서 중국과 일본과의 무역이 매우 부진했다. 따라서 도쿠가와 정권에 있어 조선과의 무역은 큰 의미를 지녔다. 즉 16세기 중일무역의 주요한 패턴이던 일본의 은 수출과 중국의 생사·견직물의 수출이 조선을 경유하여 왕성하게 행해진 것이다.

조선 왕조와 도쿠가와 막부의 관계는 단순히 무역에만 그친 것이 아니라 정식적인 국가 간의 관계였다. 그것을 상징적으로 보여 주는 것이 조선통신사의 일본 방문이다. 통신사는 1636년의 방문을 시작으로 1811년에 이르기까지 쇼군의 교체 때마다 일본에 파견되었다. 쓰시마에서 세토나이해瀬戸内海를 경유하여 오사카에 상륙, 그리고 에도에까지 이르는 통신사 일행의 여행은 일본에 사는 사람들에게 이국을 실감시키는 몇 안 되는 이벤트였다. 그에 비해 일본 측 사절은 부산의 왜관에만 머물렀고 수도인 한양에까지 가는 것은 허락되지 않았다. 이것은 임진왜란 때 일본군이 조선의 지리를 속속들이 알고 있었다는 점에서 조선 측이 경계했기 때문이다.

도쿠가와 정권의 네 개의 창구

쇄국鎖國이라는 말은 19세기가 되고 나서 유럽인의 개국 요구를 의식하는 가운데 사용하기 시작한 말로 일본 특유의 것이다. 그 이전의 사람들에게 쇄국이라는 의식은 없었고, 일본에서도 실태로서는 해금정책이 17세기 중엽부터 실시되었다. 도쿠가와 정권의 해금을 상징적으로 보여 주는 것은 청의 네 개의 해관에도 비할 수 있는 네 개의 창구이다.

네 개의 창구란 쓰시마번을 통한 대조선 관계, 나가사키를 통한 네덜란드·청과의 무역 관계, 류큐에 대한 시마즈번島津藩의 지배와 그것을 통한 청과의 관계, 마츠마에번松前藩을 통한 아이누와의 관계를 가리킨다. 이 중 나가사키만이 막부의 직할 지배에 의한 것이고, 다른 셋은 모두 막부가 직접 관여하는 것은 아니었다. 이러한 점에서 16세기까지 다원적 외교관계의 흔적을 남기고 있다고 말할 수 있으나 막부의 통제는 훨씬 강화되었다. 17세기 이후 동아시아에서는 국가에 의해 외교권·대외교역권이 일원화되었다고 말해도 좋을 것이다.

도쿠가와 정권은 당초 류큐를 통해 명과의 접촉을 유지하려고 했다. 그런데 류큐가 여기에 응하지 않았으므로 도쿠가와 막부의 합의하에 시마즈번의 류큐 침공이 행해졌다. 왕년의 활기를 잃어버렸던 류큐는 이에 굴복했고, 이후 류큐는 왕국 체제와 중국에 대한 조공은 유지하면서 도쿠가와 정권의 지배하에 들어가게 되었다. 명·청 교체 이후에도 도쿠가와 정권은 청과 정식적인 관계를 맺지 않고 통상 관계만을 유지하는 정책을 취했다. 곧 중국의 조공 체제로부터 일단은 이탈했던 것인데, 그럼에도 청과의 관계는 나가사키·류큐를 통해 간접적으로 유지되었고 조·일 무역도 중·일 무역으로서의 의미가 강했다. 따라서 도쿠가와 정권도 크게 보면 청의 조공 체제에 반쯤 편입되어 있었다고 말할 수 있을 것이다. 이것이 19세기 후반 이후 일본의 대동아시아 관계를 크게 규정하게 된다.

자급자족적 경제 체제

17세기부터 19세기 전반까지도 동아시아 지역 내의 교역이 쇠퇴한 것은 아니었다. 그러나 여기에는 큰 한계도 존재했다. 교역품의 기본은 각 지역의 특산품으로 대부분이 완성품이었다. 즉 원료를 수입하여 그것을 가공하는, 이른바 유기적인 산업 연관을 가진 무역 관계는 형성되지 않았다.

이러한 한계는 동시기의 유럽과 비교하면 분명하다. 16세기 이후 세계 진출을 시작한 유럽은 아메리카 대륙과의 관계에서 전형적으로 볼 수 있듯이 국제적인 분업체제를 펼쳐 나갔다. 그에 비해 동아시아에서는 중국 남부의 차 등 상품작물의 생산 집중과 동남아시아로부터의 쌀 수입과 같은 국제적 분업체제도 약간은 볼 수 있었으나 경제 전체에 영향을 줄 정도는 되지 못했다. 동아시아의 인구 규모는 거대했고, 당시의 교통·운송 수단으로는 곤란함이 많았기 때문이다.

문화적 교류의 심화

이 시대는 동아시아 지역 내의 교류가 경제적 방면에서만이 아니라 문화적으로도 대단히 왕성했다. 그 대표적인 예로 들 수 있는 것은 조선 통신사의 왕래에 수반한 조일 간의 교류이다. 통신사 일행은 수백 명에 이르는 대규모의 것이었고, 그들이 왕래하는 도중에 각 계층의 일본인과의 접촉이 이루어졌다. 지금도 각지에 남겨져 있는 수많은 자료를 통해 두 나라 간 접촉의 모습을 생생하게 확인할 수 있다.

근세 일본의 유학은 조선 유교의 영향을 크게 받았으므로 조선의 대유大儒 이황 등의 이름은 널리 알려져 있었다. 통신사와의 접촉에서 가장 관심을 기울인 것도 유교 선진국으로서 조선 유교에 대한 흥미였다. 일본이 조선에 대해 높은 관심을 가진 데 비해, 조선은 문화적으로 일본에 그다지 흥미를 가지지 않았다. 조선의 최대 관심은 군사적인 것에 있었고, 일본군이 히데요시와 같이 재차 침공해 올 위험성이 없는가를 살피는 것이 많은 비용을 들여서까지도 통신사를 파견하는 이유였다. 다만 16, 17세기에 걸쳐 류큐 혹은 일본에서 들여온 고추, 연초, 고구마 등은 큰 의미를 지니는 물품으로, 특히 고추 같은 것은 이후의 조선요리에서 필수 불가결한 것이 되었다. 또한 고구마를 일본어 고코이모孝行芋의 와음訛音인 '고구마コグマ'로 부르는 것을 통해서도 이것이 일본에서 들어온 것이라는 점을 짐작할 수 있다. 고구마는 중국·일본과 마찬가지로 구황작물로서 조선에서도 큰 의미를 가지는 물품이다.

일본 사회에 미친 중국 문화의 영향 역시 이전의 어느 시대보다 훨씬 컸다. 우선 이 시기에는 나가사키에 들어오는 중국 선박을 통해 대량의 중국 서적이 수입되었다. 16세기 이후 중국의 서적 출판은 획기적인 비약을 이루었는데, 그 덕분에 이전 시대까지는 귀중품 대접을 받았던 중국 서적이 널리 보급될 수 있었다. 서광계의 『농정전서農政全書』의 영향을 받은 미야자키 야스노리宮崎安則가 『농업전서農業全書』를 저술하고, 중국 소설의 번안이 대량으로 행해지는 등 일본의 출판문화도 중국의 영향 아래 활황을 맞이하게 되었다. 또한 중국과 조선에서 많은 의학서가 수입되면서 의술의 발전에도 크게 기여했다.

조선에서는 매년 빈번하게 조공 사절을 청에 보냈고, 이들을 통해 서적 등도 들어왔지만 여진족을 이적시하는 사고 때문에 청 문화에 대한 관심은 약했다. 이런 가운데 중국을 통해 유입된 서학, 즉 천주교(가톨릭)와 서양의 과학기술에 대한 관심이 높아지면서 18세기 후반에는 양반 중에서 천주교도가 출현하기에 이른다. 또한 일부 지식인 사이에서는 청을 적극적으로 배워야 한다는 '북학北學'의 주장이 나오기도 했다.

5장

전통사회의
성숙

사대부,
양반,
무사

17~19세기 동아시아 삼국에는 독특한 지배계층이 존재했다. 청의 사대부, 조선의 양반, 도쿠가와 일본의 무사가 그것이다. 이들 지배층은 17세기 이전부터 존재했으나 이 시기에 가장 성숙한 형태를 보이므로 여기서 일괄하여 논하고자 한다. 조선의 양반은 자신을 사족士族으로 불렀으므로, 이 셋은 모두 사士라는 한자를 공유하는 존재였다. 물론 이들 사이에는 큰 차이도 있었다. 그럼에도 세계 여타 지역의 지배층과 비교하면 공통된 일면을 가지고 있었다. 여기서 이들 각 사회의 지배층을 언급하는 이유는 그들의 존재양식이 이 시기 동아시아 사회의 존재 양태를 규정했을 뿐만 아니라 근대 이후에도 여러 방면에 영향을 주었기 때문이다.

사대부와 양반

청과 조선 두 왕조의 사대부와 양반은 기본적으로는 과거라는 시험을 통해 형성된 지적·정치적 엘리트라는 점에서 공통점이 있다. 과거에는 문과와 무과가 있고, 문과가 훨씬 중요한 의미를 가졌던 점, 문과 시험에서는 주자학 관련 지식을 물었던 점 등도 공통적이었다. 그러나 사대부와 양반 사이에는 적지 않은 차이점도 존재했다.

청의 사대부층 가운데 문과의 최종 시험 합격자인 진사進士는 진정한 의미에서 엘리트들이었다. 3년에 한 번 시행되는 문과의 합격자 수는 대략 300명 정도로 전국적으로 진사 출신자는 수천 명밖에 존재하지 않았다. 게다가 진사의 지위는 한 대에 한하였고 세습은 인정되지 않았다.

한편 양반도 본래는 과거 합격자 및 근친의 자손만을 의미했기 때문에 당연히 소수에 불과할 터였는데, 점차 먼 조상 중에 과거 합격자가 있는 자손까지도 양반으로서의 사회적 지위를 인정받으며 다양한 특권을 향유하게 되었다. 즉 본래는 신분이 아니었던 양반이 점차 신분적인 성격을 강화해 간 것이다. 따라서 양반은 시간이 지나면서 점차 증가하는 경향이 있었다.

다른 한편 청에서는 매우 소수의 진사층 이외에 과거의 1차 시험(향시) 합격자인 거인舉人이나 1차 시험 수험 자격자인 생원生員이라는 직함을 가진 층이 두텁게 존재했다. 또한 매관(관직을 돈으로 사는 것)이 인정되고 있어, 이것도 사대부층으로 유입의 길을 넓히는 역할을 하였다.

과거 합격자들로부터 지배층을 새로 보충하는 방법은 능력을 우선

한다는 강점이 있었으나, 상대적으로 지배층의 존재가 불안정하다는 점에 문제가 있었다. 따라서 양반의 신분화나 사대부를 둘러싼 수많은 학위 보유자의 존재라는 현상은 이러한 문제를 완화하는 역할을 수행했다고 볼 수 있다. 둘을 비교하면 사대부 쪽이 양반에 비해 보다 개방적·유동적인 존재였다고 말할 수 있을 것이다.

과거를 통해 지덕이 뛰어나다고 인정받은 자를 관료로 임용하는 체제는 500년을 넘는 명·청과 조선 왕조 시대를 통해 유지되었다. 물론 과거제에는 여러 가지 폐해도 존재했다. 그러나 특별히 명·청 시대 중국에서 전형적으로 볼 수 있듯이, 신분제적 성격의 약함, 높은 사회적 유동성, 학문에 대한 사회적 관심의 고조 등과 같이 다른 사회와 비교할 때 여러 독특한 현상을 낳은 가장 큰 요인의 하나로서 작용했다.

도쿠가와 일본의 무사

사대부·양반과 비교할 때 일본의 무사는 그 이질성이 눈에 띈다. 사대부와 양반은 꼭 무武를 부정하는 것은 아니었으나 무엇보다도 문인, 즉 지식인으로서의 교양을 통해 관료가 되는 것을 이상으로 여겼다. 그에 비해 무사는 문자 그대로 무를 스스로의 존재 이유로 삼는 자였다. 그러나 이러한 차이점만이 있었던 것은 아니다.

일본의 무사는 16세기 센고쿠 시대를 전후하여 성격이 크게 변했다. 즉 센고쿠 시대 이후의 무사들은 여러 면에서 사대부나 양반과 공통된 특성을 갖게 되었다. 우선 중세의 무사들은 크건 작건 자신의 영지를 가

진 존재였으나 근세가 되면 다이묘를 비롯한 아주 일부의 상층 무사를 제외하고는 영지로부터 분리되어 봉급을 받는 존재가 되었다. 고유의 영지를 가졌다는 점이 16세기의 긴 전란의 원인이었기 때문에 이러한 조치를 취했던 것이다. 또한 영지를 가진 다이묘들도 그 대부분은 구니가에國替え[9])에서 알 수 있듯이 영지와의 관계가 중세보다 훨씬 약하였다.

더욱이 도쿠가와 지배하에서 전쟁이 일어나지 않게 되자 무를 존립기반으로 하는 무사들의 성격도 변하지 않을 수 없었다. 즉 행정 관료로서의 수완을 점점 높이 평가하게 되었는데, 이것은 영지의 상실과 더불어 무사의 관료적 성격의 강화를 의미했다. 그리고 행정 관료의 교양으로서 유학, 특히 주자학적 지식이 무사층에 점차 침투해 나갔다.

그러나 도쿠가와 일본의 무사는 기본적으로 출생에 기반한다는 점에서 신분이고, 비신분적인 사대부와 대조적이다. 양반은 이 둘의 중간적인 성격의 존재로 신분적인 측면을 가지고 있었으나 일본의 무사와 같이 부친의 지위를 그 자녀가 자동적으로 세습하는 것은 아니었다. 단, 일본에서는 혈연관계가 아닌 자를 양자로 하는 관습이 보급되어 있었고, 이것이 엄격한 신분제의 제약을 완화시키는 역할을 수행하고 있었다.

동아시아 전통사회의 특질

동아시아 사회의 지배 엘리트들은 모두 스스로를 '사士'로서 지칭했

---

9) 에도 시대에 막부가 다이묘 통제책으로서 다이묘의 영지를 다른 곳으로 옮긴 것을 말한다.

다. '사士'라는 글자는 '사仕'와 통하며, 그것은 군주를 섬기는 것을 직무로 한다. 즉 사대부, 양반, 무사 모두 어디까지나 군주라는 존재를 전제하고 있으며, 군주는 절대적인 존재였다.

그들의 이와 같은 특징은 유럽의 귀족·영주와 비교해 보면 잘 이해된다. 유럽의 귀족·영주는 기본적으로는 군주와 대등한 존재로 이른바 절대주의 시대까지도 강력한 독자적 권력을 가지고 있었다. 그들의 권력이 부정되는 것은 이른바 시민혁명에 의해서인데, 동아시아의 지배층은 유럽의 지배층과 비교하면 독자적인 권력 기반을 갖지 않거나(사대부나 양반의 경우), 혹은 약한 권력 기반밖에 갖지 못하는(무사의 경우) 존재였다.

유럽의 경우 군주 위에는 신이 존재한다는 관념이 강했는데, 이 점도 교회의 존재와 더불어 군주의 권력을 제약하였다. 동아시아에서는 군주가 곧 천자天子 또는 천天으로 여겨졌기 때문에, 이 점에서도 군주에 대한 제약이 결여되어 있었다.

사대부나 양반은 때때로 대토지 소유자이기도 했으나 그것은 결코 그들의 영토가 아니었고, 토지 소유의 면에서 다른 계층과 구별되는 어떠한 특권도 인정받지 못했다. 또한 일본의 무사도 아주 일부를 제외하고는 영토를 갖지 못했고, 영토를 가진 다이묘라고 해도 영토와의 관계는 취약했다. 즉 영주는 바뀔 수 있는 존재인 데 반해, 토지와 농민은 '공의公儀로부터 위탁받은 것'이라는 의식이 강했던 것이다. 무사 중에 매우 소수에 불과했던, 구체적으로는 '구니國를 소유한 다이묘'로 일컬어진 자들은 도쿠가와씨와 대등한 지위의 계승자였으나(그리고 이로부터 메이지유신의 중심 세력이 나왔는데), 이들에게 천황과 대등한 존재라는 의식은 전혀 없었다. 더욱이 '구니를 소유한 다이묘' 이외의 다이묘의 경우는 애당초 도쿠가와씨와 대등하다는 의식이 희박했다.

이상을 염두에 둘 때 동아시아 전통사회에 공통된 큰 특징으로서 세습적 귀족제의 결여를 지적할 수 있다. 이것은 세계적으로도 상당히 특이한 경우이며 오스만제국 사회에서 유사점을 아주 일부 찾을 수 있을 정도로 드문 현상이다.

동아시아 전통사회의 여러 특징들 중에는 세습적 귀족제의 결여라는 점과 관련하여 이해할 수 있는 것이 많다. 그 하나가 '백성百姓'이라는 말이다. 이 말은 본래 군주 이외의 사람을 총칭하는 말로서 '일군만민—君萬民'의 이념에 기반하고 있다. 따라서 사대부나 양반은 기본적으로는 백성=민民에 속하지만, 다만 그들 중에서 학문을 수양했다는 점을 근거로 관료의 지위에 오른 것에 지나지 않는다고 여겼다. 백성의 대부분은 다른 부업을 가진 경우도 포함하여 농업에 종사하는 사람이 다수를 점했기 때문에 백성은 넓은 의미에서의 농민으로 도쿠가와 일본에서 농민을 백성으로 부른 것도 여기에 그 기원이 있는 것으로 보인다.

종족,
문중,
이에

동아시아 사회의 특징으로서 '가족·친족 결합의 강고함'이라는 측면이 자주 지적된다. 이는 한족 사회와 조선에서의 부계 혈연 조직의 발달, 일본 사회의 강고한 '이에家' 원리 등과 같이 오늘날에도 여전히 볼 수 있는 현상을 의식한 지적일 것이다. 그러나 이와 같은 가족·친족 제도가 동아시아에서 일반화된 것은 그 정도로 오래된 일이 아니다. 대체로 15, 16세기 이후에 오늘날과 관계있는 여러 제도가 일제히 형성되었다.

부계 혈연 원리의 강화

한족에게 부계 혈연을 중시하는 경향은 아주 오래전부터 존재했다. 아버지에서 아들로 '기氣'의 흐름이 계승된다는 사고가 그 근저에 있다. 그러나 부계 혈연에 기초한 항상적인 조직이 형성되는 것은 아무리 거슬러 올라가도 송대 이후, 대부분의 경우는 명·청대에 들어서의 일이다.

한족의 부계 혈연 조직은 일반적으로 종족으로 불린다. 한 사람의 조상을 공유하는 자손들이 영속적인 혈연 조직으로서 종족을 형성했던 것이다. 조직으로서의 종족이 성립하려면 종족으로서의 공유재산(족산族産), 조상을 모신 사당, 종족 구성원의 명부인 종보宗譜(족보族譜) 이 세 가지가 있으면 충분한데, 이것들을 결여하고 있더라도 종족 결합이 존재하지 않는다고 말할 수는 없다. 이 세 가지를 겸비한 종족 결합을 널리 볼 수 있게 되는 것은 명대 이후이다.

그렇다면 왜 한족 사이에서 송대, 특히 명대 이후 종족 결합이 강화된 것인가. 그것은 과거의 실시와 관계된 현상으로 짐작해 볼 수 있다. 과거는 출신을 묻지 않으며, 같은 가족 중에서 계속해서 과거 합격자를 내는 것은 매우 곤란했다. 그 때문에 종족을 형성하여 그중에서 유망한 자에게 시험공부를 시켜서 합격을 이룬다는 전략을 취한 것이다. 세습적 귀족제의 결여라는 특징이 동아시아 사회 가운데 가장 현저했던 한족 사회에서 그것을 보충하는 것으로서 종족이 형성되었다고 생각할 수 있다.

왕조의 입장에서는 종족과 같은 사적 결합은 그다지 바람직한 것은 아니었으므로, 송대 이후의 역대 왕조는 원칙적으로는 종족 결합을 용인하지 않는 입장을 취했다. 구체적으로는 4대 이상의 조상 제사를 인정하지 않는 방침을 택한 것인데, 16세기가 되면 사대부층을 중심으로 4대 이상 거슬러 올라가 조상 제사를 지내는 풍조가 강해졌고 명 정부도 이를 묵인했다. 더욱이 청조에 들어가면 이러한 태도가 한층 현저해졌고, 사회 안정을 위한 장치로서 혈연집단의 결합이 용인되었다. 종족의 형성이 16세기 이후 본격화되는 것은 이러한 왕조 측의 정책과도 밀접한 관련을 가지고 있었던 것으로 보인다.

한족의 종족 결합에는 지역차가 있어 남부로 갈수록 강한 경향이 있었다. 복건이나 광동에서는 동성촌락이라고 하여 촌락 주민의 다수를 한 종족의 구성원들이 점하는 현상이 있었고, 국가가 부과하는 세금도 종족 대표자의 이름으로 납입하는 경우도 존재했다. 이러한 지역에서는 종족끼리 무력으로 싸우는 계투械鬪가 빈번하게 발생하여 사회문제화되는 경우도 있었다.

종족과 비슷한 성격의 친족 조직이 조선에서 널리 볼 수 있는 문중이다. 문중 조직도 종족과 마찬가지로 16세기 이후 본격적으로 형성되기 시작했고, 양쪽 모두 부계 혈연 조직이라는 공통점을 가지지만 다른 면도 있다. 문중 조직에서 공통의 조상으로 여기는 인물은 과거에 합격하여 관료가 되었던 사람인 경우가 많다. 종족 공통의 조상이 종족이 사는 지역에 처음으로 이주해 온 인물이라는 점과 비교하면, 문중은 종족보다도 일단 과거와의 관계가 강하다고 말할 수 있다. 16세기까지 조선에서는 부계와 모계를 구별하지 않는 쌍계적인 혈연 관념이 강하게 존재했는데, 과거의 정착과 그것을 둘러싼 경쟁의 격화가 문중 조직을 낳았다고 볼 수 있다.

일본에서는 종족·문중과 비슷한 성격의 동족단이 존재했다. 동족단도 부계에 기반한 혈연 조직으로 간토關東로부터 도호쿠東北 지역에 주로 존재하며, 종족이나 문중 정도로 보편적인 것은 아니었다. 근세 일본에서 가장 중요한 가족 제도는 동족단보다도 '가家=이에'였다. 이에는 기본적으로 한 쌍의 부부와 그 자녀들로 구성된 소가족으로 기본적으로는 부계·남계로 계승되었다. 종족이나 문중에도 그 기초에는 소가족이 존재했으나, 일본에서는 소가족의 자립성이 훨씬 강했다.

이에의 특징으로는 혈연관계가 없는 자를 양자로 삼는 경우가 광범위하게 보인 점, 이에는 가명家名·가업家業·가산家産을 삼위일체로 하여 계승되는 단위였던 점 등을 들 수 있다. 종족·문중의 경우 양자를 반드시 같은 부계 혈연의 구성원으로부터 맞아들인 것에 비하면, 이에는 혈연조직으로서의 성격이 훨씬 약했다. 이에의 가장 중요한 기능은 가업·가산의 계승에서 알 수 있듯이 경영체로서의 기능이 중요했다. 이것은 이에가 지배의 기초단위로서의 의미를 강하게 지니고 있었다는 점을 나타낸다. 종족이나 문중이 과거와 깊이 연결되었다는 점과는 다른 의미에서 이에도 국가의 지배체제와 연결되어 있었다.

일본에서는 이에의 확립과 함께 직계가족[10]이 가장 일반적인 가족 형태가 되었다. 이에 따라 자녀 중에서 한 사람만이(통상적으로 장남) 가명·가산·가업을 계승하는 단독상속제가 보급되었는데, 그것은 동시에 여성의 지위가 가족 내에서도, 사회적으로도 현저하게 저하되는 결과를 초래하는 것이기도 했다.

이것과 비슷한 현상은 조선에서도 발견된다. 조선에서는 16세기까지는 남녀균분상속이 일반적이었으나, 17세기 이후 여성이 상속의 대상에서 제외되어갔으며 남성 중에서도 장남에 대한 상속의 비중이 현

---

10) 친부부와 한 쌍의 아들 부부 및 미혼의 손자로 구성된 가족으로 동일 가족 안에 복수의 부부를 포함하지만, 동일 세대에는 한 쌍의 부부밖에 존재하지 않는 가족이다.

저하게 증대하여, 실질적으로는 장남 단독상속 같은 형태로 이행되었다. 일본과 조선에서의 이와 같은 가족제도의 변화는 가부장제 가족의 성립을 단적으로 나타내는 것이며, 근대 이후에도 가족은 기본적으로 그 연장선상에 있다는(혹은 근대가 되어 가부장제적 성격은 양쪽 지역에서 한층 강화됨) 의미에서 매우 중요한 역사적 의미를 가진 사건이었다.

다른 한편 중국에서는 일본이나 조선과 같은 가부장제 가족의 성립이라는 사태는 생기지 않은 것으로 보인다. 중국의 전통적인 가족 형태는 통상 합동가족[11]이 일반적이라고 이해되는데, 남자균분상속제에 규정되어 형제끼리의 독립성이 강하며 가부장권은 약했다. 따라서 형제들이 결혼 후에도 부모와 동거하는 합동가족의 형태를 취하는 경우라도, 실질적으로는 단혼가족[12]으로서의 성격이 강하다고 생각할 수 있다. 이와 같은 중국의 가족 형태는 유동성이 강한 사회에 매우 적합한 것이었다.

가족·친족 결합의 확산

종족·문중·이라는 가족·친족 조직은 처음에는 사회의 상층 부분에서 형성되기 시작했다. 곧 사대부·양반·무사라는 엘리트층이 이러한 조직의 담당자였다. 17~19세기는 이러한 조직이 일반 서민층에게까

---

11) 복합가족이라고도 한다. 가족 내에 복수의 부부가 존재한다는 면에서는 직계가족과 마찬가지이나, 이 가족 형태에는 동일 세대에 복수의 부부가 존재한다. 곧 복수의 형제가 결혼 후에도 부모 부부와 동거하는 형태이다.
12) 핵가족, 곧 한 쌍의 부부밖에 존재하지 않는 가족 형태이다.

지 확산되었다. 이 시기는 서민의 생활 수준이 향상하여 이전보다도 안정적인 생활을 영위하는 것이 가능해졌다. 이러한 변화는 서민층에서도 가족의 계승 가능성을 강화했다. 즉 일본에서는 서민들도 조상 대대로의 무덤을 조영하는 현상이 나타났고, 중국이나 조선에서는 사대부나 양반 이외의 계층에서도 족보를 편찬한다든가, 조상 제사가 일반화되는 현상으로 나타났다.

서민 계층에까지 가족·친족 결합이 일반화된 것은 한편으로는 서민층의 성장을 보여 주는 것이면서, 동시에 지배층이 가지고 있던 가족·친족 이념, 구체적으로는 유교적인 가족·친족 이념을 서민층이 자신의 것으로 만들어 나갔다는 점을 보여 주는 것이기도 하다. 더욱이 이러한 변화가 진전하는 가운데 서민 계층에서도 여성의 지위는 저하했다. 중국이나 조선에서는 과부가 된 여성의 재혼이 곤란해졌고, 재혼하지 않는 여성의 '정절'을 칭송하는 건조물이 다수 제작되는데 그것은 여성 차별의 단적인 기념비였다.

가족·친족 결합에 있어 이상과 같은 과정은 19세기부터 20세기에 걸쳐서도 지속되었고, 오히려 근대가 되어 가족·친족 결합은 한층 강화되었다. 따라서 동아시아의 근대는 전통적인 가족·친족 제도의 해체라든가 붕괴의 시기였던 것이 아니라, 오히려 그 확대기였다고 볼 수 있다. 즉 동아시아 사회에서 가족·친족 결합의 강고함이라는 특징은 이상과 같은 역사적 과정의 산물이고, 21세기가 되어 비로소 전통적인 가족·친족 결합이 해체되기 시작했다고 이해해야 할 것이다.

도시와
농촌

16~18세기는 전체적으로 동아시아의 인구가 급속하게 증가한 시기였다. 중국이나 조선의 경우 전란이나 명·청 교체의 영향으로 인구가 감소하는 일도 있었으나, 이는 일시적인 현상에 그쳤고, 이 시기에 동아시아 사회는 세계에서 가장 인구가 조밀한 지대가 되었다. 여기서는 이러한 인구의 급증이 왜 생겼고, 그것은 사회의 존재 양태에 어떠한 영향을 주었는지 살펴보겠다.

인구 동태

중국의 역대 왕조들은 오래전부터 인구조사를 실시했다. 그것은 국가 통치의 필요에 따른 조사로서, 물론 신빙성 문제는 있겠지만 인구변동의 경향을 대략적으로 알 수 있다. 한대漢代에는 이미 5,000~6,000만 명의 인구가 있었던 것으로 보이며, 당대唐代까지 이 인구수를 상한으로 왕조의 성시盛時에는 인구가 증가하고 왕조 교체기에는 감소하는 사이클을 반복하고 있었다. 그런데 송에서 명대에 걸쳐 그때까지의 상한을 돌파하여 1억을 상회하는 인구 규모를 볼 수 있게 되었다. 원元 말의 일시적인 인구 감소기가 있었으나 대체로 1억을 넘었던 인구가 16세기에 재차 상승 국면을 맞이한다. 이와 같은 경향은 명 말의 급감기를 거쳐 청대로 계승되었고, 19세기에는 4억이라는 방대한 인구를 갖게 되었다.

송대의 인구 증가는 강남 델타 개발의 결과로 볼 수 있으며, 명·청대의 증대는 강남 델타에서의 집약도작의 발전 및 남부 산간부와 동북 지방으로의 대량 이주를 수반한 개발의 결과라고 생각된다. 나아가 팽창하는 인구의 일부는 청의 영역을 넘어 동남아시아로 향했고, 이들이 오늘날의 화교, 화족의 연원이 되었다.

조선의 인구변동에 관해서는 불명한 점이 많지만, 대체로 조선 시대 전반기에는 급속한 인구 증가가 있었다고 간주된다. 연구자에 따라 추정인구의 절대수에는 큰 차이가 있으나, 조선 초기에는 600만 명내지 800만 명 정도이던 인구가 임진왜란 직전에는 1,000만 명 내지 1,200만 명으로 2세기 동안 1.5~2배가량 증가했다고 추정된다. 16세기 말 임진왜란으로 인해 인구가 감소하나 17세기 중기에 전쟁 전 수준을 회복한 후, 18세기 말 무렵까지 다시 인구 증가가 계속되고, 19세기에 들어가 정체 내지 약간의 감소 국면을 맞이한다는 것이 대략적인 연구 추세이다.

일본의 인구 변동은 중국이나 조선보다 늦게 인구의 지속적 증가 국면에 들어간다고 생각된다. 즉 16세기 말의 인구는 1,200만 명 전후였는데, 센고쿠의 동란이 종식되고 통일정권이 확립된 이후 매우 빠른 속도로 인구가 증가하여 18세기 초에는 3,000만 명의 인구 규모를 갖게 된다. 이 단계에서 인구는 정체하고, 19세기 전반까지 이 정체 국면이 계속되었다. 이와 같은 조선, 일본의 인구 증가는 무엇보다 집약도작의 확립이 가장 큰 요인이었다.

동아시아 지역에서는 집약도작의 확립에 따라 인구 규모가 현저하게 증대한 것인데, 역으로 말하면 집약도작을 위해서는 많은 인구가 필요했으므로, 집약도작의 발전과 인구 증가는 상호 원인과 결과가 되는 상호촉진적인 관계에 있었다고 이해할 수 있다. 다른 한편으로 방대한 인구 규모는 노동력 절약에 대한 요구를 감소시켜 자본집약적인 공업화에 대해서는 억제 요인으로 작용한 것이다.

또 하나 주의할 것은 18, 19세기의 인구변동의 차이이다. 곧 조선과 일본에서는 이 시기에 인구가 정체하는 데 비해, 중국에서는 인구 증가 추세가 계속되었다. 이러한 차이를 낳은 최대의 요인은 각 지역의 개발 상황의 차이에 있었다. 즉 중국의 경우는 산간부나 동북 지방만이 아니라, 명 말에 인구가 급감한 사천四川 지역 등 개발 가능한 지역이 상대적으로 풍부했지만, 조선과 일본은 17, 18세기 단계에서 기본적인 개발을 완료했다고 볼 수 있기 때문이다.

촌락의 변모

인구의 급속한 증대는 새로운 촌락의 건설을 재촉했을 뿐만 아니라 촌락의 구조도 크게 바꿨다. 중국의 경우 이 시기 촌락 수의 변화나 촌락 내부의 실태 등에 관해서는 사료적으로 불명확한 점이 많으므로 잘 알 수 없는데, 그것은 아마도 촌락의 자치적인 성격이 약했거나 국가의 행정단위가 촌락과 반드시 일치하지는 않았던 점, 촌락 자체에서 작성되었던 문서가 일본이나 조선보다 잔존하지 않는 점과 관계된다. 다만 복건이나 광동과 같은 동남부 지역에서는 이 시기에 많은 동성촌락이 성립했고, 여기서는 지배적인 종족을 중심으로 강한 결속을 가졌던 점이 주목된다. 또한 강남이나 동남부의 농촌은 아주 근거리에 도시가 존재하는 경우가 일반적이었으므로 농촌과 도시가 하나가 된 구조가 형성되어 갔다.

중국의 촌락이 매우 개방적이고 자치적인 성격이 약했다면, 그 대극에 위치하는 것이 일본의 촌락이다. 15, 16세기에 결합을 심화하고 있던 촌락은 태합검지太閤檢地[13] 때의 무라기리村切り[14]나 무라우케제村請制[15]의 실시를 통해 지배의 말단 기구로서 위치되었고 동시에 내부의 자치가 보장되었다. 거기서는 촌락 구성원의 자격이 엄격하게 규제되어 중국과 같이 출입이 허술하게 이루어지는 개방성은 없었던 대신 강한 공동체 의식이 배양되었다. 또한 병농분리에 의해 일부 지역을 제외

---

13) 1582년 이후 도요토미 히데요시가 실시한 전국적 규모의 토지 조사를 통칭하는 말이다.

14) 토지 조사를 통해 마을의 경계를 정하고 촌락의 범위를 확정했던 일을 말한다.

15) 연공과 부역을 마을 단위로 부과하여 촌락 전체의 공동 책임으로 납부하도록 한 제도이다.

하고는 농촌부에 무사가 거주하지 않게 된 것도 이 시기 일본 촌락의 큰 특징이다.

중국과 일본의 대조적인 촌락의 성격과 비교하면 조선의 촌락은 둘의 중간적인 성격을 가지고 있었다고 볼 수 있다. 이 시기 조선 촌락의 최대 특징은 지배계층인 양반층이 농촌부에 편재하고 있었던 점과 양반이 소유한 노비도 농촌부에 다수 존재했다는 점이다. 재지양반들은 16세기 이후 동성촌락을 형성해 나갔고, 이와 같은 사정 때문에 농촌 내부가 계층적으로 크게 분열하여 공동체로서의 성격은 약했다. 그러나 19세기에 들어서 재지양반의 지배가 동요하기 시작하면서 촌락으로서의 공동성이 강화되고, 각종 세금도 촌락에서 공동 부담하는 경우가 증가했다. 또 촌락을 단위로서, 혹은 촌락 내부에서 '계契'라고 불리는 매우 많은 상호조직이 만들어졌는데, 그것은 노비제의 붕괴와 그에 따른 소농층의 성장을 기반으로 한 것이었다.

도시의 발전

인구의 증가는 새로운 촌락의 출현 등 농촌인구의 증가를 낳았으며 동시에 도시의 건설이나 그에 따른 도시인구의 증가도 가능하게 했다. 16세기부터 18세기에 걸친 시기는 동아시아, 특히 중국과 일본에서 도시의 발달이 현저했다.

중국에서 도시의 발달은 송대에 제1차 파도가 있었다면, 16세기 이후는 제2차 파도에 해당한다. 특히 강남 지역의 도시 발달은 눈부신 것이었다. 송대 이후 도시의 발달에서 특징적인 점은 시市라든가 진鎭이라고 부르는 지역의 발생과 그 증가인데, 16세기 이후 강남 지역에는 송대를 훨씬 상회하는 시·진의 그물망이 형성되었다. 이러한 시와 진은 견직물업이나 면직물업 등 농촌수공업의 전개를 전제로 한 유통 거점으로서의 성격을 띠었으므로, 이전까지의 정치적 성격이 강한 도시와는 구별되는 것이었다. 시와 진이 밀도 높게 존재하게 된 것은 농촌과 도시가 매우 가까운 존재가 되었다는 것을 의미하며, 농산물의 상품화, 농민의 임노동자화 등 농촌사회에도 다양한 영향을 주게 되었다.

일본의 경우 16, 17세기는 공전의 도시 건설기였다고 말할 수 있다. 그것은 무엇보다도 조카마치城下町의 건설에 의해 실현되었는데 중국과 비교하면 정치적 성격이 강했다. 병농분리 정책은 조카마치의 건설을 촉진하는 것이었다. 도요토미 정권하의 오사카 건설, 도쿠가와 정권하의 에도 건설을 비롯해 전국의 다이묘들도 그에 견주어 각지에 조카마치를 건설했다. 이러한 조카마치의 대부분은 해안에 면한 평야부에 건설되었다는 점에서도 그때까지의 도시와는 성격을 달리했고, 현재도 일본의 대표적인 도시의 다수는 이 시기에 조카마치로서 만들어진 것이다. 조카마치의 건설은 정책적으로 추진된 도시화였으므로, 당초는 유통망의 정비가 뒷받침되지 못하여 곤란한 점도 있었으나, 17세기 후반이 되면 조카마치는 단순히 정치적·군사적 거점으로서만이 아니라 영내 유통의 거점으로서의 성격도 가지게 되었다

이상과 같은 중국과 일본의 도시 발달과 비교하면 조선에서는 도시화의 진전을 거의 볼 수 없었다고 말할 수 있다. 조선 시대에 도시라고 부를 수 있었던 지역은 수도인 한양을 제외하면 평양, 개성, 수원, 대구

정도이고, 최대의 도시 한양이라고 해도 인구는 20만을 약간 상회하는데 지나지 않았다. 이와 같이 도시가 발달하지 못한 최대의 원인은 지배층인 양반이 농촌부에 거주했기 때문으로 보인다.

화폐제도와 화폐경제의 침투

16세기 이후 동아시아의 국제교역은 명의 화폐로 쓰인 은의 유통이 큰 계기가 되었는데, 16~18세기는 동아시아 전체에서 금속화폐의 주조가 본격화된 시기였다.

중국에서는 국가의 재정운용이 은 본위로 이루어지게 되었으나, 다른 한편으로 종래대로 동전도 대량으로 주조되어 농민들은 주로 소액화폐인 동전을 사용하는 경우가 많았다. 은은 화폐로서 주조되지 않고, 은괴의 형태로 중량으로 평가되는 평량화폐였다. 지역 화폐인 동전과 원격 거래에 주로 사용되는 은과의 관계는 매우 복잡했으므로, 청은 대량의 동전을 주조하여 지역경제가 원활하게 돌아갈 수 있도록 노력하지 않으면 안 되었다.

일본의 경우 고대에 화폐가 주조된 적이 있으나, 이후 긴 시간 독자적인 화폐는 주조되지 않았고, 중세 이후로는 중국의 동전이 널리 사용되었다. 이러한 상황이 변화하는 것은 도요토미 정권이 들어서고 나서의 일로, 재차 독자적인 화폐를 주조하게 되었다. 도쿠가와 정권기에는 금, 은, 동 세 종류의 화폐가 병용되면서 화폐경제가 사회 전체에 깊이 침투했다.

한반도에서도 고대 이래 화폐 주조가 간헐적으로 행해졌으나 사회적으로 널리 유통되는 일은 없었다. 조선 초기에 저화라는 지폐가 만들어졌으나 이 역시 유통은 한정되어 있었다. 17세기까지는 면포나 쌀 등의 상품화폐가 일반적이었는데, 17세기 후반 상평통보라는 동전이 주조되면서 이후 점차 널리 유통되었다. 다만 금·은 등의 귀금속 화폐는 주조되지 않았고, 18세기 중엽까지 일본에서 대량으로 수입된 은도 그 대부분이 중국에 재수출되어 국내에서는 유통되지 않았다.

이 시기에는 지역적인 편차는 있으나 동아시아 전역에 걸쳐 화폐경제가 농촌에까지 침투하여 소농 경영을 영위하는 농민들은 그 수지를 강하게 의식하지 않을 수 없게 되었다. 그것은 19세기 후반 이후 개항과 대외무역이 본격적으로 시작되었을 때, 농촌에서도 여기에 민감하게 반응하는 기초적 조건이 되었다.

새로운 사상의 영위와 문화 기반의 확대

주자학의 지배와 그에 대한 비판

이 시기는 동아시아적 규모에서 보면 주자학이 가장 큰 영향력을 발휘한 시기였다. 중국에서는 명대에 이어 청대에도 주자학이 국가이념으로서의 지위를 점했고, 조선 왕조에서는 전기보다도 주자학 이념의 지배가 한층 강화되었다. 주자학이 거의 영향력을 갖지 않았던 일본에서도 도쿠가와 시대가 되면 체제이념으로서의 지위를 점차 확고히 하게 된다. 후지와라 세이카藤原惺窩에게 배웠던 하야시 라잔林羅山이 막부의 다이가쿠노카미大學頭의 지위에 오른 후 그 지위는 하야시 가문에 대대로 계승되었다. 그러나 전국적인 범위에서 주자학이 중요한 역할을 하게 되는 것은 18세기 들어서로, 이 시기가 되면 각지의 다이묘 중에서 주자학을 체제교학으로서 진흥하려는 움직임이 나타나 번교藩校가 잇따라 성립되었다. 더욱이 베트남이나 류큐에서도 주자학이 중시되었으므로 체제교학으로서의 주자학의 지위는 이 시기에 정점에 달했다고 말할 수 있다.

다른 한편으로 이 시기에는 주자학에 대한 비판도 활발하게 이루어졌다. 명대에 등장한 양명학이 그 효시였고, 18세기가 되면 청조에서 고증학이라고 불리는 새로운 학풍이 융성했다. 이것은 유교 경전의 해석에서 주자 등 송학의 방법을 비판하고 본래의 어의語義나 어음語音을 엄밀하게 추구하려는 것으로, 이와 동일한 경향은 일본의 이토 진사이伊藤仁齋의 고학古學, 오규 소라이荻生徂徠의 고문사학古文辭學에서도 볼 수 있다. 조선에서도 다산 정약용이 주자에 비판적인 입장에서 경전 연구를 했는데, 그의 저작에서 소라이나 그 제자였던 다자이 슌다이太宰春台의 저작이 인용되고 있는 점에서도 알 수 있듯이 이러한 움직임은 상호 연동된 것이었다.

청대 고증학의 융성은 지식인의 관심을 지적인 세계에 한정시키는 경향을 가졌으며, 주자학에 대한 비판이 체제교학으로서의 주자학의 지위를 꼭 위협하는 것은 아니었다. 고증학이 왕성하게 일어난 한 가지 계기가 되었던 것은 강희제에서 건륭제 대에 걸쳐 행해진 대규모의 편찬 사업(그 대표적인 것이 『고금도서집성古今圖書集成』과 『사고전서四庫全書』의 편찬)이었는데, 이러한 편찬 사업은 지식인의 눈을 현실에서 다른 곳으로 돌리게 하려는 것이었다. 또한 조선에서는 주자학의 해석이 당쟁과 결부되어 이루어진 가운데, 반대파를 '사문난적斯文亂賊'으로 공격하는 것이 매우 당연시되었으므로 주자학에 대한 비판은 엄격하게 제한될 수밖에 없었다.

이렇게 해서 체제이념으로서의 주자학은 점차 현실에서 유리하고 사상적인 활력을 잃었다. 그러나 일부의 지식인들은 이러한 상황을 극복하기 위해 유교의 이념과 현실과의 괴리를 비판하며 이후 '실학'으로 명명하게 되는 새로운 사상적 모색을 영위하기 시작했다. 이러한 '실학'의 대두에 자극제로서 작용한 것이 서학西學의 유입이다.

천주교와 서학의 영향

유럽에서 일어난 종교개혁에 대해 가톨릭교회는 이른바 반종교개혁으로 불리는 대응책을 취했는데, 그 활동의 하나로서 해외 전도를 활발하게 추진했다. 그 일환으로서 예수회의 사비에르가 일본에 표착한 것이 1549년의 일이었다. 사비에르의 당초 목적지가 중국이었던 점에서 알 수 있듯이 예수회가 포교지로서 가장 중시했던 것은 중국이고, 1580년대가 되어 간신히 중국 내지에서의 포교를 인정받게 되었다.

중국에서 예수회 선교사들은 유교 지식을 배우는 동시에 유럽의 최신 과학 지식을 지닌 '서유西儒'로서 지식인층을 대상으로 포교 활동을 추진하는 전략을 취했는데 이것은 상당히 유효했다. 특히 천문학과 지리학 지식에서 그 우위를 인정받아 정부에 등용되는 선교사까지도 등장했다. 그 대표적인 인물로 마테오 리치Matteo Ricci를 들 수 있으며, 그가 작성한 「곤여만국전도」라는 세계지도에서 '아세아'라는 대륙명이 동아시아 세계에 처음으로 알려지게 되었다.

이와 같이 명 말기부터 청 초기에 걸쳐 중국에서의 가톨릭 포교는 그 나름의 성과를 거둬 명 말 서광계와 같이 정부 고관 중에서도 가톨릭교도가 나왔을 정도였다. 그러나 교도의 수적 확대라는 측면에서는 일본에 비해 훨씬 지지부진했다. 중국에 앞서 시작된 일본의 가톨릭 포교는 폭발적이라고도 말할 수 있을 정도로 성공을 거뒀고 최상층의 무사에서 서민에 이르기까지 100만 명을 훨씬 넘는 교도를 획득했다. 그에 비해 중국에서는 17세기가 되어 겨우 10만 명이 넘는 교도가 존재하게 되는데, 이러한 차이는 양국의 사회, 문화 상황의 차이에 의한 것이었다. 즉 일본에서는 장기화된 센고쿠 시대 속에서 가톨릭에 구제를 구한다는 동기가 강하게 존재하고 있었다고 생각되는 데 비해, 중국에서는 유교라는 지배사상의 존재가 가톨릭의 보급을 방해한 것이다.

중국과 동일한 사정에 있었던 것이 조선이다. 조선에서 가톨릭은 애초 중국을 통해 알려졌고, 한역 가톨릭 관련 서적도 일부 유입되고 있었다. 그러나 선교 활동 자체는 존재하지 않았고, 지식인들은 유럽의 과학적 지식에는 관심을 가졌으나 가톨릭 교의에는 매우 비판적이었다. 따라서 조선에는 일본이나 중국과 같은 가톨릭교도는 전혀 존재하지 않았다. 그런데 18세기 말기가 되면 일부 양반 중에 가톨릭에 관심을 가지는 이들이 나타났고, 이승훈이라는 인물은 북경에서 스스로 세례를 받기까지 했다. 선교사에 의한 전도 활동 없이 그리스도교도가 나온 상황은 세계적으로 봐도 아주 특이한데, 주자학의 지배가 가장 철저했던 조선에서 그것을 비판하기 위해 가톨릭이 수용되었던 것이다.

이와 같이 동아시아에서 가톨릭의 유입과 그 수용 상황은 지역마다 서로 달랐다. 다만 전체적으로 보면 초기에는 가톨릭에 대해 관용적이었으나 점차 배제의 자세를 강화해 나갔다는 공통점이 존재했다. 그 단적인 예가 일본의 경우로 초기에는 가장 많은 수의 교도가 생겼으나 도요토미 정권 말기부터 도쿠가와 정권 초기에 걸쳐 금교禁教정책이 서서히 강화되고, 17세기 중반에는 전면 금지되었다. 그에 비해 중국이 가톨릭에 대해 엄격하게 대처하게 되는 것은 18세기가 되고 나서의 일로 일본보다도 훨씬 뒤의 일이었다.

청조가 정책을 전환하게 된 것은 주로 유럽 측 요인에 따른 바가 컸다. 중국에 대한 전도는 당초 예수회가 독점하고 있었는데, 점차 다른 조직도 전도에 가담하면서 전도의 방법을 둘러싸고 가톨릭 내부에서 대립이 생겼다. 즉 조상 제사와 같은 중국의 전통적인 습속에 대해 융화적인 자세를 취한 예수회에 대한 비판이 강해지는 가운데, 1702년에는 로마 교황이 조상 제사를 인정하지 않는 등 예수회의 전도 방침을 부정하는 결정을 내린 것이 결정적인 계기가 되어 청조는 가톨릭에 대해 엄격한 금교정책으로 전환하게 되었다. 그러나 그 이후에도 중국에서는 가톨릭교도가 일본과 같이 근절되지는 않았고, 도리어 아주 서서히 교도 수는 증가했다.

베트남의 상황은 중국과 유사하다. 18세기 초기까지 상당수의 교도가 존재했으나, '중국화' 정책이 진전하는 가운데 1720년대에는 금교정책이 실시되기에 이르렀다. 조선에서는 18세기 말 가톨릭교도가 출현하자 곧장 금교정책이 실시되었고, 특히 1801년의 탄압(신유사옥辛酉邪獄)을 통해 양반층 교도들은 괴멸적인 타격을 입었다. 그 이후 교도의 중심은 중인이나 하층 계층으로 이동해 가고, 19세기에 되풀이된 선교사에 대한 탄압은 이후 프랑스가 침공 사건(병인양요)을 일으키는 원인이 되었다.

새로운 사상 조류와 문제점

명말·청초의 중국에서는 고염무顧炎武·황종희黃宗羲 등 청의 지배에 따르지 않았던 학자들이 '경세치용의 학'으로 부르는 학풍을 제창하고, 국가와 사회의 양태를 둘러싸고 활발한 논쟁을 펼쳤는데, 청의 지배가 안정됨에 따라 그러한 풍조는 쇠퇴했다. 이후 중국이 아편전쟁에서 패배한 후 재차 주목을 받을 때까지 이들의 사상은 충분히 계승되지 않았고, 사상계에서 주류를 점하고 있던 것은 앞서 지적한 고증학이었다. 물론 고증학이 그 명칭처럼 현실에서 유리해 세세한 자구의 고증에만 관심을 가지는 것은 아니었으나, 현실에 대해 적극적으로 발언하려는 태도가 약했던 점은 부정할 수 없다.

고증학에서는 '실사구시實事求是'라는 방법이 강조되었는데, 이 '실사구시'의 정신은 중국뿐만 아니라 조선이나 일본에서도 18세기부터 19세기에 걸쳐 하나의 사상 경향으로서 공통된 것이었다. 이러한 새로운 사상 조류를 '실학'이라고 부르기도 한다. 그런데 '실학'이라는 호칭은 근대가 되어 서구의 사상이 유입되는 상황에서 전통적인 사상 속에 그것을 수용할 수 있는 기반이 이미 존재하고 있었다는 점을 밝히려는 연구자에 의해 만들어진 것으로, 이러한 사상 조류가 동시대에 반드시 지배적인 것은 아니었다는 점에 유의할 필요가 있다. 또한 일본에서는 난학蘭學이나 그 자취를 계승한 막부 말기의 양학洋學의 존재가 주목받았는데, 이것 역시 근대의 전제로서 그 의미가 각광을 받았던 것이다.

그러나 사상사 연구에서 이와 같은 연구는 근본적으로 재검토될 필요가 있다. 왜냐하면 '실학'이나 난학, 양학에 대한 주목은 근대 서구사상의 수용기반으로서 의미가 있다는 점에 근거한 것이며, 서구사상 그 자체에 대한 비판이나 동아시아의 독자적인 사상 전개라는 측면에는 눈을 감는 결과를 초래해 왔기 때문이다. 동아시아의 근대는 정치·경제·사회 등의 여러 측면에서 서구의 결정적인 영향을 받았으면서, 동시에 다양한 방면에서 독자적인 성격을 가지고 있으므로 지금까지의 연구에서도 그러한 독자성이 주목되어 왔다. 그에 비해 사상사 분야에서는 그와 같은 연구에 대한 관심이 매우 희박했다고 말할 수 있다.

이에 대한 반성으로서, 예컨대 19세기 후반 이후 중국에서 일어난 유학사상의 새로운 전개 등에 좀 더 관심을 가질 필요가 있다. 중국에서는 19세기 들어 '공양학파公羊學派'라고 불리는 새로운 학자들이 등장했다. 이들은 유학 경전의 하나인 『춘추春秋』에 대한 주석 중에서 「공양전公羊傳」을 중시하고 유학을 정치사상적으로 해석하려고 했으며, 이 학파에서 강유위康有爲가 나오게 되면서 정치적으로도 큰 영향력을 미쳤다. 그리고 강유위 등의 시도는 비록 허무하게 좌절해 버리고 말았으나, 그 후로도 1930년대 '신유가新儒家'로 불리는 지식인들이 등장하는 등 그 흐름은 현재까지도 면면히 이어지고 있다. 이러한 중국의 활동과 비교할 때, 조선과 일본의 경우 근대 이후 유학은 사상적으로는 거의 그 명맥을 잃어버린 채 현재에 이르고 있다.

돌이켜 보면 중국에 불교가 들어오고 나서 천년 이상의 세월을 거쳐 유학과 불교의 융합으로서 주자학이 나타났다. 서양의 그리스도교가 동아시아에 유입되고 500년 이상, 근대 서구사상이 본격적으로 유입되고 150년 이상이 지났으나, 서구의 사상과 융합한 동아시아의 새로운 사상이 나타나기까지는 아직 시간이 더 필요할지 모르겠다.

문화 기반의 확대

18세기 이후 동아시아 사회에 일어난 변화 중에서 큰 의미를 가졌던 것은 문화 기반의 확대로서, 그것을 초래한 요인으로는 출판의 성행과 교육의 보급을 들 수 있다. 우선 출판 상황부터 살펴보도록 하자.

중국에서 인쇄와 출판에 획기적인 변화가 생겼던 것은 송대라고 할 수 있다. 그러나 송대에 서적의 출판은 여전히 제약된 것이었고, 서적을 쉽게 입수할 수 있는 상황은 아니었다. 개인 장서의 경우에도 필사본이 역시 큰 비중을 점하고 있었다. 서적의 출판은 명대 중기, 특히 가정嘉靖 연간(1522~1566)이 큰 변혁기였다. 이 시기는 명초의 엄격한 통제 경제가 이완되어 경제가 공전의 활황을 이루었고 동시에 은의 대량 유입으로 상품 화폐 경제가 크게 발전했다. 그런 가운데 출판 분야에서도 큰 변화가 생겼는데, 이를 단적으로 보여 주는 것이 본격적인 상업출판의 개시이다. 특히 강남지역에서는 많은 서방書坊(출판업자)이 출현하여 과거科擧 수험에 필요한 유학 관련 서적뿐만 아니라 소설 등 일반 서민을 독자층으로 하는 서적이 대량으로 출판, 유통되었다. 오늘날에도 활자로 자주 사용되는 명조체라는 서체의 성립이나 한적漢籍의 일반적인 장정 방법인 선장본線裝本이라는 형태도 출판문화가 융성하면서 서적을 효율적으로 완성할 필요에서 요청되었던 것이다.

조선도 중국 다음으로 일찍부터 인쇄, 출판이 행해진 지역인데, 조선 시대 출판의 경우에는 국가의 역할이 컸다. 특히 유학의 이념을 민중에게 침투시키기 위해 편찬한 『삼강행실도三綱行實圖』 등은 국가에 의해 반복적으로 간행되어 대량으로 유통되었다. 또한 유학의 다양한 고전을 한글로 번역한 서적(언해본으로 불리는)도 국가에 의해 출판되었다. 조선에서 상업적인 출판이 본격적으로 등장하는 것은 19세기가 되고 나서이다. 서울에는 18세기 들어 세책가貰册家라고 불리는 책을 빌려주는 집이 나타나는데, 당초에는 서적을 필사하여 빌려주는 형태였으나 19세기가 되면 인쇄본(방각판坊刻版이라고 함)의 출판도 담당하게 되었다. 방각판에서는 백과사전적인 지식을 망라한 일용서류나 소설이 큰 비중을 차지했으나, 이러한 서적이 유통되었던 것은 서울 등의 일부 지역에 한정되어 있었으므로 중국이나 일본과 같은 서적의 대량 유통과 서민층으로의 보급은 19세기 말 이후가 되어 시작되었다.

조선과는 대조적으로 일본은 인쇄, 출판의 시작은 늦었으나 17세기 이후 급속하게 발달했다. 일본의 경우 인쇄 기술 자체는 이미 8세기 무렵에 전해졌으나, 그 이후 주로 사원에서 근근이 이루어지는 데 머물러 중국이나 조선과 같이 국가에 의해 서적 출판이 행해지는 일은 없었다. 그런데 한 전기가 되었던 것이 도요토미 히데요시의 조선 침략 때에 인쇄기술을 일본에 들여온 것이다. 당초는 활자 인쇄가 주류를 점했는데, 얼마 지나지 않아 중국·조선과 마찬가지로 목판 인쇄가 주류를 이루었고 18세기 이후에는 출판물이 폭발적으로 증가하게 되었다. 그 대부분은 민간의 출판업자에 의한 것으로 상업적인 영리출판이었다.

이렇게 19세기에는 동아시아 각국에서 출판이 왕성하게 이루어지면서 교육의 보급이나 지식의 확산, 대중적 문학작품의 등장 등에 결정적인 영향을 주었다. 또한 동아시아에서는 19세기 이후 서구의 활자 인쇄 기술이 도입될 때까지 활자 인쇄보다도 목판 인쇄가 주류를 점했는데, 그것은 인쇄에 필요한 활자수가 서구의 언어보다도 훨씬 많았기 때문이다.

다음으로 교육 문제에 관해서 살펴보면 18세기부터 19세기에 걸쳐 많은 초등교육기관이 설립되고, 교육을 받는 사람의 수가 비약적으로 증대하는 현상이 삼국에서 공통적으로 보인다.

중국의 교육은 애당초 과거시험과 불가분의 관계를 가지고 있었다. 명·청대를 살펴보면 과거수험생을 위한 교육기관으로서 중앙에는 국자감國子監이, 그리고 지방 행정단위별로 부학府學, 주학州學, 현학縣學이 설치되었으며, 나아가 현의 하위 단위인 향鄕에 사학社學(또는 의학義學)이 있었고, 이들은 모두 정부에 의해 설립, 운영되고 있었다. 사적인 교육기관으로는 서원이 오래전부터 존재하였고, 특히 명대에는 그 수가 급증했는데 청대가 되면 서원도 정부의 관리하에 놓이게 되었다.

청대 들어 순전한 사립 교육기관으로 발달하는 것은 족숙族塾과 사숙私塾이다. 족숙이란 종족의 자제 교육을 목적으로 설립된 교육기관으로서 그 연원은 송대에 있으나 대부분의 족숙은 청대가 되어 설립된 것이다. 족숙은 명대까지 종족 구성원 이외의 사람들도 입학할 수 있었는데, 청대 이후에는 종족 구성원만이 입학할 수 있었다. 사숙은 민간에서 자발적으로 설립된 초등교육을 위한 기관으로 18, 19세기 무렵에는 엄청나게 많은 사숙이 전국적으로 존재하였다. 사숙은 기관 수나 학생 수 면에서 다른 교육기관을 압도할 정도의 비중을 차지했는데, 이는 교육을 받는 사람의 증가를 단적으로 보여 주는 현상이다.

중국의 교육기관은 이와 같이 공립과 사립 기관이 병존하고 있었으나 둘 사이에 단절은 존재하지 않았다. 곧 족숙이나 사숙에서 우수한 성적을 거둔 자는 공립 교육기관으로 진입할 수 있으며, 최종적으로 과거

시험에 합격할 가능성도 열려 있었던 것이다.

　이러한 중국의 교육기관과 대조적인 것이 일본의 경우이다. 과거제도가 존재하지 않았던 일본에서는 정부에 의해 설립된 교육기관이라는 것은 고대의 일정 시기를 제외하고는 존재하지 않았다. 이러한 상황에 변화가 생기는 것은 에도 시대에 들어와서인데, 문치주의가 주창되면서 교육에도 점차 눈을 돌리게 된다. 에도 시대 교육기관으로는 쇼헤이자카 학문소昌平坂學問所가 유명하다. 이것은 원래 도쿠가와 막부 당시 학문의 최고봉으로 여겨졌던 하야시 가문의 사숙으로 출발하여 1790년 비로소 막부의 교육기관이 되었다. 이와는 별도로 다이묘에 의해 설립, 운영된 것이 번교藩校(번학藩學이라고도 함)로 17세기 후반 최초의 번교가 만들어졌으며, 대부분의 번교는 18세기 후반 이후에 설립되었다.

　이상의 교육기관은 공적인 성격을 띠었고, 이 외에 반공적 성격의 교육기관으로서 향학鄕學이 있었다. 향학에는 다이묘나 상급 무사에 의해 설립된 것, 민간 유지에 의해 설립된 것, 다이묘와 민간의 협력을 통해 설립된 것 등 다양한 성격의 것이 있었다. 그리고 사적인 교육기관과 구별되는 점은 다이묘의 감독을 받았다는 점에 있다.

　한편 사적인 교육기관으로는 사숙과 데라코야寺子屋가 있으며, 특히 데라코야는 18세기 이후 폭발적으로 증가하였다. 데라코야는 에도와 교토 등의 도시부에서 설립되기 시작했는데, 점차로 농촌부에도 확대되어 막부 말기에는 전국적으로 1만 5,000개 이상이 존재했던 것으로 여겨지고 있다.

　일본 교육기관의 특징으로는 신분제의 제약이 강했던 점을 들 수 있다. 쇼헤이자카 학문소나 번교는 원칙적으로 사족 신분인 자에게만 입학이 허락되었고, 또한 사적 교육기관에서 공적 교육기관으로의 편입도 인정되지 않았다.

이상과 같은 중국과 일본에서 교육 양태가 차이를 보인 것은 과거제도의 유무, 신분제의 차이 등에 따른 것인데, 교육의 보급이라는 측면에서 보면 오히려 일본 쪽이 높았다는 역설적인 결과를 낳았다. 정확한 계측은 어려우나 초등교육을 받은 사람의 비율은 일본이 중국보다도 수배 높았던 것으로 추정된다. 과거제도가 존재한 중국의 경우 교육이 좋든 싫든 입신출세의 수단으로 간주되었고, 과거와 연이 없는 서민들에게 있어서는 교육을 받는 요인은 약했던 것이다. 그에 비해 일본의 경우 교육이 입신출세와는 아예 상관이 없었기 때문에 도리어 읽고 쓰기나 초보적인 교양을 몸에 익힌다는 교육 본래의 의미가 존중되었고, 상품경제의 발전과 도시화의 진전, 전국적인 시장의 형성 등과 같은 요인과 더불어 높은 교육 보급도가 실현되었던 것이라고 생각된다.

조선의 교육은 중국과 일본의 중간적인 성격의 것이었다. 과거제도가 존재한 조선에도 과거시험을 위한 최고 교육기관으로 성균관이 있고, 그 아래 서울의 4부학당과 군현마다 향교가 공적기관으로서 설립되어 있었다. 사적인 교육기관으로는 서원과 서당이 있었다. 서원은 양반 사족에 의해 설립된 것으로 유학의 선현을 제사함과 동시에 양반 자제의 교육을 담당했다. 서당은 일반 서민을 위한 교육기관으로 18, 19세기에 다수의 서당이 설립되어 전국적으로 1만 개 이상이 있었던 것으로 보인다.

조선에서도 공적 기관과 사적 기관 사이에 단절은 없었고, 제도적으로는 양반 이외의 사람도 향교에 입학할 수 있었으며 과거의 수험도 가능했다. 실제로도 18, 19세기에는 양반이 아닌 사람의 향교 입학이 증가했는데, 이들 둘 사이에는 기숙사를 따로 하든가 별개의 명부를 작성하는 등의 차별적 대우가 취해졌다. 또한 양반 이외의 사람이 과거에 합격하는 것도 현실적으로는 매우 어려웠다.

교육의 보급 정도에 면에서도 조선은 중국과 일본의 중간적인 위치에 있었다. 주목할 만한 것은 18, 19세기 들어 서당이 급격하게 증가하면서 동시에 교육의 보급이 진전한 것인데, 그 원인은 이 시기에 일어났던 양반화 현상(양반이 아닌 자가 양반적인 가치관을 받아들여 스스로도 양반과 같이 행동하는 현상)에 있었던 것은 아닐까 생각된다. 교육을 받는 것만으로 입신출세가 가능해지는 것이 아님에도 불구하고, 양반으로서의 최소한의 능력(구체적으로는 한문을 읽고 한시를 짓는 것이 가능한 능력)을 몸에 지니려고 했던 것이 교육의 보급을 가능하게 했던 것이다.

18, 19세기에 사적인 교육기관의 수가 급증하고 학습하는 서민이 본격적으로 등장한다는 측면에서 동아시아 사회는 공통된 경험을 가졌다고 말할 수 있으나, 다른 한편으로 교육제도나 교육이 가진 사회적 의미에서는 각각 독자적인 성격을 동시에 가지고 있었던 점에도 유의할 필요가 있다. 그리고 전통 시대의 이와 같은 교육의 양태는 근대 이후의 교육제도와 교육에 대한 인식에도 다양한 영향을 주었다고 볼 수 있다.

류큐와 베트남의 '중국화'

류큐와 베트남의 위치

　동아시아라는 지역의 범위를 어떻게 설정할지에 대해서는 다양한 입장이 있을 수 있고, 시대에 따라 그 범위가 변화한다고 보는 것도 충분히 가능하다. 이런 가운데 류큐(오키나와)와 베트남(특히 북부 지역)은 동아시아 세계의 주변부에 위치했었다고 생각할 수 있다.

　류큐가 동아시아 세계를 구성하는 주체적 일원으로서 등장한 것은 14세기 이후의 일이다. 이에 비해 베트남은 아주 오래전부터 중국의 역대 왕조와 깊은 관계를 맺고 있었고, 긴 시간 중국 왕조의 직접적인 지배를 받았으며, 그 사회는 동남아시아 사회와 공통하는 성격이 강했다고 볼 수 있다. 그러나 9세기 중엽 당唐이 설치했던 안남도호부安南都護府의 지배가 유명무실해지면서 베트남에서는 독립을 향한 움직임이 점차 활발해졌고, 이윽고 이조李朝(1009~1225)와 진조陳朝(1225~1400)의 2대에 걸친 왕조 시대에 동아시아적인 왕조국가체제(중국 모델)가 정비되었다.

이조 및 진조의 '중국화'(중국 모델의 의식적 추구) 과정에서, 특히 중요했다고 여겨지는 것은 다른 동아시아 지역과 마찬가지로 집약도작의 본격적 개시였다. 즉 진조 대에 들어서면 그때까지 홍하紅河 델타의 자연제방 위에서 이루어지던 도작이 아닌, 델타의 치수와 관개를 전제로 한 집약도작이 개시되었다. 동시대의 중국과 동일한 움직임이 한반도나 일본에서보다도 빨리 일어난 것이다. 이러한 움직임에 대응하여 진조는 보다 집권적인 국가체제의 확립을 목표로 했는데, 문관 등용 시험의 실시나 호적의 작성 등이 그 대표적인 정책이었다. 1280년대에는 원의 침공을 받았으나 진조는 이를 물리치고 더욱더 중국 모델의 도입에 박차를 가했다. 그러나 다른 한편으로는 15세기에 들어 한자를 바탕으로 만든 독자적 문자인 쯔놈字喃이 본격적으로 사용되기 시작하는 등 독자적인 움직임도 볼 수 있었다.

진조는 1400년에 외척 호계리胡季犛에 의해 무너졌으나, 호씨 정권도 기본적으로는 진조의 정책을 계승하고 있었다. 그러나 호씨 정권은 진조의 부흥을 명분으로 내걸었던 명의 영락제에 의해 붕괴했고, 1407년부터 20년간 베트남은 재차 명의 직접 지배를 받게 된다. 명의 지배는 홍하 델타를 중심으로 한 해안부에 한정되어 있었는데, 명의 지배에 대해 산지민山地民들이 저항의 핵이 되어 봉기했고(남산기의藍山起義), 이들은 10년간에 걸친 싸움 끝에 명을 격퇴한 다음 여조黎朝를 건국했다(1428년). 이후 '중국화'에 한층 박차를 가했다.

베트남에서의 '중국화' 움직임은 17세기 이후의 류큐에도 존재했다.

이러한 의미에서 류큐와 베트남을 일괄하여 언급하고 있는데, 류큐의 '중국화'는 시마즈씨의 지배를 받게 된 류큐가 그 지배에 대항하는 의미를 가지고 있었던 데 비해, 베트남의 경우는 중국과 대치하면서 동시에 주변 지역에 대해 스스로를 '중화'로 칭하기 위한 전략이었다고 볼 수 있다. 따라서 두 지역의 '중국화'는 각각 다른 목적 때문에 추구되었다고 할 수 있다.

일본 지배하의 류큐와 '중국화'

류큐는 도요토미 히데요시의 조선 침략에 직면하여 히데요시로부터 출군의 명령을 받아 여기에 응하지 않을 수 없는 상황에 몰렸다. 그런데 한편으로 명에게 히데요시의 조선과 명 침공의 의도를 알렸기 때문에, 명으로부터는 일본과 내통하고 있다는 의심을 받는 등 양자 사이에서 매우 곤란한 입장에 서 있었다. 도쿠가와 정권이 수립되고 당초 막부는 류큐를 통해 명과 무역을 하려는 의도를 가지고 있었는데, 류큐가 이를 계속 거부했기 때문에 1609년 막부는 시마즈씨의 류큐 침공을 허락하고, 류큐는 시마즈씨를 통해 도쿠가와 정권의 지배를 받게 되었다.

16세기 말의 류큐는 동아시아 무역에서의 지위 저하와 무역을 담당하던 구메지마久米島 세력의 약화로 인해 예전의 번영이 자취를 감추게 되고, 이것이 시마즈의 침공을 받는 내적 요인이 되었다. 시마즈씨는 류큐를 지배하에 두자 곧장 검지檢地[16]를 실시하는 등 류큐를 막번 체제에 편입하기 위한 정책을 취했으나, 시마즈의 류큐 지배가 원활하게 추진된 것은 아니었다. 무엇보다도 명과의 조공무역을 존속시킬 필요에서 류큐의 독립왕국으로서의 체제 또한 유지시킬 수밖에 없었으므로, 국왕이 시마즈의 지배에 쉽게 따르지 않았던 것이다. 또한 대명 무역에서도 의도적인 태업을 하면서 시마즈의 무역 확대 요구에 저항했다.

그러나 이러한 저항은 기본적으로는 소극적인 것으로 류큐 사회 내부의 질서는 이완된 상태가 계속되었다. 또한 류큐를 둘러싼 국제적 환경도 명·청의 교체, 청조 성립 이후의 복명復明 세력, 특히 정씨鄭氏 세력의 해상 지배와 그에 대한 청의 천해령遷海令 실시 등에서 짐작할 수 있듯이 무역 자체가 매우 불안정한 상태에 놓여 있었다.

이러한 가운데 1665년 섭정의 지위에 오른 하네지 조슈羽地朝秀는 적극적인 내정개혁을 단행하여 이후의 류큐 사회에 큰 영향을 미쳤다. 하네지의 정책은 기본적으로는 유교적 이념에 기반한 국가체제를 수립하는 것을 통해 고古류큐(독립왕국 시대의 류큐)적인 체제를 전면적으로 개선하려는 것이었다.

하네지의 개혁정책은 다양한 분야에 걸쳐 이루어졌는데, 그중에서도 신분제의 확립, 정치에서 여성 지위의 부정, 검약과 개간의 장려, 지방 지배의 담당자인 지토地頭의 자의적 지배의 배제, 재래 습속의 상징적 존재라고 말할 수 있는 도키トキ(남자 무당), 유타그タ(무녀)의 금지 등이 그 대표적인 것이다. 신분제의 확립을 위해 사족에게는 계도系圖를 제출하게 했고, 계도좌系圖座라는 기관을 설치하여 가보家譜를 편찬하게 함으

---

16) 연공의 징수와 농민 지배를 목적으로 막번 영주가 실시한 토지 측량 조사이다. 검지장檢地帳에 논밭의 면적, 등급, 수확량 등을 기재하여 지배의 기초로 삼았다. 도요토미 히데요시의 태합검지太閤檢地 이후 전국적 규모로 행해지게 되었고 도쿠가와 막부로 계승되었다.

로써 사士 신분을 확정하고 동시에 사족 내부의 신분도 세밀하게 규정했다. 가보의 편찬과 함께 사족 신분인 자는 중국식 성을 갖게 되었던 것에서도 알 수 있듯이, 이러한 정책은 '중국화'의 일환이었다고 말할 수 있다. 다른 한편으로 류큐의 독자적인 문화, 즉 무용이나 샤미센三味線 음악, 도예(류큐야키琉球燒) 등과 같이 다방면에서 일본과 중국의 문화를 소화한 독자적인 개성을 지닌 문화가 발전해 나갔다.

베트남의 동아시아화?

명의 지배를 물리치고 성립된 여조黎朝였으나 그 체제는 상당히 불안정했다. 특히 초기에는 여조를 건국한 세력 내부의 항쟁이 계속되었으나, 1460년에 즉위한 성종聖宗대에 국제國制의 정비가 비약적으로 진전되었다. 과거제도가 정착하고, 주자학이 정통의 지위를 획득함과 동시에 베트남의 특징적인 토지제도인 균전제均田制[17]가 확립하는 것도 이 시기이다. 또한 관제官制에서도 다양한 개혁이 진전되었는데, 그중에서도 종래 무관武官이 취임했던 재상의 지위를 폐지하고, 황제[18]의 독재권을 강화한 점이 중요했다. 그 외에도 6부의 설치나 지방제도의 정비 등도 추진되는 등 이 시기에 '중국화'가 정점을 맞이했다. 다만 사회적·경제적인 면에서 여성의 지위가 높았던 점과 같은 베트남의 전통적인 관

---

17) 여조 초기의 혼란기에 생긴 무주無主 토지를 공전公田으로 삼아, 그것을 가족 단위로 분급하는 제도이다.
18) 베트남의 여러 왕조는 중국에 대해서는 '왕'으로 자칭했으나, 국내적으로 또한 주변 여러 나라들에 대해서는 '황제'로 칭했다.

습이 '중국화' 와중에도 존속한 것은 주의를 요한다.

성종의 치세 동안 추진된 개혁이 그 후 계속 유지된 것은 아니나, 항상 바람직하고 이상적인 국제國制의 모델로서 회고되었다. 성종의 개혁이 오래 지속되지 않았던 최대의 원인은 여조의 지배체제가 성종 사후 재차 흔들리기 시작했기 때문이다. 성종 사후 단기간에 6인의 황제가 즉위한 점이 상징하듯이, 여조의 지배는 지속적으로 혼미 상태에 있었고, 결국 1527년 공황恭皇이 막등용莫登庸에 의해 폐위되면서 일단 여조는 멸망했다. 여조를 대신한 막씨 정권은 약 반세기 동안 존속했는데, 그 정책의 기본은 여조 성종의 노선을 답습하는 것이었고 과거 역시 3년마다 계속해서 실시되었다.

그러나 찬탈자로서 막씨 정권의 기반은 취약한 것이어서, 여조를 부활시키려는 세력과의 싸움이 끊이지 않았다. 여조 부흥의 중심 세력이 된 것은 정씨鄭氏와 완씨阮氏였으며, 특히 완씨 세력이 막씨 정권 멸망에 큰 역할을 했다. 완씨 정권은 베트남 중남부를 기반으로 했는데, 이 지역은 그때까지 베트남인이 거주하지 않았던 지역으로 홍하 델타 면적의 두 배를 이루는 메콩 델타의 개발도 완씨 정권하에서 시작되었다. 막씨 정권을 타도하기까지는 협력관계에 있던 정씨와 완씨 두 세력은 17세기에 들어서자 대립하게 되었고 1617년부터는 남북전쟁이 시작된다. 이러한 움직임을 명·청 교체 등의 동아시아 변동의 일환으로 보는 것도 가능하나, 베트남의 경우 동아시아 국제질서가 안정기를 맞이하게 되는 17세기 후반 이후에도 통일정권이 등장하지 않았다. 이러한 현상을 낳은 큰 요인 중에 하나가 베트남의 확대, 즉 남진에 있었다고 생각된다.

완씨 정권은 '서산西山의 난'을 계기로 1777년에 멸망하지만, 완씨의 일족으로 샴에 망명해 있던 완영阮映(가륭제)이 샴과 프랑스인의 협력을 얻어 1802년 완조를 건국하게 된다. 1804년에는 월남으로서 청의 책봉도 받아 남북을 통일적으로 지배한 최초의 왕조가 되었다. 제2대 명명제明命帝 치하에서 중국화 정책이 적극적으로 추진되어 과거의 실시, 지방제도로서의 성省 설치 등의 정책이 행해졌다. 완조는 여조와 마찬가지로 중국 왕조로부터 책봉을 받는 한편으로 주변의 라오스나 캄보디아 등에 대해서는 이들을 봉신封臣으로 하는 정책을 취하고 있었으므로 스스로 소중화이기 위한 중국화였다고 말할 수 있다.

6장

변화의 징조와
근대로의 전망

사회 불안의 증대와 민중 반란

1661년에 즉위하여 60여 년간 황제의 자리에 있던 강희제 치하에서 청조는 확고한 통치체제를 구축하는 것에 성공했고, 이후 옹정제, 건륭제로 이어지는 황금기를 맞이했다. 중국만이 아니라 조선과 일본에서도 17세기 후반부터 18세기에 걸쳐서는 큰 변란도 없었고, 사회 전체적으로 전에 없던 안정기를 구가하고 있었다. 그러한 가운데 전통적인 문화가 성숙해 가고, 동아시아 세계는 역사상 보기 드문 평화로운 시대가 실현되었다. 그러나 이러한 안정도 19세기 들어 점차 동요하기 시작한다. 그 최초의 현상이 청조의 최전성기로 구가되었던 건륭제의 퇴위와 때를 맞춘 듯이 일어난 백련교도의 반란이다.

백련교의 반란과 지방 세력

백련교는 원대부터 종종 반란을 일으키고는 했는데, 청대에는 급속한 인구 증가에 따라 새롭게 개발된 산간 지역의 이주민 사이에서 널리 확대되어 있었다. 그 교의는 미륵신앙에 근거한 것으로, 정부의 종교 탄압에 항거하여 1796년 대규모의 반란을 일으켰다.

반란의 진원지가 된 이주민 사회는 청조의 통치가 미치기 어려운 지역이었다. 급속한 인구 증가에도 불구하고 청대의 지방 통치 체제는 현상유지를 기본으로 했다. 그 때문에 지방 통치의 기초단위인 주·현의 수도 그 증가가 억제되어 있었다. 하지만 필연적인 결과로서 주·현 부근의 인구가 급증했고 그만큼 행정력의 저하가 생겨났던 것이다. 이러한 상황이 가장 심각하게 나타났던 곳이 산간부의 이주민 사회였다.

유교적 이념에 따른 국가 통치는 법에 의한 통치보다도 예를 통한 통치를 이상으로 하는 것이기 때문에, 국가의 사회에 대한 개입을 최소한으로 억제하려는 경향이 있다. 명 초기에는 이갑제의 실시에서 알 수 있듯이 국가가 사회에 전면적으로 개입하고자 했으나, 16세기 이후는 국가가 사회로부터 유리되기 시작했다. 만주족에 의한 왕조였던 청조 치하에서는 국가의 사회로부터의 분리가 한층 진전했는데, 인구의 계속적인 증가와 그에 따른 사회의 유동화라는 사태에 대해 이러한 노선은 제대로 대응하기 곤란했던 것이다.

국가 행정력의 저하에 따른 공백을 메우는 역할을 수행하기 위해 등장한 것이 지방 권력이다. 백련교의 반란에 대해 정부의 군대는 충분한 대응을 취할 수 없었으나, 단련團練으로 불리는 향토방위군 성격의 조직이 반란군의 진압에 큰 위력을 발휘했다. 그러나 이러한 지방의 무장화는 집권적인 국가체제와 모순되는 성격을 가지는 것으로, 이후 청조는 지방 세력의 대두라는 새로운 사태에 직면하게 되었다.

천변지이天變地異와 민중 반란

19세기에 들어 조선과 일본에서도 사회 불안이 다양한 형태로 나타나기 시작했다. 19세기 전반은 동아시아 규모로 한랭화가 진행된 것으로 여겨지는데, 이러한 불순한 날씨로 인해 기근이 빈발하는 등 사회 불안이 증대했고, 그 배경에는 청조의 경우와 마찬가지로 국가 행정력의 저하라는 보다 근본적인 문제가 가로놓여 있었다.

조선에서는 1811년에 '홍경래의 난'(평안도 농민전쟁)이라고 불리는 대규모의 반란이 일어났다. 이 난은 종래부터 관계 진출과 같은 측면에서 차별을 받고 있던 평안도 출신인 홍경래가 중심이 되어 일으킨 것으로, 중간 엘리트가 주도한 반란이라는 성격을 가졌고, 이후 계속해서 발생하는 민중 반란의 선구라고도 할 수 있는 것이었다. 또한 1830년대가 되면 서울에서 쌀의 매점에 반대하는 도시민의 폭동이 일어나는 등 도시에서도 종래에는 볼 수 없었던 움직임이 나타나기 시작한다.

살며시
다가오는
서양

19세기 들어 동아시아와 유럽의 관계에 다양한 변화가 나타나기 시작했다. 산업혁명을 통해 공업생산력을 비약적으로 증대시킨 영국을 선두로 해서 유럽 여러 나라들의 동아시아에 대한 시장개방 요구가 강해진 것이 변화를 초래한 최대의 요인이었다.

중국에서는 '광동 시스템' 아래에서 대유럽 무역은 확대일로를 걸었고 차나 도자기 등의 수출을 통해 막대한 흑자를 기록했다. 그러나 인도를 지배하게 된 영국이 인도산 아편을 청에 수출하고 나서부터 이러한 무역 기조에 변화가 나타나기 시작했다. 1830년대에 들어 아편 수입이 확대되면서 청의 대외무역이 적자 기조로 변화했던 것이다. 청조는 아편의 수입을 단속하려고 수차례의 금지령을 내렸으나 전혀 효과가 없었고, 이윽고 아편전쟁을 통해 그 모순이 폭발하게 된다.

18세기 말 이후 조선 근해에도 서양 선박이 빈번하게 출몰했다. 이들은 조선에 통상을 요구했지만 조선정부는 그 요구에 일체 응하지 않았다. 특히 청과의 책봉 관계를 내세우면서 독자적으로 외교를 할 권한이 없다는 점을 거부의 이유로 삼는 태도를 지속적으로 취했다. 그러나 유럽이나 세계정세에 관한 정보는 상당히 부족한 상태로 17, 18세기 서학에 대한 관심과 비교해도 외부세계에 대한 관심은 매우 약했다. 이러한 상황은 19세기 후반이 되어 유럽이나 미국, 나아가 일본이 무력을 배경으로 강력하게 통상을 요구하는 사태가 발생했을 때 적절한 대응을 어렵게 했다.

일본의 경우도 마찬가지로 18세기 말부터는 '이양선'의 출몰이 이어졌다. 구미로부터의 통상 요구가 반복되는 가운데, 일본의 상태를 '쇄국'이라는 개념으로 파악할 수 있게 된다. 덧붙여 전술한 조선의 통상거부의 상태를 일본과 마찬가지로 '쇄국'이라는 개념으로 파악하는 사례를 교과서나 연구서에서 종종 볼 수 있는데, 조선에 '쇄국'이라는 말은 존재하지 않았으며, '쇄국'이라는 자기 인식 자체가 일본의 고유한 것이었다는 점에 주의하지 않으면 안 된다.

구미의 통상 요구에 대한 도쿠가와 정권의 대응은 일관되지 않았다. 1825년부터는 무력으로 쫓아버린다는 정책이 채용되었으나 아편전쟁에 대한 정보가 전해지면서 큰 충격을 받고, 이후 구미의 군사력에 대한 인식을 심화하는 가운데, 페리의 내항이라는 사태를 맞이하게 되었다.

근대로의
전망

동아시아의 각국, 각 지역은 19세기 중반을 전후하여 어쩔 수 없이 구미 여러 나라와 통상조약을 체결했고, 그것을 계기로 큰 변동기를 맞이했다. 이 구미에 대한 개항을 동아시아 근대의 시작으로 보는 것이 일반적인 이해인데, 동아시아의 근대는 전통을 완전히 해소하고 서구화해 가는 과정이 결코 아니었다. 오히려 전통에 규정되고, 전통과 서구화와의 충돌, 그리고 융합의 과정이야말로 동아시아의 근대였다고 볼 수 있다. 따라서 전통의 유산이 근대를 어떻게 규정했는가에 관해 간단하게 논해 두고자 한다.

동아시아 근대의 특징을 규정한 전통의 유산으로서 가장 중요하다고 생각되는 것은 이 지역의 구미에 대한 개항이 19세기 중반이라는 늦은 시기에나 이루어졌다는 점이다. 주지하듯이 서구의 여러 나라는 15세기 말 이래 세계 각 지역으로의 진출을 개시했다. 동아시아에도 16세기를 전후하여 서구 여러 나라가 진출했으나 그 지위는 대단히 제한된 것이었다. 17세기 이후 그 세력은 더욱 축소되었는데, 동아시아에서 서구 세력의 이러한 상황은 세계의 다른 지역과 비교할 때 매우 특이한 것이었다.

서구와 동아시아의 이와 같은 관계는 양자의 지리적 격절이라는 측면도 원인 중에 하나였으나, 더욱 중요했던 것은 동아시아의 내부 요인이었다. 즉 높은 생산력의 원인이기도 하고 결과이기도 했던 방대한 인구, 강고한 국가적 결합, 출판으로 상징되는 문화 자원의 생산과 유통의 진전 등과 같이 다양한 방면에서 동아시아 각국은 동시대의 서구 여러 나라보다 앞서 있었고, 이것이 양자의 관계를 기본적으로 규정했던 것이다.

동아시아의 이러한 비교우위는 19세기가 되면 붕괴한다. 그것이 가장 단적으로 나타난 것이 군사력 분야이다. 16세기부터 17세기 전반까지 동아시아에서도 군사 충돌이 빈발하였고, 무기 분야에서도 철포나 화약 등의 개발에 큰 노력을 기울였다. 그러나 일본의 '겐나엔부元和堰武'[19]나 정성공을 비롯한 반청세력의 소멸 등을 계기로, 이 지역에서는 이후 150년 이상 기본적으로 평화로운 상태가 유지되었다. 그 와중에 무기의 개발은 이루어지지 않게 되었고, 군사력은 정체 내지는 후퇴했다. 그에 반해 유럽에서는 크고 작은 전쟁이 계속되었고, 그것을 이겨내기 위해 국민국가라는 체제가 형성되었다. 그 결과 19세기가 되어 동아시아에 재차 등장한 서구와 러시아, 미국은 16세기와는 비교할 수 없

---

19) 겐나元和 원년(1615)의 오사카 여름 전투大坂夏の陣 이후 대규모의 전쟁이 끝나고 세상이 태평하게 된 것을 가리키는 말이다.

을 정도로 강대한 군사력을 배경으로 가졌던 것이다.

이른바 '서양의 충격'에 직면하게 된 동아시아 각국은 무엇보다도 구미의 군사력을 실감하지 않을 수 없었고, 거기에 대처하기 위해 다양한 노력을 기울일 수밖에 없었는데, 그 과정은 참으로 파란에 가득 찬 것이었다. 그 과정을 규정한 요인 중에서 가장 중요하다고 생각되는 것은 서구에서는 18, 19세기에 형성되는 국민국가의 체제와 유사한 체제를 동아시아의 국가, 특히 중국과 조선은 이미 갖추고 있었다는 점이다. 즉 시험을 통한 관료 선발제도(과거)와 이렇게 선발된 관료들에 의한 통치, 군사력의 국가로의 집중과 상비군 체제, 토지와 인구의 파악에 기초한 전국통일적인 조세제도와 재정제도 등이 이러한 유사성을 단적으로 보여 준다. 지방 행정체제에서 청대의 성省이나 조선의 도道라는 행정단위가 근대 이후에도 기본적으로 그대로 답습된 점도 다른 지역에서는 찾기 어려운 현상이다. 서구를 비롯한 다른 많은 지역에서 국민국가체제를 만들어 가는 데 있어 가장 큰 장애가 된 것이 귀족이나 봉건제후 등과 같은 세습적인 분권세력의 존재였는데, 동아시아에는 이러한 세력이 기본적으로 존재하지 않았고, 이것이 위와 같은 유사성을 낳은 가장 큰 요인이었다.

이러한 유사성은 중국이나 조선에서 '서양의 충격'에 대한 대응책을 마련하는 데 있어 특유의 어려움을 부과했다. 즉 양국에서도 19세기 말기가 되면 국가체제의 개편이 과제로서 인식되기 시작했으나, 과연 무엇을 개혁해야 하는지에 대한 과제 파악 자체가 용이한 일이 아니었기 때문이다.

다만 동아시아 가운데 일본의 경우는 사정이 크게 달랐다. 도쿠가와 시대의 일본은 농업 면이나 문화 면에서의 공통성에서 알 수 있듯이 동아시아와 공통된 부분이 있었던 반면, 국가체제 면에서는 동시기의 중국, 조선과 근본적으로 달랐기 때문에 앞서 언급한 유사성의 다수는 일본에 존재하지 않았다. 이것은 '서양의 충격'에 대한 일본의 대응을 크게 규정하는 것이었다. 곧 무엇보다도 군사적인 위협이라는 형태로 모습을 드러냈던 구미에 대해, '무위武威에 의한 평화'를 체제이념으로 한 막번체제로서는 그 존립기반을 곧장 위협받는 것이 되므로 부득이 민첩한 대응을 할 수밖에 없었다.

　'서양의 충격'에 대해 중국에서는 '중체서용中體西用', 조선에서는 '동도서기東道西器'라는 주장이 등장했는데, 일본의 경우는 초기의 '동양도덕 서양예술'이라는 주장에서 '화혼양재和魂洋才'라는 주장으로 바뀌었다. 중국이나 조선의 주장이 자기의 문명에 대한 확신을 기초로 한 것인데 비해, 일본의 슬로건은 체제이념과는 무관한 대단히 정신주의적인 것이었다. 도쿠가와 막번체제가 명·청 왕조나 조선 왕조와 같이 명확한 이념, 그리고 그 이념에 입각한 국가체제를 가지고 있지 않았던 것이 '동양도덕 서양예술' 혹은 '화혼양재'라는 불분명한 슬로건을 낳았던 이유인데, 그 때문에 일본은 중국과 조선보다는 홀가분하게 '서양의 충격'에 대응할 수 있었던 것이다. 개항 이후 다양한 요인이 뒤섞이는 가운데 일본은 동아시아에서 가장 빨리 국민국가체제를 수립해 나갔으며, 일본의 이러한 발 빠른 움직임은 근대 동아시아에 대한 제국주의적 침략을 낳는 이유도 되었던 것이다.

동아시아사의
새로운 이해

1장

동아시아
연구사

동아시아 연구의
특수한 위치

이매뉴얼 월러스틴Immanuel Wallerstein에 의하면 현재의 인문·사회 계열의 학문 분야는 19세기 유럽에서 형성된 것이다. 즉 그 이전부터 존재하던 철학이나 신학에 더하여 19세기에 새로운 학문 분야가 등장했는데, 그것들은 보편적이고 법칙정립적인 사회과학 계열의 학문과 개별적이고 개성 기술적인 인문과학 계열의 학문이라는 두 가지 분야로 크게 나눌 수 있다.

사회과학 계열의 학문은 근대 이후 인간의 활동이 대체로 세 영역으로 나누어진 것에 대응하여 다음과 같은 세 분야가 성립했다. 첫째 권력 행사라는 공공의 영역을 대상으로 하는 정치학, 둘째 생산이라는 반공공의 영역을 대상으로 하는 경제학, 셋째 일상생활이라는 사적 영역을 대상으로 하는 사회학이 그것으로, 이러한 사회과학 연구가 대상으로 한 지역은 시장경제와 시민사회를 확립하고 있던 구미 지역이었다.

한편 인문과학 방면에서는 유럽을 대상으로 하는 역사학에 더하여 유럽이 세계에 진출하는 과정에서 조우했던 여타 지역을 대상으로 하는 두 개의 분야가 새롭게 형성되었다. 하나는 문자를 가지지 않은 민족이나 사회를 대상으로 하는 인류학이고, 다른 하나는 '고도'의 문명을 보유한 지역을 대상으로 하는 동양학이었다. 인류학이나 동양학의 연구 대상 지역과 사회과학 계열 학문의 연구 대상 지역은 완전히 서로 다른 것으로, 비구미 지역은 경제학·정치학의 연구 대상으로는 간주되지 않았던 것이다.

그런데 동양학의 연구 대상으로 간주된 지역은 주로 이슬람, 인도, 그리고 중국이었는데, 이 중에서 중국은 조금 특수한 위치에 놓여 있었다. 그 원인은 두 가지 정도로 생각해 볼 수 있다. 첫째로는 중국이 유럽의 직접적인 식민지 지배를 받지 않았다는 점으로 이슬람·인도에 비하면 중국 연구는 질적으로 상당히 뒤떨어질 수밖에 없었다. 또 다른 원인은 문자의 문제인데, 한자라는 독특한 표의문자와 그것을 이용한 방대한 문헌의 존재가 구미인에게는 큰 장애가 되었다. 이러한 중국 연구라는 특수한 상황 속에서 유럽인에 의한 중국 연구의 공백을 메우는 역할을 수행한 것이 일본인에 의한 중국 연구였다. 동일한 현상은 한국 연구에서도 볼 수 있다. 동아시아 연구가 가지는 특수성은 바로 여기에서 비롯된다.

또 한 가지 월러스틴에 기대어 말하면, 20세기 들어 새로운 학문 분야가 미국에서 태어났다. 지역연구가 바로 그것이다. 19세기 이래 동양학의 연구 방법은 주로 동양 지역의 고전 연구로서, 현상 연구는 이른

162

바 식민학이라는 정책학에서 다루어졌는데, 지역연구의 주된 관심은 현재의 비구미 지역에 놓였다. 지역연구를 '과학적'으로 진행하기 위한 방법으로서 제창된 것이 월트 로스토Walt W. Rostow의 근대화론이었다. 왜냐하면 매우 다양한 비구미 지역을 다루기 위해서는 문화적 개성을 사상捨象하고 계수화할 수 있는 지표에 근거하여 연구하는 것이 '과학적'으로 여겨졌고, 로스토의 근대화론은 그러한 방법을 체계화한 것이었기 때문이다. 이에 따라 구미인에 의한 한국·일본 연구는 지역연구를 통해 본격적으로 시작되었다고 볼 수 있다.

그러나 원래 유럽을 대상으로 하여 성립했던 사회과학적 방법을 동양의 사회에 적용한 결과 여러 문제가 나타났다. 특히 방법적 개인주의에 입각한 경제학의 적용에서 그러한 문제점이 단적으로 나타나 현재 큰 문제가 되고 있는 점은 주지의 사실이다. 오늘날 기로에 서 있는 일본의 대학 문제 역시 그 기저에는 '19세기에 성립된 학문 분야를 어떻게 재편해 나갈 것인가'라는 문제가 가로놓여 있다. 동아시아 연구는 이러한 문제들을 돌파하기 위한 큰 가능성을 내포한 분야이다.

그러나 현실의 동아시아 연구는 그 책무에 대한 자각이 결정적으로 결여되어 있다. 이 책의 최대 목표는 이러한 현상을 타파하기 위한 기폭제가 되는 것이다.

한국 연구
– 내재적 발전론의 함정

　한국 연구 상황은 앞서 논한 동아시아 연구의 특수한 위치를 가장 단적으로 보여 준다. 즉 유럽의 동양학에서는 거의 연구의 대상이 되지 않았고, 좋건 싫건 중국 연구 이상으로 일본인 연구자의 역할이 컸다. 구미인에 의한 한국 연구는 전후 미국의 지역연구와 함께 시작되었다고 말해도 좋을 것이다. 그 때문에 지역연구로서의 한국 연구는 역사적 통찰을 결여한 천박한 수준에 머물렀고, 본격적인 역사 연구는 최근 들어서야 겨우 시작되었다.

　최근 미국의 한국 연구는 눈부신 발전을 보였다. 예전의 연구는 한국전쟁의 영향으로 전략적·군사적인 것이 압도적으로 많았는데, 1980년대 무렵부터 한국경제의 급성장과 더불어 연구의 폭이 질적 양적으로 모두 현저하게 발전했다. 특히 일본의 식민지 지배기에 관한 연구에서는 주목할 만한 성과가 잇따라 나오고 있다. 또한 전근대에 관한 연구에서도 중국과의 비교를 끊임없이 의식하는 등 시야의 확대를 드러내고 있다. 그러나 동시에 전근대사 연구와 근현대사 연구 혹은 근대사 연구와 현대사 연구의 연결고리가 약하다는 약점도 가지고 있다. 이러한 약점을 낳은 원인으로는 전근대사 연구의 경우 문화구조론·문화특질론적인 경향이 강한 데 비해, 근현대사 연구는 사회과학적인 방법에 기반한 연구가 주류를 점하고 있다는 점을 들 수 있다.

한편 일본의 한국 연구는 당초부터 외국사 연구라는 의식이 매우 희박했다. 1890년대까지의 초기 연구에서는 아시아주의적인 입장에서 일본사와 한국사의 불가분의 관계가 강조되었고, '일선동조론'적인 언설이 지배적이었다. 러일전쟁 전후에 일본 '봉건제'론이 등장함에 따라 일본의 비교 대상으로서 제일 먼저 의식된 것도 한국이었다. 즉 일본과 한국의 상이점을 봉건제의 유무로 설명하고, 그것이 양국의 근대화 능력의 차이를 낳았다고 인식했던 것이다. '일선동조론'과 봉건제 결여론은 끝까지 파고들면 모순되는 측면을 발견할 수 있으나 둘 다 일본의 한반도 지배를 합리화하는 역할을 수행했다.

전후 한국이 독립하고 한국인 스스로 연구를 본격적으로 시작하게 되었을 때, 당연한 일이겠지만 식민지 시기 일본인의 연구를 비판하는 것을 가장 큰 목표로 삼았다. 이러한 연구는 일본의 한국사 연구에도 강한 영향을 주었는데, 새로운 연구 동향을 상징하는 슬로건은 바로 '내재적 발전론'이었다. 내재적 발전론은 한국사의 시대 구분론, 자본주의 맹아론 등의 분야에서 특히 놀랄 만한 성과를 올려 전전戰前 일본인 연구자에 의한 한국사상像을 일신시켰다. 그러다가 1980년대 무렵부터 내재적 발전론에 대한 비판이 제기되기 시작하여 오늘날에 이르고 있다.

내재적 발전론의 문제점으로는 첫째로 한국사의 발전을 파악하는 모델을 유럽이나 일본의 역사 발전에서 찾았던 점, 둘째로 내재적 요인을 너무나 중시한 나머지 한국사의 전개를 동아시아 세계와의 유기적인 관련 속에서 파악하려는 시도를 하지 않게 된 점을 들 수 있다.

첫 번째 문제점에 관해 말하면, 전후 일본의 역사학계를 풍미했던 '세계사의 기본법칙'의 영향으로 한국의 역사도 고대 노예제, 중세 봉건제, 근대 자본제의 각 단계를 거쳤다고 이해하고자 했다. 일본 '봉건제'론이 일본사 연구의 탈아론이라고 말할 만한 것이었듯이, 한국에도 '봉건제'의 시대가 존재했다고 주장하는 것을 통해 일본이나 유럽과의 동질성을 발견하려는 노력을 기울였다. 또한 중국사 분야에서도 동일한 현상을 발견할 수 있다. 하지만 '세계사의 기본법칙'적인 파악 방법이 비판받자 내재적 발전론은 막다른 벽에 부딪치고 말았다. 한국사의 독자적 전개 과정을 어떻게 파악해야 할 것인가 하는 문제에 다시금 직면한 것이다.

두 번째 문제점은, 중국이나 일본과의 관련을 중시하는 것 자체를 전전의 타율성론이나 정체론과 동일시하는 풍조가 강했다는 것이다. 그 때문에 한국사의 전개를 도리어 왜소화시키고 나아가 연구의 쇄국화를 초래하고 말았다.

동아시아를 총체로서 파악하는 연구가 부진했던 가장 근본적인 요인은 '중일이질론' 때문으로, 한국 연구는 이러한 이질론을 비판할 때에 전략적 위치를 점할 가능성을 가지고 있다. 즉 첫째로 중국과 일본 양자의 비교에서는 이질성이 두드러져 보이는 경우에도 이 둘의 중간에 한국을 놓고 보면 양자가 그 정도로 떨어져 있지는 않다고 생각할 수 있는 현상들을 많이 볼 수 있다. 신분제라든가 마을의 양태 등이 그 전형적인 예로서, 이것은 한국이 중국과 일본의 중간적 성격을 갖는 경우가 많다는 점과 관련된다. 중일 간의 양자 비교에서는 보이지 않던 것이 한국을 포함한 3자 비교를 통해 보이게 되는 경우를 염두에 둘 때, 동아시아 연구에서 한국 연구가 갖는 중요한 의미 중의 하나를 짐작해 볼 수 있다.

둘째로 일본이 중국 문명의 다양한 요소를 받아들이는 데 있어, 많은 경우 한반도를 경유하여 받아들였다는 점이다. 동아시아를 전체로서 파악하려고 할 때 중국의 영향이라는 문제는 결정적인 의미를 가진다. 그러나 일본은 중국 문명으로부터 많은 것을 얻었으면서도, 그것을 독자적인 형태로 자기의 것으로 만들어 나갔다는 측면을 지금까지 강조해 왔다. 이것이 중일이질론의 한 근거가 되기도 했다. 그런데 일본의 독자성을 말할 경우, 단순히 중국과 비교해서의 독자성이 아니라, 중국의 영향을 마찬가지로 많이 받았던 한국이나 베트남과 비교한 다음에 말할 수 있는 독자성이라는 것은 어느 정도의 것이 될 것인가. 이 점에 관해서는 여전히 충분한 연구가 이루어지고 있다고는 말할 수 없을 것이다. 이와 관련해서도 한국 연구가 갖는 중요한 의미를 생각할 수 있다.

셋째로 첫 번째 문제와는 일견 모순되는 것처럼 보이는 현상이기는 하나 한국에서는 중국 이상으로 중국적인 것이 현실화하는 경우가 있다는 점이다. 유교의 사회적 침투 등이 그 대표적인 예일 것이다. 한국 고대사 연구의 개척자의 한 사람으로 반일운동가이기도 했던 신채호는 이러한 현상에 관해 다음과 같이 말했다.

이러한 현상은 자기류自己流의 문명 수용과 일견 정반대처럼 보이나, 본가本家 이상으로 본가스럽게 하는 것도 문명 수용의 훌륭한 한 형태이다. 근대 이후 일본의 서양 문명 수용에서도 유사한 면을 강하게 볼 수 있다. 문제는 예컨대 조선에 중국 이상으로 유교가 사회적으로 침투했다고 할 경우, 중국 사회의 특질을 유교와 관련지어 설명하려는 언설이 과연 어디까지 설득력을 가질 수 있을 것인가 하는 점이다.[20]

---

20) 신채호, 「浪客의 新年漫筆」, 『丹齋申采浩全集』 하, 螢雪出版社, 1982, 26쪽.

168

일본 연구
─이데올로기로서의 일본 봉건제론

동아시아를 총체로서 다루는 연구가 지금까지 거의 이루어지지 않았던 최대의 원인은 봉건제론으로 상징되는 일본사 이해를 바탕으로 한 일본과 중국·한국의 이질론 때문이다. 그러나 일본 봉건제론은 러일전쟁기에 나온 하나의 이데올로기로서 근본적인 재검토가 필요하다.

봉건제라는 말은 중국의 고전에서 볼 수 있는 개념으로 군현제와 대비되어 오래전부터 동아시아에서 사용되었다. 그런데 근대 이후 유럽에서 새로운 학문이 유입되는 가운데 중세 유럽의 정치·사회체제를 나타내는 개념으로서의 퓨덜리즘feudalism이라는 말의 번역어로서 봉건제(이하 feudalism의 번역어로서의 봉건제에 대해서는 '봉건제'로 기재함)가 쓰이면서, 이로부터 여러 혼란이 시작되었다.

'봉건제'라는 개념이 사용되기 시작한 것은 20세기에 들어오고 난 후의 일본에서인데, 그 이전에는 일본에서도 종래의 봉건제 개념이 사용되고 있었다. 필자가 아는 바로는 퓨덜리즘의 번역어로서 '봉건제'를 처음으로 사용한 사람은 법제사학자 나카다 가오루中田薫이다. 나카다는 일본 중세의 법이 로마법과는 현저하게 다른 데 반해, 중세 게르만법과는 유사한 점이 많다는 점에 착목하여 일본과 유럽 중세의 유사점='봉건제'를 발견하였다. 또한 나카다에 앞서 경제사가 후쿠다 도쿠조福田德三가 1900년에 발표한 독일어 학위논문에서도 일본 중세를 '봉건제' 개념으로 파악하였는데, 그의 학위논문이 일본어로 발표된 것은 1906년이 되고 나서였다. 이와 같이 우선은 법제사나 경제사 방면에서 일본 '봉건제'론이 주창되었고, 그것이 역사학에서도 받아들여지게 된다. 그러면 어째서 이 시기에 일본 '봉건제'론이 등장한 것인가.

메이지유신 이후 1890년대까지의 일본사 연구는 이른바 민간 사학과 아카데미즘 사학의 두 가지 조류로 나뉘어 이루어져 왔다. 그리고 양자 모두 유럽 역사 연구의 영향 아래 문명주의를 표방하면서 종전의 사론史論을 대신하는 새로운 일본 사상을 만들어 내기 위해 노력했다. 곧 일본사의 전개 과정을 문명의 발달사라는 관점에서 파악하려는 것으로, 일본 문명의 발달은 중국과 한반도로부터의 영향을 제외하고는 있을 수 없었기 때문에 양쪽 모두 아시아주의적인 색채를 강하게 띠고 있었다. 일본의 역사를 중국·한국과의 불가분의 관계로 파악하려고 했던 것이다.

그러나 러일전쟁을 전후한 시기부터 일본사를 아시아로부터 분리하려는 시도가 이루어지기 시작한다. 고지타 야스나오小路田泰直에 의하면 이것은 미국의 새로운 아시아 정책인 문호 개방 정책에 호응한 움직임이었다. 미국의 새로운 정책은 국가의 틀을 존중하고, 특히 중국의 주권을 존중하면서 문호 개방·기회 균등을 주장하는 것이었는데, 러시아에 대항하기 위해 미국의 지지가 필요했던 일본은 여기에 따르지 않을 수 없었다. 그 때문에 종래와 같은 아시아주의에 기반한 언설은 미국의 의혹을 초래할 수 있으므로 피할 필요가 있었고, 일본사의 아시아주의적인 파악 방법도 유지하기 어렵게 되었다. 일본사의 아시아로부터의 분리는 이러한 상황 아래에서 시작되었던 것이다.

그러면 일본의 역사적 전개를 일본 독자의 것으로서 파악하기 위해서는 무엇이 필요했는가. 우선 첫째로는 고대 시대의 중국과 한반도로부터의 영향을 가급적 축소시키는 것이고, 다른 하나는 일본사의 특수성으로서 '봉건제'론을 언급하는 것을 통해 탈아를 꾀하는 것이었다. 고대사의 재검토는 1920년대부터 쓰다 소키치津田左右吉에 의해 본격적으로 시작되는데, '봉건제'론은 이보다 앞선 러일전쟁 시기부터 등장했다. 따라서 일본 '봉건제'론은 그 출발부터 이데올로기적 성격을 매우 강하게 가졌던 것으로, 연구의 진전에 따라 도출되었다고 말할 수 있는 대용품이 결코 아니다.

그 후 일본 '봉건제'론은 마르크스주의 사학의 발전단계론, 특히 1950년대에 주창되었던 '세계사의 기본 법칙'에 의해 보강되어 오늘날에는 마르크스주의, 비마르크스주의를 따지지 않고 거의 대부분의 일본사 연구의 자명한 전제가 되었다. 현재 마르크스주의적 발전단계론은 예전과 같은 형태로 지지하는 연구자가 거의 보이지 않게 되었으나, 일본 '봉건제'론만은 손상되지 않고 굳건히 남아 있는 것이다.

주지하듯이 일본사 연구에는 중세 이후를 봉건제로 볼 것인지 아니면 근세 이후를 봉건제로 볼 것인지에 관해 근본적인 의견 대립이 있으며, 현재에도 그 대립은 해소되지 않았다. 이러한 점 하나만 보아도 유럽의 '봉건제' 개념을 일본에 적용하는 것이 얼마나 곤란한 문제인지를 알 수 있다. 또한 마르크스주의적인 발전단계론의 생명력이 다하였음에도 마르크스주의·비마르크스주의 모두 '봉건제'론에서만은 기묘한 공범 관계에 있는 것은 어째서일까.

'봉건제'론의 근본적인 문제점은 봉건제와 근대화, 자본주의화와의 관계가 논리적이지 않다는 점이다. 그 때문에 시대에 따라 혹은 논자에 따라 봉건제와 근대화, 자본주의화와의 연관성을 어디에서 찾을 것인지 서로 달랐다. 예를 들면 마르크스에게 자본주의화는 소경영 생산양식의 자기발전으로 파악되고 있는데, 봉건제 말기에 소경영 생산양식이 가장 고도로 발전한다는 면에서 봉건제와 자본주의화와의 관련이 논리적으로 상정되고 있었다. 그러나 봉건제에서 소경영 생산양식이 가장 발전한다는 것은 실증을 거친 것이 아니라 유럽의 역사적 사실에 마르크스가 '연연한 것'에 지나지 않는다.

일본 '봉건제'론에서는 러일전쟁기부터 전전에는 군사적 강국화와 봉건제와의 관련이 강조되었다면, 전후가 되면 오히려 계약의 정신이라든가 사회의 단체성 등과 같이 별도의 방면에서 봉건제와 자본주의화와의 관련이 강조되었다. 이러한 현상이 발생한 것은 봉건제와 자본주의화와의 관련이 현실적으로 존재하고 있었기 때문이다. 즉 봉건제를 경과한 사회만이 자본주의화를 실현했다는 사실에 마르크스와 마찬가지로 '연연한 것'이다. 구미 이외의 지역에서 일본만이 자본주의화했던 상황이 '봉건제'론을 성립시켰던 것이라고 말할 수 있을 것이다.

그러나 1960년대 이후 한국이나 대만에서 자본주의적 발전이 본격화되면서 일본예외론은 파산할 수밖에 없게 되었다. 또한 일본 자체도 생산력의 측면에서는 어떤 의미에서 구미를 능가하게 되었으나, 그럼에도 일본 사회와 구미 사회의 이질성은 여전히 메어질 기미가 없다. 일본 '봉건제'론을 근본적으로 비판해야 할 시점에 이르렀다고 말할 수 있을 것이다.

일본을 아시아 속에서 특수화하려는 사고는 '봉건제'론만이 아니다. 전후에 등장한 우메사오 다다오梅棹忠夫의 '문명의 생태사관'이나 그 아류라고 할 수 있는 가와카츠 헤이타川勝平太의 '해양사관' 등은 일본 '봉건제'론보다 더욱 조잡한 논의로서, 이는 즉흥적인 발상이라고밖에 생각할 수 없다. 그중에서 무라카미 야스스케村上泰亮·사토 세이자부로佐藤誠三郎·구몬 슌페이公文俊平의 '이에사회'론은 다계적多系的 발전론의 입장에서 일본과 유럽의 차이에도 착목한 노작인데, 일본의 '이에'의 특수성을 강조하면서 동일하게 중국문명의 주변으로서 출발한 한국과의 비교가 결여되어 있기 때문에, 일본의 역사·사회를 고립시키고 마는 결과로 이어졌다고 보았다. 또한 이 연구에서는 산업화 문제를 서구와 일본에 한정하여 고찰하고 있는데, 한국이나 대만의 산업화도 시야에 넣는다면 논의의 틀 자체를 다시 검토할 필요가 있다.

중국 연구
– 전제국가론

　동아시아의 역사나 사회의 특징을 세계사적으로 고찰할 경우 중국이라는 존재가 큰 의미를 지녀왔음은 말할 필요도 없다. 중국의 특이성은 이른바 4대 문명의 하나로서 출발하여 동일 지역에서 동일인에 의해 오늘날까지 역사가 계속되어 왔다는 점에 있다. 이러한 특이성이 동시에 동아시아의 특이성을 낳은 커다란 원인의 하나라는 점은 부정할 수 없는 사실이다. 그러나 그 특이성이 너무나도 강조된 나머지 동아시아 이해에 여러 폐해가 생긴 점도 무시할 수 없다.

　중국 문명의 지속성이라는 특성과 관련하여 지적할 수 있는 것은 지금까지 동아시아 사회의 공통성으로서 한자, 유교, 불교, 율령 등 7~8세기까지 한반도와 일본에 수용되었던 문화가 의식되었다는 점이다. 바꿔 말하면 중국 당대唐代 무렵을 동아시아 지역의 공통성이 가장 강했던 시기로서 파악하려는 것이다. 당의 쇠퇴를 계기로 동아시아의 일체성은 점차 약해지고 각 지역의 독자성이 강해져 간다는 것이 통설적인 이해였다. 특히 일본사 연구에서는 이러한 탈아적 경향이 이른바 국풍國風 문화론으로서 지금도 여전히 지배적이다.

당 송 변혁기 이후 동아시아의 일체성이 약해진다는 인식의 전제에는 이 변혁기를 전후해도 중국 문명의 양태가 기본적으로 변화하지 않는다는 생각이 있다. 즉 지속되는 중국과 그 영향에서 벗어난 한국·일본이라는 파악 방식이다. 그러나 중국 문명의 양태는 당·송 변혁기를 전후하여 근본적으로 변화하며, 그 새로운 문명은 한반도와 일본열도에 그 이전보다 훨씬 더 결정적인 영향을 주었다. 당대까지의 중국 문명의 수용이 주로 국가체제에 관계된 이른바 상부구조적인 측면의 수용이었던 것에 비해, 송대 이후의 수용은 사회 전반에 걸친 광범위한 것이었다.

중국 문명의 지속성을 상징하는 것으로서 가장 일반적으로 지적되었던 것은 전제적 국가체제의 문제이다. 그러나 전제적 국가체제도 과거제도의 확립과 주자학의 성립, 그리고 명대 이후 이 둘의 결합이 체제화되는 것을 통해 근본적으로 변화한 것으로 보인다. 사대부층의 성립이야말로 이 새로운 체제를 상징하는 것으로서, 사대부층이 과거를 통해 관료가 되는 것이 제도화되면서 전제적 국가체제는 비로소 현저한 안정성을 획득할 수 있었다. 명·청 시대와 조선 왕조 500년간, 그리고 도쿠가와 260년간의 안정성이 이것을 무엇보다도 웅변하고 있다. 이 '전통' 시대의 공통성이야말로 오늘날의 동아시아 연구가 관심을 기울여야 하는 가장 중요한 과제이다.

2장

정치 이노베이션

중국의 정치 이노베이션:
집권적 국가체제와
주자학 이데올로기

동아시아에서 농업의 획기적인 변화는 국가의 양태에도 결정적인 영향을 주었다. 그것은 무엇보다도 지배층의 존재 형태의 변화를 초래했고, 그에 수반하여 국가의 통치체제에도 큰 변화를 가져왔다. 국가 통치체제의 변화는 중국에서는 수·당대에 시작되어 송대에 본격화하고 명대에 확립한다는 장기간의 경과를 더듬었다고 생각되는데, 이와 같이 긴 시간이 필요했던 이유는 중국 사회의 선진성 때문으로 본받을 만한 모델이 존재하지 않았기 때문이다. 통치체제의 변화는 농업의 변화와 그에 따른 민중의 역량 고조를 기본적인 배경으로 하면서도 일단 그것과는 독립된 과정이었다.

이 책에서는 이러한 정치 부문에서의 변화를 정치 이노베이션이라는 개념으로 파악하려고 한다. 정치 이노베이션이라는 개념은 모리시마 미치오森嶋通夫에 따른 것으로, 이 개념을 사용하는 이유는 다음과 같은 두 가지 점 때문이다. 첫째, 종래의 중국사 연구에서는 진·한제국 이래 중국의 통치체제는 기본적으로 변화하지 않았다고 이해하는 경향이 강했는데, 그것을 비판하고 송대 변화의 의미를 부각시키기 위해서는 이 개념이 유효하다고 여겨지기 때문이다. 둘째, 정치 면에서의 변화는 경제 면에서의 변화나 사회 면에서의 변화와 깊이 관계되는데, 그것과는 독립된 과정이면서, 게다가 그 통치체제는 세계사적으로 보아도 매우 독특한 것이었으므로 독자성을 강조하기 위해 이노베이션이라는 개념이 적합하다고 생각되기 때문이다.

정치 이노베이션을 파악하는 틀

진관타오의 초안정시스템론

송대를 획기적으로 하는 중국 왕조의 정치 이노베이션을 파악하는 틀로서 우선 대만의 연구자 진관타오金觀濤의 초안정시스템론에 관해서 살펴보자.

진관타오의 초안정시스템론은 사회 전체를 하나의 시스템으로 보고 하위시스템으로 정치구조, 경제구조, 이데올로기구조라는 세 가지 구조를 설정하여 중국 전통사회의 장기 지속의 메커니즘을 밝히려고 한 것이다. 물론 그의 논의에는 몇 가지 의문점도 존재하지만, 동아시아 전통사회의 특징을 파악하는 데 있어 경청할 만한 점이 많다. 그중에서 가장 주목하고 싶은 것은 소농사회를 전제로 하면서 왜 중국에서는 집권적 국가체제가 성립했는가라는 문제와 관계된 부분이다.

진관타오는 일반적으로 소농이 주민의 대다수를 점하는 사회는 분권적 성격을 가지는 경우가 많다고 말한다. 마르크스의 논의는 그 전형이라고 말할 수 있는데, 진관타오는 소농이 다수를 점하고 있던 중국 전통사회에서 왜 다른 사회와 달리 집권적 체제(진관타오는 이것을 일체화구조라고 부름)가 성립했는가를 논하고 있다. 여기서 진관타오가 가장 중시하는 것은 정보의 문제이다. 즉 진관타오는 정보 전달이 전국적으로 신속하게, 나아가 균질적으로 이루어지는지 아닌지가 일체화구조를 가능하게 하는 열쇠라고 하면서, 이것이 가능하기 위한 조건으로 다음과 같은 네 가지 점을 들고 있다.

① 사회에 연락 기능을 담당할 수 있는 강력한 계층이 존재할 것.
② 이 계층이 통일된 가치관을 가지고, 또한 적극적으로 통일된 국가이념을 가지고 있을 것.
③ 관료를 통해 관리되는 군현제가 사회에 실행될 것.
④ 통일된 가치관을 가진 계층을 이용하여 관료기구가 조직될 것.[21]

이상과 같은 조건은 다시 말할 필요도 없이 유교이념을 가진 사士＝유생儒生이라는 존재를 통해 가능하게 된다는 것이 논의의 핵심 내용이다.

지배계급 중에 주도적 지위를 차지했던 것은 황실, 귀족, 그리고 지주였

---

21) 金観濤·劉青峰 著, 若林正丈 譯, 『中國社會の超安定システム-「大一統」のメカニズム-』, 研文出版, 1987, 32쪽.

다. 만일 그들 중에서 특수한 계층이 분화하지 않았다면 사정은 어떻게 되었을 것인가. 농민·농노·상인·지주·귀족·황실, 이러한 요소만으로 구성된 사회는 일반적으로 봉건소국이다. 확실히 진·한제국이 성립하기 이전의 중국 봉건사회는 이러한 형태였다. 그러나 춘추전국 시대에 중국의 봉건적 경제구조에는 변화가 생겨 토지의 매매가 가능하게 되었고, 정치구조로서는 군현제에 의한 행정관료제도가 등장하였으며, 더불어 귀족·지주계급 중에서 '사士'라는 특수한 계층이 분리되었다. 주지하듯이 '사'는 진·한 이후 역대 봉건왕조의 관료기구를 구성하는 가장 주요한 원천이었다. 중국 봉건대국의 성립은 다른 나라에는 존재하지 않았던 '사'라는 특수한 사회계층의 존재와 밀접하게 관련되어 있다. 특히 그들이 토지의 소유를 통해서가 아니라, 이른바 학문을 통해 봉건적 관료기구의 거대한 네트워크 속으로 조직되었다는 점은 강조할 필요가 있다. 이러한 점 때문에 유생은 토지의 속박에서 상대적으로 해방되어 소농경제의 분산성을 넘어 유동성을 확보하였고 전국적 범위의 광범한 왕래를 실행할 수 있었던 것이다.[22]

이상과 같은 진관타오의 논의는 봉건제라는 개념의 문제 및 진·한제국이 이래 일체화구조가 성립한다고 보는 두 가지 점에서는 의문의 여지가 있다. 하지만 '사'를 중국 사회와 다른 사회를 구별하는 결정적 요인으로 보는 점, '사'의 존재를 통해 관료제적·통일적 지배가 가능하게 되었다는 점, '사'의 이러한 특징은 그들이 토지에서 상대적으로 해

---

22) 金観濤·劉青峰 著, 若林正丈 譯, 앞의 책, 25~26쪽.

방되어 있었기 때문이라는 등의 주장은 매우 설득력이 있다.

단, 진관타오는 중국의 전통사회도 봉건제 개념으로 파악하는데, 이 점은 필자와는 입장을 달리한다. 중국 사회를 봉건사회로 파악하지 않고, 오히려 이보다 훨씬 고도의 체제를 가진 사회였다는 점에 관해서는 다음 장에서 검토할 것이므로 여기서는 더 이상 언급하지 않겠다. 더욱이 진관타오는 진·한제국이 이후를 일체화구조의 시대로 보고 있으나, '사'의 위와 같은 특징은 과거제도의 확립이라는 문제를 빼고서는 생각할 수 없으며, 또한 '사'가 토지로부터 해방될 수 있게 되는 것도 송대 이후 집약적 도작이 확립하는 가운데 가능했던 것이라고 생각하지 않으면 안 된다.

힉스의 집권적 국가론

송대를 중심으로 한 중국의 정치 이노베이션 문제를 생각할 때 존 힉스John Hicks가 『경제사 이론』에서 전개한 봉건제와 관료제의 비교는 크게 참고가 된다. 신고전파 경제학파의 대표적 연구자의 한 사람인 힉스가 시장경제 만능주의에 대한 반성으로서 집필한 것이 『경제사 이론』인데, 이 책에서 그는 '시장경제의 발흥'에 선행하는 경제 형태로서 관습경제와 지령경제라는 두 가지 종류를 상정할 수 있다고 말하면서 논의를 전개했다. 지령경제는 어떠한 비상사태에 직면하는 가운데 형성되므로 이른바 군대적인 성격을 갖게 되는데, 많은 고대 제국은 군대를 민정부民政府로 전환하는 과제에 직면하여 소멸해 버리거나, 그렇지 않으면 '봉건제'로 이행하게 된다.

'봉건제'라는 말이 적용되어 온 사회조직 제체계의 집합체는—많은 사람들이 잘못된 적용이라고 지적하는 경우까지 포함하여—분명 공통된 점을 한 가지는 가지고 있다. 군대를 민정부로 전환시켜 가는 과정에서 이러한 사회조직은 그다지 성공을 거두지 못했다. 장군들은 영지의 지배자로 임명되고, 사령관은 한 지구의 관리로 등용되었다. 그들은 자신의 이전 지위에 대한 기억을 가지고 있으므로, 여전히 중앙에 대해 어느 정도 충성의 감정을 가졌다. 그러나 그들에게 다양한 지령을 강행하는 중앙권력은 매우 제한되어 있기 때문에, 그들에 대한 권위는 몇몇 전통적인 권리들에서 드러나는 정도에만 머무르고 있다. (중략) 그 체계는 관습으로 회귀한 것이다. 곧 지령이라는 요소가 남아 있다고는 해도, 관습이 그 자신의 히에라르키Hierarchie 속에서 표현하고 있는 사실에 비하면 정말로 보잘것없는 정도이다.

이것이 조직의 관점에서 본 봉건제이다. 그러나 봉건제에는 매우 특징적인 경제적 측면 또한 존재한다. 이미 군사적 전제주의 단계에서는 군대를 부양하는 문제가 있었다. 만약 그 군대가 지금 진격 중이라면, 약탈을 통해 부양 문제를 해결할 수 있을 것이다. 공급 문제에 대한 이와 같은 간단한 해결 방법은 어느 시대라도 침략자를 충동하는 것이었다. 하지만 설령 순조롭게 진행되었다고 해도 머지않아 그 정복지를 지켜야 하는 때가 도래할 것이다. 즉 약탈을 통한 공급은 결코 궁극적인 해결이 되지 않는다. 군대나 적어도 군사력 같은 것이 항상적으로 유지되어야 할 때가 올 것이다. 또한 그때는 전제자가 스스로를 위해 항상적인 소득을 확보할 필요가 발생하는 때인 것이다. 그가 이것을 실현할 수 있는 길은 두 가지가 있다. 하나는 포로를 노예로 삼아 일하게 하는 것이고, 또 하나는 피지배자에게 공조貢租를 부과하는 것이다(이것은 오늘날의 조세의 선행적인 형태이다). (중략)

왕은 자신에게 납입되는 재원을 가지고 자기의 종신從臣, 우선은 군대를, 그다음으로 다른 여러 종신을 부양하지 않으면 안 된다. 이제 여기에 수송의 문제가 생기게 된다. 이 점은 교통이 곤란한 시대에는 몹시 중요한 문제이다. 공조는 현물 혹은 직접노동인 부역, 또는 (매우 일반적으로) 농산물로 거둬진다. 이것으로만 봐도 봉건제로 이행하는 것은 대단히 용이하다. 왜냐하면 그 왕국을 구성하고 있는 영국領國이나 준영국準領國, 소영국小領國을 통치하는 데 있어, 군대가 분산되어 있을 때에는 징수된 수입으로 부양되는 사람들은 중앙정부보다도 수입원에 더 가까운 장소에 있는 경우가 많기 때문이다. (중략) 그 땅에 있는 왕의 대리인이 생산물의 할당을 손에 넣기 위해 생산물을 일단 중앙에 보냈다가 다시 되돌려받는 것은 어리석고 쓸데없는 일이다. 지방 영주가 자신의 할당량을 도중에 손에 넣을 수 있도록 인정하는 편이 훨씬 편리하다. 그렇게 하면 그들이 자기의 몫을 취한 후에 남은 것만을 중앙에 보내면 되는 것이다. 그러나 이와 같은 방식에서는 공조를 모으는 것은 지방영주가 되고 만다. 그 결과 지방 영주가 중앙에 납부하는 것은 전부 그들이 선택한 것이며, 또한 적당하다고 생각되는 만큼만 중앙정부로 보내게 된다. 이것은 경제적 측면에서 본 봉건제이다. 순수한 봉건제하에서는 이러한 경제적 원인만으로도 중앙정부가 결국 장기적으로는 쇠퇴할 위험에 처해 있다는 점을 이해하는 것은 매우 쉽다.

이와 같이 자기의 권력(경제력과 그로 인한 정치력)이 침식되고 마는 것에 대해, 강력하고 단호한 지배자는 당연한 일이겠지만 거기에 대항할 것이다. 그러나 무엇이 그것을 대신할 수 있는가. 대신할 만한 것이 단 한 가지 존재한다. 즉 그는 문관에 의한 행정, 곧 관료제나 문관을 만들어야만 한다. 이 관료제를 통한 해결은 봉건적인 해결에 비해 훨씬 곤란할 뿐만 아니라 손이 많이 가는 복잡한 일이다. 그것이 충분히 그 잠재능력을 발휘하는 것은 시장제도가 관료제를 강화할 때인데, 그 발전에 관해서는 다음 장에서 살펴볼 예정이다. 그러나 관료제는 원리적으로는 시장제도로부터 독립한 것이므로 이 장에서 다루어야 하는 문제이기도 하다. 사실 역사적 기록으로 보면 관료제가 발달하기 시작한 것은 훨씬 이전의 일이었던 것은 분명하다. (중략)

관료제가 성공하기 위한 첫 번째 조건은 다른 종신을 감시하거나 견제하는 종신이 투입되지 않으면 안 된다는 점이다. 그리고 원시적이고 불규칙적인 형태의 경우 감시는 그저 스파이 활동을 하는 것인데, 그것은 규칙적인 것이 될 가능성이 있다는 점에서 근대적인 여러 관료제에서의 감사제도와 같은 것으로 발전해 나갈 가능성이 있다. (특히) 공조의 징수는 군인의 손을 떠나게 되는데, 군인과 문관과의 기능 분화는 이러한 감시의 한 예이자 매우 중요한 예이다. 승진제도는—이는 바로 윤번제輪番制를 의미하는데— 두 번째 조건으로, 이것은 특정한 개인이 동일 직종에 장기간 종사함에 따라 거의 필연적으로 갖게 되는 독립성을 방지하기 위해서이다. 신인등용제도는 세 번째 조건이다. 이를 통해 관료제는 적당한 자질을 가진 사람들 중에서 신중하게 선발된 신인의 등용으로 활기를 띠게 되고 세습적인 카스트에 빠지지 않게 되는 것이다. (중략)

잘된 관료제로서 주목할 만한 또 다른 예는 중국 여러 왕조의 전통적인 관료제이다. 이는 적어도 한漢 왕조 시대까지 거슬러 올라가고, 심지어 대략 100년 전까지도 계속되었으며, 그리고 이것을 계승한 많은 제도에 깊은 흔적을 뚜렷이 남겼다. 관료제의 여러 원리는 중국인들에 의해 충분히 이해되고 있었다. 그것은 일찍이 이집트인들에 의해 밝혀졌다고 여겨지는 것보다 중국인들에 의해 훨씬 더 명확해졌다. 모든 것 중에서 가장 주목할 만한 것은 경쟁시험을 통해 관리 계급에 등용하는 중국의 제도이다. 그렇게 잘된 관료제는 어떤 '균형'을 확실히 달성했고, 더욱이 그것은 매우 안정적인 균형이었던 것이다.[23]

봉건제라는 개념은 지금까지의 역사 연구에서 매우 중요한 개념으로서, 그러나 그만큼 다양한 의미를 내포하면서 사용되어 왔다. 동아시아 지역에만 한정하더라도 일본사에만 이를 적용하는 견해가 강하게 존재하는 한편으로, 중국사나 한국사 분야에서도 봉건제의 존재를 주장하는 유력한 견해가 존재한다. 애당초 원래 중국 고전에서 보이는 봉건이라는 말을 근대가 되어 유럽의 퓨덜리즘의 번역어로 사용하게 되면서 여러 혼란이 생겼다고 생각되는데, 이러한 현상을 볼 때 힉스가 지적하고 있는 문제는 매우 중요하다.

그의 견해에서 가장 주목되는 것은 중국의 관료제에 기반한 국가체제가 유럽의 봉건제보다도 훨씬 고도의 체제이므로, 이를 실현하기가 어려운 체제임과 동시에 보다 세련된 체제였다는 점이다. 따라서 중국사에 봉건제 개념을 적용한다는 것은 유럽 봉건제라는 후진적인 사회

---

23) J . R . ヒックス著, 新保博·渡辺文夫 譯, 『經濟史の理論』, 日本經濟新聞社, 1970, 29~35쪽.

를 기준으로 더 선진적이었던 중국 사회를 분석하는 극히 역설적인 방법이었다고 말하지 않을 수 없다.

힉스는 중국의 관료제를 2000년 이상 계속된 진·한제국 이래의 것으로 이해하면서, 다른 한편으로 과거科擧의 의의에 관해서도 중요하게 언급하고 있어 논의가 조금 혼란스러운 감이 있다. 힉스가 분명히 지적하였듯이 진·한 이래의 중국은 관료제적 국가체제의 구축을 목표로 했으나 현실적으로 꼭 성공적이었던 것은 아니다. 즉 왕조의 창건 초기에는 관료제적인 체제가 수립되지만 시간이 지나면서 분권적인 요소가 강해지는, 다른 지역의 제국과 별반 다르지 않은 사이클을 그리는 것이 일반적이었다. 따라서 중국의 역사도 그리 특이하다고 볼 필요는 없으며, 그 특이성이 명확하게 나타나는 것은 역시 과거제도의 실시와 그에 따른 '사士'의 등장이라는 획기적 변화가 생기는 송대 이후라고 보는 것이 타당하지 않을까. 이러한 의미에서 송대 이후의 정치 이노베이션을 주목하는 것이다.

과거제도의 확립과 집권적 국가체제

과거제도의 확립

송대의 정치 이노베이션에서 결정적인 의미를 갖는 것은 말할 것도 없이 관료 등용 제도로서 과거제도의 확립이다. 과거라는 말은 시험을 통해 관료를 선발한다는 의미인데, 뭔가 특별한 재능을 가진 인간을 관료로 등용하는 제도는 중국의 경우 오랜 역사를 가지고 있다. 이미 한대에도 향거이선郷擧里選이라고 부르는 각 지방으로부터 추천을 받은 우수한 인재를 관료로 등용하는 제도가 존재했다. 한대에는 관료가 되기 위한 신분적인 제약은 존재하지 않았고 서민이라도 관료가 될 수 있었던 것 같은데, 후한 시대부터 위진 남북조 시대가 되면 관료가 되는 길이 좁아져 구품중정제九品中正制와 같이 지배층 자녀에게 유리한 관료 등용 제도가 실시되면서 사회 전체가 귀족제적인 색채를 강하게 띠게 되었다. 힉스가 지적하는 분권화의 경향이다.

과거제도는 구품중정제와 같은 인재 등용제의 폐해를 없애고 우수한 인재를 등용하는 것을 목적으로 수대隋代에 처음으로 출현했다. 한대의 향거이선이 타천他薦이었던 데 비해 과거는 자천自薦과 시험에 의한 관료 등용 제도로서 획기적인 사건이었다. 과거는 당대唐代에도 계속해서 실시되었으나, 수·당대의 과거제도에는 송대 이후의 과거제도와 비교할 때 여러 한계가 존재했다.

우선 최대의 한계는 관료가 되는 길이 과거에 한정되지 않고, 과거를 통하지 않고 관료가 되는 길이 광범위하게 존재했던 점이다. 특히 유력자의 자제들은 '음蔭' 제도를 통해, 즉 부모의 후광으로 관료가 되는 것이 가능했으므로 과거의 의의는 그만큼 작아질 수밖에 없었다. 사회적으로도 과거에 합격하여 관료가 되는 것을 높게 평가하지 않는 풍조가 일반적이었던 점도 송대 이후와 크게 다른 점이었다.

수·당대의 과거는 시험제도로서도 많은 결함이 있었다. 과거 시험관은 과거 실시 1년 전에 지명되었으므로 수험생과 시험관 사이에 여러 정실情實의 개입을 피할 수 없었고, 답안 용지도 누구의 답안인지를 시험관이 알 수 있었기 때문에 부정의 발생은 불가피했다. 더욱이 시험관과 수험생은 각각 좌주座主, 문생門生으로 부르며 사제 관계로 간주되었으므로 관료 사이에 파벌이 조장되기 쉬웠다. 이와 같이 수험생의 실력을 객관적으로 시험하여 우수한 인재를 등용한다는 과거 본래의 취지에 부합하지 않는 시험 방법이 채용되고 있었다는 점에서 귀족제적인 운용 방법에 지나지 않았던 것이다. 또 하나의 큰 한계는 설령 과거에 합격하더라도 곧장 관료로 등용되지 않았다는 점이다. 과거는 예부禮部의 주재로 실시되었는데, 합격자가 관료가 되기 위해서는 인사를 관장하는 이부吏部의 시험(이를 전시詮試라고 함)을 재차 치르지 않으면 안 되었다.

이처럼 수·당대의 과거제도는 관료 등용 제도로서는 매우 불충분한 것이었으나, 송대에 들어서면 과거제도에 대폭적인 개혁이 이루어졌을 뿐 아니라 과거에 합격하는 것이 관료, 특히 고위 관료가 되기 위한 불가결한 조건으로 간주되게 되었다.

우선 시험제도 자체의 개혁에 관해서 보면 오늘날의 대학 입시에서와 같이 채점을 할 때 수험자의 이름을 채점자가 알 수 없도록 하기 위해 호명등록법糊名謄錄法이라는 방법이 채용되었다. 이는 수험자의 이름을 풀로 붙이는 방법이었다. 이후 시험 중의 여러 부정행위를 방지하기 위해 답안을 필사하여 필적을 통해 수험자가 누구인지를 알 수 없게 하는 등 오늘날의 커닝 방지책의 모범이라고도 할 만한 대책이 차례차례 실시되었다.

이러한 개혁은 기술적인 것이라고 말할 수 있으며, 보다 중요한 것은 전시殿試의 실시와 그 제도화이다. 앞서 언급했듯이 당대에는 예부가 과거를 실시하고, 나아가 이부에서 재차 시험을 실시했다. 그런데 송 태조는 965년의 과거에서 고관의 자녀가 합격한 것에 의심을 품고 재시험을 실시했다. 더욱이 975년에는 직접 시험관이 되어 전시를 실시하고, 그때까지 2단계 시험이던 과거의 최종시험으로서 전시를 제도화했다.

전시의 신설은 두 가지 측면에서 큰 의미를 가졌다. 첫째, 황제가 시험관이 되어 실시한 전시에 합격한 자를 이부가 재차 시험하여 관료로 등용하는 것이 불가능해지고, 전시 합격자는 곧장 관료로서 등용되었다. 둘째, 과거 시험관과 수험생은 사제 관계에 있다는 관념이 존재했으나, 이제 황제가 시험관을 역임하는 전시의 합격자는 곧 황제를 스승으로 하는 관계가 성립하게 되었다. 전시의 제도화는 과거의 권위를 높였을 뿐만 아니라 황제와 관료가 사제 관계로 맺어지게 되므로 황제의 권력을 강화하는 역할을 수행했다.

이 외에도 기존에 다양한 과목이 존재했던 과거시험이 점차 진사과로 일원화되고, 1065년 이후에는 3년에 한 번 과거가 정기적으로 실시되게 되는 등의 개혁도 행해졌다. 이상과 같은 여러 개혁을 통해 과거가 문자 그대로 관료의 등용문으로서의 지위를 확립하기에 이른 것이다.

원 시대에는 과거가 중지되었으나 1315년에 과거가 재개되고, 이때부터 과거시험에서 주자의 경전 해석을 따를 것이 요구되었다. 주자학의 국교화라고도 말할 수 있는 조치였다.

이후 과거는 1911년 신해혁명으로 청이 멸망할 때까지 계속되었다. 그런데 송대의 과거와 명·청대의 과거에는 약간의 차이점이 있다. 우선 합격자 수를 보면 송대에는 평균적으로 1년에 200명의 전시 합격자가 배출된 데 비해, 명·청대는 1년 평균 100명으로 반 정도로 감소했다. 인구수를 감안하면 명·청대의 전시 합격자는 송대보다도 훨씬 소수의 초

엘리트라고 말할 수 있는 존재가 되었던 것이다. 이것은 후술할 명·청대의 '작은 정부 노선'을 반영한 현상으로 보인다.

이와 같이 명·청대에 전시 합격자 정원이 축소된 반면, 과거 예비시험인 동시童試 합격자에게 주어지는 생원이라는 학위와 과거 1차 시험인 향시鄕試 합격자에게 주어지는 거인이라는 학위는 한 번 획득하면 일생 동안 유효하게 되었다. 송대의 경우는 이러한 중간 단계의 합격 자격은 한 번에 한하여 유효하였으므로, 다음 과거에서는 다시 처음부터 시험을 치러야 했지만 명·청대에는 중간 단계의 시험에 한 번 합격하면 다음 과거에서는 그것을 면제받을 수 있게 되었다.

이러한 변화는 명·청대에 신사紳士라든가 향신鄕紳으로 불리던 사회 계층이 등장하는 데에 큰 의미를 가졌다. 즉 생원이나 거인 학위를 보유한 자가 다수 존재하는 현상이 생겼던 것으로, 이것은 초엘리트인 진사의 희소성을 보완하면서 두터운 엘리트층의 존재를 가능하게 했다.

더욱이 명대 이후 과거제도가 학교제도와 밀접한 관련을 갖게 된 점도 송대와의 큰 차이이다. 각 학교의 학생들은 생원이나 거인과 함께 두터운 사회 엘리트층의 존재를 가능하게 했을 뿐만 아니라, 학생 자격을 금전으로 구입할 수도 있었기 때문에 경제적으로 부유한 계층을 엘리트층으로 편입하는 데에도 학교제도는 큰 역할을 수행했다.

이렇게 과거는 원대 일부 시기를 제외하고 천년이라는 긴 시간 동안 실시된 것으로, 이것이 송대 이후의 중국사를 그 이전 시기와 구분하는 최대의 지표로서 의미를 가졌던 점은 틀림없을 것이다. 물론 과거제도에 여러 문제점이 존재했던 것도 사실이다. 획일적 학문의 강제와 그로 인한 학문과 사상 발전의 억압, 실무 지식에 어두운 관료들에 의한 통치의 폐해 등에 관해서는 이미 지적된 바 있다. 또한 과거시험에 응시하기 위해서는 다대한 준비가 필요한데, 그것이 가능한 것은 부유층이었기 때문에 만인에게 기회가 균등하게 주어졌다고는 결코 말하기 어렵다. 이러한 문제점과 폐해에도 불구하고, 다른 한편으로 과거가 매우 뛰어난 제도였다는 점 역시 부정할 수 없다. 실제로 많은 우수한 인재가 그 출신 계층을 넘어 선발되었고, 과거 합격자가 소수의 엘리트에 의해 독점되는 사태는 전체적으로는 발생하지 않았다.

애당초 인간이 인간을 시험한다는 것 자체가 곤란한 일이다. 현재의 각종 시험도 이상적인 시험제도라고는 말하기 어려운 측면을 무수히 가지고 있다는 의미에서 과거와 큰 차이가 없다고 할 수 있을 것이다. 도덕적 능력을 시험하여 그에 뛰어난 자를 관료로 삼는 것을 이상적인 정치체제로 보는 과거의 이념과 그 실천은 송대 이후의 중국을 다른 사회와 다르게 만든 결정적 요인이었다.

집권적 국가체제

진관타오에 따르면 명·청대 국가체제는 〈그림 1〉과 같다.[24] 이 그림을 참조하면서 중국의 관료제를 통한 집권적 국가체제에 관한 설명을 덧붙이고자 한다.

통치를 직접 담당한 것은 중앙과 지방의 각급 관원官員과 이원吏員이었다. 이 중 관원의 대부분은 과거 합격자 중에서 선발했지만, 이원(서리)은 행정의 말단을 담당하는 실무자들이었다. 이러한 관리(관료와 서리)의

---

24) 金觀濤·劉青峰 著, 若林正丈 譯, 앞의 책, 68쪽.

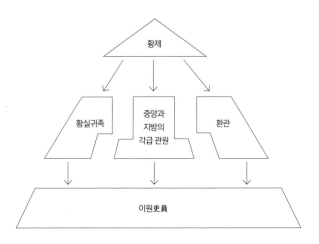

〈그림 1〉 관료정치의 권력 피라미드

이중구조는 수대隋代에 생긴 것으로, 그 이전에는 관료와 서리가 미분화한 상태였다. 모든 관료를 황제가 직접 임명하는 체제가 확립되는 것도 수대 이후로, 그 이전에는 황제가 임명하는 관원(명관命官)과 중앙정부나 지방관아의 장이 임명하는 관원(속리屬吏)이 존재했다. 따라서 송대 이후의 관료·서리 체제의 연원은 수대에서 찾을 수 있으며, 과거의 시행과도 맞물려 수대는 송대의 정치 이노베이션의 선구적 시행 시기였다고 위치지울 수 있을 것이다.

힉스가 지적하는 관료제 유지의 다른 조건, 즉 감사제도의 문제나 문관과 무관의 기능 분리에 관해서도 송대는 큰 분기점을 이룬다. 중앙 각 청과 지방정부의 장관 복수임명제, 문관에 의한 무관 통제라는 철저한 시빌리언 콘트롤civilian control 등은 모두 송대에 확립한 체제였다.

진관타오에 의하면 관료제를 통한 국가체제를 유지하는 데 있어 황제의 존재는 불가결한 것이었다. 즉 황제만이 가질 수 있었던 두 가지의 조절 기능, 곧 관료 기구의 통일성과 유동성을 유지하는 기능과 관료의 부패를 억제하는 기능이 결정적으로 중요했다. 관료제라는 것은 시대와 상관없이 자기 비대화와 부패화의 경향을 필연적으로 갖기 마련이다. 현재의 민주주의 체제에서는 선거로 뽑힌 정치가가 관료의 비대화와 부패화를 방지하는 기능을 담당하고 있으나(현실에서는 그렇지 않은 경우를 지겹도록 보고 있으나), 민주주의가 아니었던 전근대 중국에서는 황제가 그 역할을 수행하고 있었다. 진관타오가 지적하듯이 관료제적 국가체제를 유지하기 위해서는 황제의 존재가 불가결한 것이었으나, 동시에 황제의 존재는 다양한 아포리아Aporia의 원인이기도 했다.

　　주지하듯이 유교에서는 대통大統에 의한 황제위의 계승을 최선의 이상으로 한다. 요堯가 자신과 어떤 혈연관계도 없는 순舜에게 양위한 것이 그 전형인데, 실제로는 대통에 의한 황제위의 계승은 불가능하다. 왜냐하면 모든 인간 가운데 가장 덕이 많은 자를 다음 황제로 하게 된다면, 황제가 바뀔 때마다 피로 피를 씻는 정쟁이 불가피할 것이기 때문이다. 그래서 유교에서는 대통에 의한 계승을 대신하는 차선책으로 도통道統에 의한 계승, 즉 황제의 자식 중에서 다음 황제를 선택하는 것을 인정한 것이다. 물론 자식 중에 황제에 걸맞은 인간이 꼭 있다고만은 할 수 없다. 황제위의 계승 문제가 전형적으로 말해 주듯이 황제의 존재는 관료제 유지에 필수 불가결하면서도, 동시에 체제의 안정을 위협하는 위험한 요소이기도 했다.

두 가지 노선: 구법당 대 신법당

과거제도의 확립으로 상징되는 정치 이노베이션은 송대에 본격화되었다고 볼 수 있으나, 주의해야 하는 것은 송대에는 정치 이노베이션의 방향이 여전히 유동적이었다는 점이다. 그것을 단적으로 보여 주는 것이 구법당舊法黨과 신법당新法黨의 대립이다.

왕안석으로 대표되는 신법당 노선은 강력한 정부를 수립하여 국가가 사회의 광범위한 문제에까지 직접 개입하는, 말하자면 '큰 정부' 노선이었다. 그에 비해 사마광 등의 구법당은 정부의 개입을 최소한의 범위에 머물도록 하는, '작은 정부' 노선이었다. 양자는 유교적 이념을 바탕으로 이상국가를 건설한다는 방향성 면에서는 일치하였으나, 그 실현 방법과 이상적인 국가상이 서로 달랐기 때문에 격렬하게 대립했다. 송대에는 왕안석의 집정기 등 일부 시기를 제외하고는 구법당이 우세였다고 말할 수 있으나, 신법당적 노선에 대한 지지도 뿌리 깊게 존재하였으므로 대체로 양자가 대항해 싸우는 상황이었다고 말할 수 있다. 앞서 지적했듯이 송대 과거에서는 명·청대보다도 많은 전시 합격자가 나왔는데, 이것도 송대의 유동적인 상황을 반영한 것이라고 생각할 수 있을 것이다.

이러한 두 가지 노선에 대해 주희의 입장은 기본적으로 구법당적 노선에 속하였다. 따라서 명대가 되어 주자학이 국가이념으로서의 지위를 획득한 것은 기본적으로 구법당적인 '작은 정부' 노선의 정착을 의미하는 것이었다. 한 번의 전시 합격자 정원이 약 300명으로 고정되고, 더욱이 청대 이후의 급격한 인구 증가에도 이것이 유지된 것은 '작은 정부' 노선을 단적으로 드러내는 것이다.

이와 같이 명대 이후는 기본적으로 '작은 정부' 노선이 유지되었다고 볼 수 있다. 그러나 동시에 주의를 요하는 것은 이러한 두 가지 노선이 반드시 근본적으로 대립하는 것은 아니었으며 보완적인 의미도 지니고 있었다는 점이다. 즉 기본적으로 '작은 정부' 노선이 답습되면서도 상황에 따라서는 '큰 정부' 노선이 주장되기도 하고, 경우에 따라 채택되는 일도 존재했다. 명대 장거정의 집정기 등이 그에 해당된다고 볼 수 있다.

정치 이노베이션에서 두 가지 노선의 존재는 송학이라는 유교 혁신 운동의 두 가지 경향에 대응한 것으로, 중국만이 아니라 동아시아 규모에서 공통적으로 보이는 현상이고, 동시에 관료제적 국가체제의 유연성을 보여 주는 현상이기도 했다.

주자학의 탄생과 명대 국가교학의 확립

유교 혁신운동으로서의 송학

송대 이후의 중국사를 그 이전과 구별하는 분수령을 이룬 지표로서 과거제도의 확립, 지배 엘리트로서의 사대부 계층의 형성 등을 언급할 수 있는데, 또 하나 결정적 의미를 가졌던 것은 말할 것도 없이 주자학의 탄생이다. 그리고 이 세 가지는 불가분적으로 연결되어 있었다. 후술하듯이 주자학의 탄생은 중국사에서 획기적인 사건이었을 뿐만 아니라 동아시아사 전체로서도 큰 사건이었는데, 여기서는 주자학 탄생의 의미와 명대 국가교학으로서의 확립 과정에 관해 살펴보고자 한다.

주자학에 관해서는 지금까지 방대한 연구가 이루어져 왔다. 이는 주자학이 가진 역사적 중요성에 비추어 볼 때 당연한 일이라고 말할 수 있으나, 지금까지의 연구는 이기론으로 대표되는 이른바 주자학의 철학적 측면에 많은 관심을 기울여 왔다. 이러한 연구 경향은 근대가 되어 유럽에서 '철학'이라는 개념이 수입되어, 그 영향을 받으면서 동아시아의 사상이 연구되어 온 점, 그리고 전통사상 중에서는 주자학이 이기론 등의 형태로 가장 '철학'적인 성격을 강하게 가졌던 점 등에 의한 것이라고 생각된다.

그에 비해 주자학의 사상사적 연구, 특히 주자학을 키운 사회와의 관계에 관해서는 최근에 이르러서야 연구가 본격화한 상황이다. 그러나 일본의 대표적 연구자인 미조구치 유조溝口雄三의 경우에서 볼 수 있듯이, 중국 사회를 이해하는 데 봉건제론적 입장 혹은 보다 애매한 지주제 국가론의 입장에 서 있는 등 사회나 국가 이해에 있어 구태의연한 것이 실상이다. 따라서 왜 남송 시대에 주자학이 탄생한 것인지, 그것은 무엇을 과제로 했으며, 무엇을 해결하기 위해 나타난 것이었는지 등의 문제에 관해, 그것을 낳은 중국 사회의 개성적 상황, 시대적 환경 등과 관련시킨 논의는 전무하다고 말할 수 있다.

그리고 이것은 중국사 이해에만 해당되는 것이 아니다. 그것을 수용한 한국이나 일본의 연구에서 보다 심각한 문제를 야기해 왔다고 볼 수 있다. 한국과 일본에서 외래사상인 주자학이 왜 그토록 큰 영향력을 발휘할 수 있었는지, 또 주자학을 수용하는 과정에서 각각 독특한 수용 양상을 보였던 것은 어째서인지 등에 관해서는 문제로서 의식되는 일조차 희박했던 것이다.

그래서 이하에서는 주자학의 탄생과 국가교학으로서의 확립, 그리고 명대 주자학적 국가체제의 성립이라는 장기간에 걸친 과정을 소농 사회론의 형성 문제와 관련시켜 논하려고 한다.

또 하나 미리 언급해 두고 싶은 문제는 이른바 '유교자본주의'에 관해서이다. 주지하듯이 이 논의는 근년 동아시아 지역의 경제발전의 역사적 연원을 탐구한다는 문제의식 아래 제기된 것이었는데 현재로서는 거의 문제로 삼는 일이 없어졌다. 이 논의는 상당히 즉흥적인 성격이 강하며 일과성—過性에 그쳤던 것도 당연한 일이라고 말할 수 있는데, 이 논의의 최대 결함은 그 앞뒤가 뒤바뀐 방법에 있었기 때문이다. 유교가 존재했기 때문에 경제성장이 가능했다거나 혹은 유교가 경제성장에 긍정적인 의미를 가졌다는 식의 명제는 막스 베버의 저명한 '프로테스탄티즘과 자본주의 정신'과 마찬가지로 필시 논증 불가능한 것이기 때문에 반증도 불가능한 명제라고 여겨진다.

본질적인 문제는 유교, 보다 정확하게 말하면 주자학과 자본주의를 연결할 것이 아니라 주자학을 낳은 중국 사회, 동아시아 사회 쪽에 관심을 기울이지 않으면 안 된다. 즉 주자학이라는, 어떤 의미에서는 특이한, 또 어떤 의미에서는 매우 뛰어나고 장대한 사상이 왜 생겨났으며, 수백 년에 걸친 긴 시간 동안 그 생명력을 유지할 수 있었는가 등의 시각에서 접근함으로써 비로소 역사적인 분석이 가능해질 것이고, 동시에 주자학과 현대의 문제에 관해서도 의미 있는 논의를 도출할 수 있을 것이다.

또한 유교자본주의론과 비유적으로 사용되는 유교사회주의론도 학문적인 엄밀함을 결여하고 있다는 점에서는 마찬가지이다. 예컨대 전통적인 중국 사회에서는 사유私有의 관념이 약하고, 공公의 관념이 강했다고 파악한 다음 그것을 사회주의와 연결시키려는 발상 역시 완전히 앞뒤가 뒤바뀐 논의로서, 중국이나 동아시아 사회는 오히려 사유제도가 아주 일찍부터 발달한 지역이었다.

서두가 길어졌는데 이제 본론으로 들어가자. 주자학 탄생의 문제를 가장 함축적으로 보여 주는 것으로서 시마다 겐지島田虔次의 다음과 같은 말을 참고할 수 있다.

> 그러면 송학의 주체는 누구인가. 그것은 '사대부'에 다름 아니다. 송학이란 사대부의 학문이며, 사대부의 사상이다. 사대부란 누구인가. 당대 과거제도의 확립과 함께 일어나 송대에 이르러 확고부동한 세력이 된 독특한 지배계층이다. 경제적으로는 지주를 일례로 했으나, 그것이 꼭 필수적인 조건은 아니다. 사대부의 특징은 무엇보다도 우선 지식 계급인 점, 바꿔 말하면 유교 경전의 교양을 보유한 사람이라는 점, 즉 '독서인'이라는 점에서 찾을 수 있다. 좀 더 주도면밀하게 말하면 유교적 교양(이는 동시에 도덕 능력도 의미한다)이라는 측면으로 말미암아, 그 완전한 양태로서는 과거를 통과하여 위정자(관료)가 될 것으로 기대되는 사람들의 계급이다.[25]

주자학은 송대에 일어난 유교 혁신운동인 송학을 집대성한 것으로서 성립하였는데, 여기서 논하고 있듯이 송학, 곧 주자학은 무엇보다도

---

25) 島田虔次, 『朱子學と陽明學』, 岩波新書, 1967, 14쪽.

사대부라는 독특한 지배층의 사상으로서 탄생했다. 명대에 주자학에 대한 비판으로 등장하는 양명학도 사대부의 사상이라는 기본적인 틀 자체는 동일하며, 다만 그 담당자를 좀 더 아래쪽에서 확충하려는 것이었으므로, 주자학에 대한 근본적인 비판으로 보는 것은 곤란하다.

그러면 송학이 사대부의 사상이었다는 것은 무엇을 말하는가. 장횡거張橫渠의 '천지를 위해 마음을 세우고, 생민生民을 위해 명命을 세우며, 왕성往聖을 위해 끊어진 학문을 잇고, 만세를 위해 태평을 연다'라는 말은, 송학의 정신을 가장 잘 보여 준다. 당대 후반기 이후의 대혼란기 속, 그때까지의 중국 고전사회가 완전히 붕괴해 버린 상황에서 새롭게 지도계층으로 등장한 사대부들은 중국 사회의 재건을 하나부터 열까지 다시 시작해야만 했다. 귀족층도, 향촌사회도, 그리고 가족까지도 모두 붕괴하여 개인들 간에 아무런 유대도 찾을 수 없는 상황 속에서 어떻게 하면 질서를 형성할 수 있을 것인가라는 문제는 사대부가 짊어졌던 큰 과제였다. 장횡거의 말은 이러한 상황에 놓였던 사대부들의 마음가짐과 그 마음가짐에 기초하여 무엇을 해야 할 것인가를 간결하게 나타내고 있다.

그들은 생민을 위해 명을 세우는 데 있어 끊어진 학문, 곧 고전유교의 새로운 해석을 통해 사회 재건의 실마리를 찾고자 했다. 당시 유교는 절학絶學, 곧 절멸한 상태였으므로 그들에 의한 유교의 재해석은 유교 그 자체의 탄생이라고도 말할 수 있을 정도로 새로운 사상, 세계관의 탄생이었다. 그들에 의한 유교 경전의 새로운 해석은 그때까지의 훈고학적인 해석을 비판하고 경전 본래의 의미를 탐구하려는 것이었다고 말할 수 있는데, 그들이 그렇게 하지 않을 수 없었던 이유는 강한 현실 참여의 필요에 따른 것이었다. 즉 사회와 국가의 질서를 어떻게 형성할 것인가에 대한 해답을 경전에서 찾고자 했으므로, 그것은 경전에 대한 전혀 새로운 해석을 동반하는 것이면서 경우에 따라서는 경전의 바꿔 읽기, 바꿔 쓰기까지도 포함하는 것이었다. 물론 그렇다고 해서 경전을 제멋대로 해석해도 좋다는 말은 아니다. 특히 주자는 이 점을 엄격하게 금했다. 송학의 발흥에서 주자학의 성립에 이르는 사상운동은 유교 그 자체의 탄생이었다는 말까지도 가능한 이유는 이러한 의미에서이다.

송학의 사상 내용으로서 그 이전과 비교하여 획기적이라고 생각되는 것은 천天에 대한 이해의 차이이다. 본래 유교에서는 천을 인격을 가진 주재자로서 이해하는 것이 일반적이었다. 이러한 천에 대한 이해를 단적으로 보여 주는 것이 이른바 천인상관설天人相關說 및 천견설天譴說이다. 천인상관설은 한대 동중서董仲舒에 의해 제창된 것으로 천과 인간은 상호 깊게 영향을 주는 존재이며, 황제=천자가 펼치는 정치도 천과 밀접하게 결부된 것으로 보았다. 그리고 다양한 자연재해가 일어나는 것은 천이 정치의 잘못을 알려주는 증거(천견)라고 생각했다. 송학은 이와 같은 고래의 천관天觀을 비판하고 천은 이理, 곧 천이란 자연법칙 그 자체라고 주장하면서 인간은 그 이理를 이해하는 것이 가능하다는 점을 소리 높여 선언했다. 천관에서 이와 같은 변화는 한편으로는 합리적인 사상의 발전이라는 측면을 가지나, 다른 한편으로 인간을 초월한 어떤 존재를 부정하는 측면도 가지고 있었다.

송학의 새로움을 보여 주는 상징적인 현상으로서 맹자의 성인화를 들 수 있다. 유교를 '공맹의 도'로 부르며 공자의 가르침을 계승한 인물로서 맹자를 위치시키는데, 이러한 맹자의 평가는 송대가 되어 비로소 확립된 것이다. 당唐대까지 맹자는 유가로서 인식되지 않았는데, 당대 중기가 되어 한유韓愈가 맹자를 재평가한 것에서 시작되어 송학이 발흥하는 가운데 맹자가 높이 평가되게 되었다. 그리고 과거 시험에서도 『맹자』가 출제과목에 포함되기에 이르렀는데, 이러한 맹자에 대한 재평가의 움직임은 주희가 『맹자』를 사서四書의 하나로서 위치지우는 것을 통해 확고해졌다.

맹자의 사상은 성선설, 민본사상, 혁명사상 등의 특징을 가지며, 특히 혁명설은 체제를 위협할 가능성을 가진 것으로서 이후 동아시아 규모에서 그 사상의 수용, 비판의 비바람을 맞게 된다.

주자학의 탄생

주자朱子, 본명은 주희朱熹이다. 시마다 겐지가 지적하듯이, 주자는 '아마도 중국 역사상 최대의 사상가이자 학자이다'. 그리고 '주자의 출현은 주자학의 영향이 단지 중국에만 머무르지 않았다는 점에서도 동아시아 세계의 세계사적 사건이었다'. 그럼에도 불구하고 주자만큼 정당한 평가를 받지 못한 인물도 드물 것이다.

이와 같은 주자 폄하는 오늘날 동아시아 사회가 얼마나 전통을 깎아내리고 있는지, 또한 유럽중심주의가 얼마나 많은 해를 끼치고 있는지를 단적으로 말해 주는 것이다. 특히 동아시아 중에서도 일본에서 그러한 경향이 현저한데, 이는 일본의 주자학 수용 문제와 메이지유신 이후 일본의 탈아적 지적 경향이 만들어 낸 소산이다.

앞서 주자는 송학의 집대성자라고 말했지만, 이러한 평가는 물론 후대가 되어 주자학이 국가교학으로서의 지위를 점하게 된 다음의 일이다. 그렇다면 다양한 조류를 포함하고 있던 송학 중에서 왜 주자학이 다른 것을 압도하는 지위를 차지할 수 있었던 것인가. 이 문제를 생각하기 위해서는 적어도 다음과 같은 세 가지 측면을 검토할 필요가 있다. 즉 주희 사상 자체의 특징, 주희의 사상을 계승한 후계자들의 존재, 마지막으로 주자학의 승리를 규정지은 사회적 요인이라는 세 가지 측면이 그것이다.

우선 주희 사상 자체의 특징으로서는 다음과 같은 점이 특히 중요했다. 첫째 이기론理氣論이라는 존재론, 둘째 '성즉리性卽理'라는 말로 표현되는 인간론, 셋째 수양론, 넷째 유교 경전에 대한 주석과 사서의 중시, 다섯째 일상생활을 규율하는 예禮 이론, 여섯째 '효孝'의 새로운 이해에 바탕을 둔 군신론君臣論, 그리고 마지막 일곱째로 경계법經界法과 사창법社倉法으로 대표되는 경세론이 그것이다.

먼저 이기론에 대해 살펴보자. 주희는 모든 현상은 '기氣'의 이합집산에 의해 생기며, 그 '기'의 운동을 관장하고 있는 것이 '이理'라고 주장했다. 이로 인해 자연계로부터 생물계, 그리고 인간에 이르기까지 모든 현상을 파악할 수 있는 세계관을 획득할 수 있게 되었다. 나아가 주희는 이 원리적인 '이'를 인간이 인식할 수 있다고 생각했는데, 그 근거로서 제시된 것이 '성즉리'라는 주장이다. 즉 주희는 모든 인간에게는 태어나면서부터 '성性'이 부여되어 있으며, 그 '성'이 바로 '이'에 다름 아니라고 생각한 것이다. 당대唐代까지의 유교에서는 '성삼품설性三品說'이라고 해서 인간은 태어나면서부터 상품, 중품, 하품의 구별이 있다고 파악했는데, 주희는 이것을 부정하고 모든 인간에게 '성', 즉 '이'를 인식할 수 있는 가능성이 평등하게 부여되어 있다고 선언한 것이다. 이것은 유교의 인간평등 선언으로 획기적인 인식의 전환이었다.

그러나 동시에 주희는 모든 인간이 곧장 '이'를 인식할 수 있다고는 생각하지 않았다. 주희는 인간에게 부여되어 있는 성=본연지성本然之性의 발현을 방해하는 성=기질지성氣質之性이라는, 두 종류의 '성'을 구별함으로써 기질지성을 제어할 필요성을 강조했고, 이 때문에 중시된 것이 바로 수양론이었다. 나아가 수양론의 실천을 위해 유교 경전에 새로운 해석을 덧붙여 학습 순서(커리큘럼)를 제시하고, 동시에 제자들과 함께 초보자용 텍스트로서『소학小學』을 편찬하기도 했다.

또 주희가 유교 경전에 대한 자기의 해석을 중시한 것도 중요한 특징이었다. 송학에서는 종래의 유교가 훈고訓詁, 곧 경전의 자의 해석에만 그치고 있던 점을 비판하며 경전의 가르침의 본질을 궁구하는 것을 중시하였기 때문에, 훈고의 방법은 소홀하게 취급되는 경향이 있었다. 이런 가운데 주희는 경전의 엄밀한 자의 해석도 함께 중시하며 종래의 해석(고주古注)에 대해 자기의 해석(신주新注)을 대치시켰다. 그리고 이것은 후에 주희의 신주가 과거시험의 기준으로 채용되는 중요한 요소가 되었다.

주희의 경전 해석과 관련하여 사서(『대학』,『중용』,『논어』,『맹자』)를 가장 중요한 경전으로 하고, 그때까지 경전의 중심적 지위에 있던 오경五經보다도 위에 둔 것도 유교의 역사를 일변시킨 일이었다. 오경은 공자가 삼대의 이상적 시대 모습을 후세에 남기기 위해 편찬한 책인 데 비해, 사서는 공자와 맹자의 사상과 언행을 직접 살필 수 있는 책이다. 따라서 오경보다도 사서를 중시한다는 것은 무엇보다도 공자와 맹자의 가르침 자체로부터 배워야 한다는 주희의 자세를 보여 주는 것이라고 할 수 있다.

유교질서를 일상생활 속에서 실천하는 '예禮'를 중시하고 그 구체적인 방법을 제시한 것도 주희의 사상이 큰 영향력을 가질 수 있었던 중요한 요인이었다. 그중에서도 관혼상제의 올바른 작법作法을 제시한 『주자가례朱子家禮』[26], 향촌사회에서 예의 실천(향사례鄕社禮)을 포함한 『의례경전통해儀禮經傳通解』 등을 주목할 수 있으며, 전자의 경우는 조선에도 지대한 영향을 끼쳤다.

그때까지 크게 주목되지 않았지만, 유교사상의 큰 특징인 '효孝' 문제에 관해서도 주희는 새로운 해석을 제시하였다. '효'에 관해서는 고래로부터 『효경孝經』이 그 경전으로 간주되면서 거기에서 전개된 '효'의 해석이 절대시되어 왔다. 『효경』에서 제시된 '효' 해석의 특징은 황제로부터 서민에 이르기까지 신분에 따라 실천해야 하는 효의 내용이 다르다는 점, 그리고 황제에 대한 '충忠'이 최고의 '효'의 실천으로 간주된 점이다. 이러한 『효경』의 가르침은 '효치론孝治論'이라고도 일컬어져, 황제 권력의 절대성을 옹호하는 역할을 수행해 왔다. 이에 대해 주희는 『효경간오孝經刊誤』를 저술하고, 『효경』은 후세의 저작으로 유교 경전으로는 볼 수 없다면서 경전의 지위로부터 끌어내렸다. 그리고 제자들과 함께 『소학』을 편찬하여 거기에서 새로운 '효'의 모습을 제시하였다. 주희가 설명하는 '효'란 신분에 따른 효 실천의 차이를 부정함과 동시에 부모에 대한 '효'와 군주에 대한 '충'은 별개의 것이라 하여 황제에 대한 '충'을 최고의 '효'로 보는 효치론을 부정하였다. 주희의 '효' 해석은 공적관

---

26) 『문공가례文公家禮』라고도 한다. 종래에는 주희의 저작이라는 것을 의심하는 견해가 지배적이었으나, 최근에는 주희의 저작으로 보는 견해가 유력하다.

계인 군신관계와 사적관계인 친자관계를 분리하고, '충'보다도 '효'에 보다 높은 가치를 인정한 것이었다.

주희는 약관 19세에 과거에 급제하였으나, 성적이 높지 않았으므로 관료로서 높은 지위에 오르지는 못했다. 그러나 지방관으로 재직한 짧은 기간에 실시한 경계법과 사창법은 그의 행정관으로서의 자질을 보여 주는 것임과 동시에 그 경세론의 실천이기도 하였다. 경계법이란 토지조사 방법으로 정확한 측량에 기초하여 개개의 토지 상황을 파악하는 것을 목적으로 했다. 주희의 경계법은 원대 이후 작성되는 어린도책魚鱗圖冊의 선구적인 형태로서 국가가 토지를 정확하게 파악함으로써 지주 등 향촌 유력자들의 탈세를 방지하는 것을 최대의 목적으로 삼았다.

사창법이란 정부가 비축한 곡물을 기근이 들었을 때 농민에게 이자를 붙여 빌려주는 것으로 농민 구제를 위한 시책이었다. 북송 시대에 왕안석이 실시한 청묘법青苗法도 이와 동일한 목적을 지닌 것이었는데, 청묘법이 현縣을 단위로 하여 관료가 주도적으로 운영하는 것이었던 데 비해 사창법은 현의 하부 행정단위인 향鄕을 단위로 향촌의 유력자가 주도하는 것이었다. 곧 주희는 향촌사회에 사창을 자주적으로 운용할 수 있는 능력이 있다는 판단에 기초해 사창법을 발안했던 것으로, 이후 사창법은 조선이나 일본에도 큰 영향을 끼쳤다. 주희의 사창법이 유력자의 주도로 운용되었다는 점을 근거로 주희의 경세사상을 지주계층을 옹호하는 것으로 이해하는 경우가 종종 있는데, 경계법에서도 알 수 있듯이 주희는 지주의 이익에 반하는 시책도 실시했으므로 이러한 이해는 일면적이라고 말할 수 있다. 유력자층의 존재도 인정한 다음 그들이 지역사회 전체의 안정을 가져오는 역할을 수행하도록 촉구하는 것이 주희의 구상이었던 듯하다.

주자학의 체제이념화

이상과 같이 주희의 사상 중에서 특히 중요한 특징에 관해 살펴봤는데, 그의 사상이 주자학으로서 체계화되고 나아가 명·청대를 통해 지배적 사상으로서 지위를 점하게 되었던 것은 그 사상 자체의 힘만으로 된 것은 아니었다. 주희의 사상이 사상계를 지배하는 데 있어 큰 의미를 지녔던 것은 제자들의 존재와 출판활동이었다. 주희는 생전에 많은 제자를 이끌었고, 그 학단學團은 당시 세간에서 '교격矯激'하다고 평가될 정도로 주희의 사상에 심취한 사람들로 구성되어 있었다. 방대한 양의 『주자어류朱子語類』는 주희와 그의 제자들이 논의한 내용을 모은 것으로, 이러한 내용의 서적이 편찬, 출판되는 것 자체가 전례 없는 일이었다.

주희의 출신지로 그가 제자들과 많은 세월을 보냈던 복건성福建省은 송대의 출판, 특히 염가 출판의 중심지였다. 주희는 그의 생애 동안 30권을 상회하는 서적의 편찬과 출판에 관여했다고 하는데, 이와 같은 사상가는 일찍이 존재하지 않았다. 사후에도 제자들에 의해 그의 저작이 출판되었는데, 송대에 큰 영향력을 가졌던 왕안석의 저작이 오늘날 거의 남아 있지 않은 것과 대조적이다.

주희의 사상은 그가 살았던 시대에는 사상계의 주류가 아니었고 정부로부터 심한 탄압도 받았으나, 원, 명 등 시대가 경과하면서 사대부들 사이에서 압도적인 지지를 얻게 되었다. 그 이유 중 하나는 주희의 사상이 향촌 지식인들도 널리 받아들일 수 있는 바탕을 가졌다는 점이다. 왕안석의 사상은 엘리트주의적인 성격이 강하여 중앙 관료들에게 지지를 받았으나, 과거에 합격하지 못할지 모르는 주변적 지식인에게 호소하는 내용을 결여하고 있었다. 그에 비해 주희의 사상은 설령 과거에 합격하지 못하는 사람들에게도 향촌사회에서 독자적인 역할을 수행하도록 종용하는 것이었으므로(그것을 단적으로 보여 주는 것이 사창법이다), 광범위한 지식인들의 지지를 얻을 수 있었다.

일상생활을 규율하는 예를 중시하고 그 구체적인 실천 방법을 제시한 점도 주자학이 사회적으로 널리 침투되는 데 큰 역할을 수행했다. 관혼상제 등의 의례에서 주희의 텍스트가 참조된 것에서도 알 수 있듯이 주희는 그만큼 친근한 존재였다.

마지막으로 주자학이 지배적인 사상으로서 지위를 얻게 된 사회적 요인에 관해 살펴보면, 과거제도와 주자학의 결합이 결정적 요인이었다고 볼 수 있다. 과거제도는 앞에서 언급했듯이 송대에 관료등용제도로서 확립되었는데, 송대 과거에서는 시험의 채점 기준이 일정하지 않았다. 왕안석 등의 신법당이 집권하던 시기의 과거는 왕안석의 유교 해석에 따르는 것이 유리하지만, 반대로 구법당의 집권하에서는 불리하게 되는 형편이었기 때문이다. 이러한 현상은 과거를 공정하게 실시하기 위해서는 바람직한 것이 아니므로 채점의 기준이 되는 유교 경전의 해석이 필요했고, 그 기준으로서 주희의 해석이 채용되게 되었던 것이다.

과거와 주자학의 결합은 원대인 1315년에 재개된 과거시험부터 시작되었다. 곧 과거 과목의 하나로서 주희의 주석서가 처음으로 채용되었으나, 이 시기에는 여전히 주희 이전의 주석서(고주古注)도 과목에 포함되어 있었다. 그런데 명대가 되면 과거시험에서 주희의 경전 해석에 따르려는 움직임이 강화되었다. 특히 영락제 때『사서대전四書大全』,『오경

대전五經大全』, 『성리대전性理大全』이 편찬·간행되고 이후 수험생들이 반드시 학습해야 하는 필수서가 되면서 과거제도와 주자학의 결합이 완성되기에 이르렀다.

한국과 일본의
정치 이노베이션

역사적 전제

한국과 일본에서도 소농사회가 형성·성립됨에 따라 그에 걸맞은 정치 이노베이션의 움직임이 나타나는데, 그 과정은 매우 복잡한 단계를 거쳤다. 이는 전제가 되는 국가의 구조라는 측면에서 중국과 큰 차이가 있었기 때문이며, 한국과 일본 간에도 적지 않은 차이가 존재했다.

주지하듯이 신라와 야마토大和 왕조는 중국의 정치적 변동에 크게 영향을 받으며 국가를 형성했다는 측면에서 공통성을 가진다. 그것을 단적으로 보여 주는 것이 당唐 율령을 모델로 국가체제가 구축된 점이다. 그러나 당 율령의 토대가 되는 중국 사회와 한국과 일본 사회 간에는 매우 큰 차이가 있었다. 당의 율령이라는 것은 황제가 만민을 다스린다는 이념 아래 이전의 씨족공동체 등이 완전히 해체되었다는(중국에서

이 과정은 진秦의 성립 과정에서 이미 완료되었다) 점을 전제로 한 것이었는데, 한 반도와 일본열도에는 씨족공동체가 강고하게 존재하고 있었던 점이 결정적인 차이였다. 따라서 당의 율령을 수용해도 사회의 양태는 율령의 이념과 맞지 않는 것이었고, 국가와 사회가 유기적으로 결합하는 일은 없었던 것이다.

따라서 이러한 체제는 당이 쇠망하는 가운데 많은 균열을 노정했고, 그 괴리를 메울 것이 요구되었다. 그 과정은 9세기 후반부터 시작되었다고 생각되며, 이로부터 한국과 일본의 방향은 크게 달라졌다.

한국에서는 신라의 쇠퇴와 후삼국의 분열 시기를 거쳐 고려 왕조가 성립하는데, 그 과정은 고려의 태조 왕건이 각지의 호족세력들의 무력에 의거하면서 추진되었다. 그러나 건국 이후 고려는 호족의 무력을 억압하고 당과 송의 제도를 모범으로 삼아 새로운 국가체제를 확립하는 방향으로 나아갔다. 그것을 가장 상징적으로 보여 주는 것이 제4대 광종 때 실시된 과거제도의 채용이다. 이러한 방향은 고려보다 늦게 건국된 송의 경우도 마찬가지인데, 송 태조 조광윤趙匡胤도 무력으로 전국을 통일했으나 건국 후 무신의 세력을 누르고 문신을 중심으로 하는 체제를 완성했던 것이다.

당의 멸망과 고려의 건국 등 동아시아에서 큰 변동이 일어났던 시기에 일본에서도 큰 변화가 일어나고 있었다. 종래의 일본사 연구에서는 12세기 말 가마쿠라 막부의 성립 이후를 이른바 중세의 개시로 보는 견해가 주류였는데, 근래에는 중세의 성립을 10세기 전반으로 보는 견해가 큰 지지를 얻고 있는 것으로 보인다. 이러한 견해에 따르면 일본 '중세'의 성립은 당의 멸망이나 고려의 성립과 동시기의 움직임으로 볼 수 있으나, 그 체제는 중국과 한국과는 매우 다른 것이었다.

일본 '중세'의 성립 근거로 여겨지는 것은 이른바 원정院政의 개시로, 천황 이외의 인물이 권력을 장악하는 것을 '고대'와 가장 큰 차이로 보는 것이다. 그리고 이와 같은 왕권王權과 정권政權의 분리, 즉 권위와 권력의 분리를 '중세'의 특징으로 파악하고, 무사의 권력 획득 과정도 이러한 움직임의 일환으로 보는 것이 최근의 일반적 이해이다. 여기서 문제는 일본에서 왜 이러한 사태가 발생했는가인데, 이 문제에 관해서는 아직 설득력 있는 견해가 나오지 않고 있다.

이 시기 일본의 동향을 중국과 한국의 동향과 비교해 양자를 구별하는 최대의 특징으로 왕조 교체가 발생하지 않았다는 점을 들 수 있다. 곧 천황은 최고권력자로서의 지위를 잃어버렸지만 최고의 권위자로서는 살아남았고, '일본 왕조'를 대신할 새로운 왕조가 나오지 않았다. 이후 메이지유신이 일어나기까지 이러한 권력과 권위의 분화, 왕권과 정권의 분화라는 사태가 계속되었고, 이 과정에서 무사의 권력은 점차 커졌지만 마지막까지도 무사 스스로 왕권을 획득하는 일은 없었다. 이른바 '만세일계萬世一系'라는 언설은 이러한 사태를 사후약방문 격으로 합리화하는 것이며, 무武보다도 문文을 중시하는 문화가 자라지 않았던 것도 이상과 같은 '중세' 성립 과정의 특징과 밀접하게 연결된 것이다.

무엇보다 왕권과 정권의 분화와 병존을 가능하게 한 요인은 중국의 역대 왕조와 책봉관계가 없었던 점이 결정적이었다고 할 수 있다. 책봉관계가 성립하기 위해서는 국왕으로서의 지위가 필수였는데(신하와는 외교하지 않음), '중세' 이후 일본에는 책봉관계가 없었으므로 왕권과 정권의 분화라는 것이 문제가 되지 않았던 것이다. 14세기 말 아시카가 요시미츠가 '일본 국왕'으로서 명에 조공한 것은 예외이나, 어쨌든 요시미츠가 국내적으로는 국왕으로 칭하지 않았던 것도 이러한 이해를 뒷받침하는 것이다.

일본사 연구에서는 '중세'를 중국 문화의 영향에서 독립한 시대로서 높게 평가하는 견해가 지배적인데, 이것은 단편적인 견해라고 생각한다. 국가체제로서는 중국대륙이나 한국의 모델을 채용하는 일이 없었을 뿐으로, 그 때문에 독자적인 매우 특이한 국가체제를 구축하지 않으면 안 되었던 것이다.

한국의 정치 이노베이션

주자학적 국가체제의 성립

한국의 정치 이노베이션은 중국을 모델로 하면서 매우 의식적인 노력을 통해 추진되었다. 그러나 그 과정을 보면 중국의 왕조를 모델로 하면서도 여러 면에서 한국만의 독자적 양상을 띠고 전개되었음을 확인할 수 있다.

고려 후기 이래 원元에서 주자학을 접했던 사람들 중에서 주자학에 심취하여 주자학적인 국가체제, 사회체제를 이상으로 삼는 자들이 등장하게 되었다. 중국에서도 명이 건국되고 나서 비로소 주자학이 국가이념으로서의 지위를 확보하게 되었던 사실을 고려하면, 조선 왕조가 건국되고 곧장 주자학을 국가이념으로 내걸었던 것은 거의 동시대적인 움직임이었다고 볼 수 있다. 같은 시기 일본 사회도 주자학을 접하게 되었으나, 주자학적인 국가·사회체제를 건설하려는 움직임은 이른바 겐무신정 시기를 제외하고는 거의 볼 수 없었다.

이와 같은 둘 사이의 차이에는 여러 이유가 있을 것인데, 가장 기본적인 요인으로서 고려가 처해 있던 국제적 위치라는 문제를 생각할 수 있다. 주지하듯이 원의 지배를 받게 된 고려는 왕세자(다음 국왕 예정자)를 비롯해 많은 사람들이 원에 체재했을 뿐만 아니라 왕실의 혼인도 원과의 사이에서 빈번하게 행해졌다. 주자학을 배우는 사람이 다수 등장하게 된 것도 이러한 고려를 둘러싼 국제적 조건에 기인한 바가 컸다고 말할 수 있다. 따라서 명조와 조선 왕조의 주자학적 체제의 건설은 원이라는 세계제국이 붕괴하는 가운데 새로운 체제를 건설하려는 동시대적인 움직임이었던 것이다.

조선 건국을 주도했던 유교 지식인들은 건국 직후부터 주자학적 국가체제를 건설하기 위한 다양한 활동을 전개했다. 그 과정은 결코 쉬운 일이 아니었으나, 결과적으로 보면 〈그림 2〉와 같은 체제로 귀착하게 되었다. 이 그림은 앞서 살펴본 중국의 진관타오 모델에 따른 것으로, 중국 모델과 비교하면서 이노베이션의 구체적 양상을 검토해 보고자 한다.

중국 모델의 수용에 있어서 가장 큰 문제는 둘 사이의 다음과 같은 차이점에 있었다. 즉 중국에서 송대 이후에 정치 이노베이션이 절실하게 요구되었던 이유는 당대 중기 이후 장기에 걸친 혼란상태가 이어지는 가운데 구사회질서가 완전히 와해했기 때문인데, 한국의 경우는 고려에서 조선으로의 왕조교체에도 불구하고 구사회질서가 붕괴하는 사태는 발생하지 않았다. 곧 고려 이래의 구세력은 왕조교체 후에도 기본적으로는 그 세력을 유지하고 있었으므로, 왕권의 확립을 위해서는 이

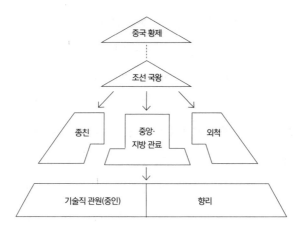

〈그림 2〉 조선의 권력 피라미드

러한 세력을 어떻게 억제할까가 무엇보다 큰 문제였다.

　이 문제가 가장 심각하게 나타난 것은 중앙정계에서 왕권과 신권의 균형 문제였다. 이성계의 조선 건국은 무력과 더불어 고려의 중앙정계에서 성장해 온 유교 지식인 관료의 협력에 의해 가능했다. 이들 중 무인 세력은 사병의 금지나 건국 공신들의 숙청, 그리고 무엇보다도 문신 우위의 관료체제의 정비 등을 통해 점차 약화되었으나, 지식인 관료 세력은 건국 후에도 더욱더 세력을 갖게 되었다.

　건국 후의 국제國制는 지식인 세력의 중심인물이던 정도전의 구상에 따른 것인데, 거기서는 강대한 재상권宰相權을 중심으로 국정을 운용하는 것을 목표로 삼았다. 그러나 이러한 신권 강화의 노선에 대해 앞을 가로막았던 것이 이성계의 5남 이방원(후의 태종)이었다. 방원은 건국 과정에서 큰 공적을 올렸음에도 불구하고, 이성계는 방원의 이복동생 방석에게 왕위를 물려주기를 바랐다. 정도전도 거기에 적극 협력했으므로, 방원은 어린 동생과 정도전에게 죄를 씌워 죽음으로 몰았고 실권을 장악했다. 그리고 왕위에 오른 후에 6조 직계제라는 중앙의 중심적 기관이던 6조의 장관이 중요사항을 왕에게 직접 보고하는 제도를 비롯해, 6조와 왕을 중개하는 역할을 수행하던 의정부의 권한을 약화시키는 조치를 취했다. 그 결과 왕권의 강화로 이어졌으나, 태종의 이러한 노선이 그의 사후에도 계속 지켜진 것은 아니었다. 예를 들면 태종의 뒤를 이은 세종 시대에는 젊고 우수한 관료로 이루어진 집현전의 기능이 강화되어 정책 입안 기관으로서 중요한 역할을 수행했는데, 세종의 사후에는 이 집현전 출신의 관료가 큰 권한을 갖게 되었다. 세종의 손자로 어려서 왕위에 오른 단종을 추방하고 세조가 왕위에 오르는 사건이 일어났던 것도 신권의 강화가 그 원인이었다.

이와 같이 건국에서 제7대 세조에 이르는 기간은 왕권과 신권의 균형이 불안정했다고 볼 수 있는데, 이러한 상황이 변화하기 시작하는 것은 제9대 성종대부터이다. 성종은 세조의 왕위 찬탈을 계기로 커다란 세력을 형성했던 집권층을 견제하기 위해 젊은 신진관료를 적극 등용했고, 그중에는 김종직의 문인이 다수 포함되어 있었다. 김종직은 고려 말기의 학자이자 왕조 교체 때 하야한 길재의 제자로 세조대에 과거에 급제하여 많은 제자를 키웠다. 김굉필을 비롯한 그의 제자들은 주희가 제자와 함께 편찬한 『소학』의 정치이념을 실천할 것을 주장하면서 중앙 정계에 진출하기 시작했던 것이다. (『소학』의 정치이념에 관해서는 후술하겠다.)

성종대의 조치 중에서 또 하나 중요한 것은 왕의 자문기관으로서 홍문관이 설치된 것으로, 그 전부터 존재하고 있던 사헌부, 사간원과 함께 세 개의 언론기관(삼사라고 총칭되고, 관료를 감찰하는 역할을 수행함)이 갖춰지게 되었다. 신진관료들은 삼사에 진출하여 집권층에 대한 비판을 강화해 나갔다.

성종대에 등장하는 이들 신진관료층을 '사림파'로 부르는데, 그들의 진출은 집권층('사림파'에 대해 '훈구파'라고 부름)의 반발을 야기하였고, 사림파에 대한 탄압(사화)이 반복해서 일어났다. 그때마다 사림파는 큰 타격을 입었는데, 그럼에도 그들의 세력이 존재할 수 있었던 이유는 경상도와 전라도 등 지방에 그 세력기반을 두고 있었기 때문이다. 사림이라는 말 자체가 그들의 배후를 따르고 있는 다수 유생의 존재를 나타낸다고 할 수 있다.

사림파의 등장은 신권의 분열을 의미하는 것으로서 그런 만큼 왕권은 강화되었으나, 건국 이래의 불안정한 왕권과 신권이 안정되는 것은 16세기가 되어서부터이다. 특히 중종대에 행해진 전랑법銓郎法의 확립이 큰 의미를 가졌다. 전랑이라는 것은 문관의 인사를 관장하는 이조吏曹 정랑正郞(정5품)과 좌랑佐郞(정6품)을 가리키며, 전랑법이란 전랑에게 삼사의 인사권을 담당시킴과 동시에 전랑의 후임 인사를 전랑 자신의 권한으로서 인정하는 것이다. 이 법에 의해 전랑은 낮은 관계官階에도 불구하고 큰 권한을 가지게 되고, 삼사를 움직여 고위고관을 탄핵하는 것이 가능해 집권층으로서도 그들의 의향을 무시할 수 없게 되었다. 곧 신권이 두 개의 세력으로 분열하면서 왕권과 신권의 균형을 유지할 수 있게 되었던 것이다.

16세기에 형성된 이상과 같은 체제는 이후 200년에 걸쳐 유지되는데, 조선 왕조가 500년을 넘는 기간 동안 존속할 수 있었던 가장 큰 요인이 여기에 있었다. 그러나 18세기 후반 왕권의 강화를 목표로 한 영조·정조대에 전랑법이 폐지되면서 재차 왕권과 신권의 관계가 동요하기 시작한다. 영조·정조라는 유능한 왕의 재위 중에는 이 문제가 표면화하지 않았으나, 19세기에 들어와서는 외척을 중심으로 한 일부의 신하에게 권력이 집중되는 이른바 세도정치가 시작되었던 것이다.

집권적인 국가체제를 확립하는 데 있어 가장 곤란한 문제였던 왕권과 신권의 조화가 확립되는 과정은 이상과 같은 것이었다. 중국과 비교해 신권이 강한 것은 환관 세력이 약하다는 점에서 전형적으로 나타나고 있다. 또한 왕권의 권력 기반 중 하나인 외척의 존재에 관해 말하면 중국보다도 외척의 힘이 강했다고 볼 수 있으나, 이 현상은 왕권이 강하다는 측면보다도 신권의 강함을 나타내는 현상이지 않았을까 생각한다. 왜냐하면 외척의 대부분은 유력한 관료 가문에 속해 있었기 때문으로, 19세기의 세도정치가 그 실태를 보여 주고 있다.

집권적 지방 통치체제의 확립

집권적인 관료제 국가를 건설하기 위해서는 중국과 같이 군현제를 통한 전국 통치가 필요했는데, 이 역시 조선에서는 용이한 일이 아니었다. 군현제 자체는 이미 고려 시대부터 존재하고 있었으나 그 내실은 중국과 크게 달랐다. 즉 군현에는 중앙에서 지방관이 파견되는 군현[27] 과 파견되지 않는 군현(속읍屬邑으로 불림)의 구별이 있었고, 후자는 주읍主邑의 재지 지배층에 의한 간접적인 통치가 행해지고 있었다. 따라서 군

---

27) 고려·조선 시대를 통해 군과 현은 중국과 같이 상하관계에 있는 것이 아니라, 도道 아래의 행정구획으로서 기본적으로는 동격의 존재였고 읍邑으로 통칭되었다. 지방관이 파견되는 읍은 주읍主邑으로 불렸다.

현제라고는 해도 고려는 중국과 같은 집권적 지배체제로서의 성격이 매우 약했고, 지방 지배층이던 이족吏族에게 의지하는 측면을 강하게 가졌다.

고려 중기 이후 중앙에서 지방관이 파견되는 읍이 점차 증가하였으나 여전히 다수의 속읍이 남아 있었다. 더욱이 군현 이외에 향鄕이라든가 부곡部曲, 소所 등의 특수한 행정구획도 다수 존재하고 있었는데, 이러한 지역에도 지방관은 파견되지 않았고 대체로 근처 주읍의 재지 지배층에 의해 통치되었다.

따라서 이와 같은 지방 통치체제를 바꾸어 집권적인 통일적 지배체제를 구축하기 위해서는 각 지방에 할거하고 있는 재지 지배층인 이족의 세력을 억제하는 것이 필수 불가결했다. 대체로 이족층은 고대 이래의 긴 역사를 가지며 신라, 고려 시대를 거치며 지방의 유력자로서 세력을 유지하였는데, 바로 이들의 세력을 배제할 것이 요구되었던 것이다.

이족층에 대한 통제 강화에서 결정적 의미를 가졌던 것은 새로운 지방 지배층으로서 재지양반층의 형성이었다. 그들이 등장하는 과정은 다음과 같은 것이었다. 조선 시대의 지배계층인 양반은 그 대부분이 고려 시대의 이족층을 출신 모체로 한다. 이족 중에서 과거 등의 경로를 통해 중앙정계에 진출하여 양반이 되는데, 그들은 관료로서의 생활을 끝낸 후 그대로 서울을 중심으로 한 지역에 계속 거주하는 경우와 지방에 이주해서 사는 경우가 있었다. 또한 서울에 거주하는 자 중에서도 정쟁에 패하는 등의 정치적인 이유로 지방에 옮겨 사는 경우도 다수 볼 수 있다. 이 중 지방에 이주하는 경우 대부분은 본래의 출신지가 아니라 어머니나 아내의 출신지 등 다른 지역에 이주지를 정했다. 왜냐하면 자신의 출신지에 이주하면 그 지역에 사는 이족 집단에 흡수되어 양반으로서의 사회적 지위를 위협받았기 때문이다. 이렇게 해서 재지양반이 형성되었는데, 이것을 지방 측에서 보면 그때까지의 지배층이던 이족에 더하여 양반 집단이 존재하게 된 것을 의미한다. 이 점이 고려 시대와의 큰 차이이고 집권적인 지방 통치체제의 확립에 크게 기여한 부분이다.

지방에 거주하게 된 양반들은 읍을 단위로 유향소라는 조직을 만들고 계층으로서의 결집을 도모하기 시작했다. 유향소는 15세기에는 중앙정부의 방침에 따라 존폐를 반복했으나, 16세기 이후 상설기관이 되었다. 동시에 향약을 제정하여 지방사회로 유교적 이념을 보급·확대하는 데 노력했다. 유향소의 구성원은 향안이라는 명부에 등록되었는데, 이 향안에 등록되는 것이 그 지역에서 양반으로서의 사회적 인지를 얻는 필수조건이었다. 그리고 향안의 등록을 비롯해 유향소의 운영은 양반들의 자치에 맡겨졌다.

이렇게 읍에서는 중앙에서 파견된 지방관(수령), 행정실무를 담당하는 향리[28], 재지양반이라는 삼자三者가 정립하게 되고, 이들 삼자가 협력, 견제하면서 지방통치를 행하는 체제가 성립되었다.

기본 삼각형의 사회구조

중국의 저명한 인류학자인 페이샤오퉁費孝通은 사회구조를 파악하는 데 있어 기본 삼각형이라는 개념을 사용했다.

---

28) 고려 시대의 이족 지위가 조선 왕조에 들어와 저하되고, 그들은 향리로 불리게 되었다.

두 점 간에는 하나의 직선만을 그을 수 있다. 이 직선은 어느 한 점의 위치도 고정할 수 없다. 두 점은 그 사이의 거리를 변화시키지 않고 이쪽 저쪽으로 이동할 수 있다. 이 두 점과 그 사이의 직선의 위치를 고정하려고 한다면, 단지 또 한 점을 추가해 하나의 삼각형을 만들면 된다. 세 점 간에 세 개의 직선의 길이가 고정되면 오직 하나의 삼각형밖에 만들 수 없다. 두 점의 위치의 고정은 세 번째 점의 존재에 관계되어 있다. 이것은 구조상의 원리인데, 사회집단의 형태에서도 양자 간의 관계가 제3자의 존재에 의해 고정되는 경우가 종종 있다.[29]

페이샤오통은 이 개념을 결혼에 의한 결합에 적용했다. 결혼한 남녀는 불안정한 양자 관계에 놓이지만 자녀가 태어나는 것에 의해 삼자관계가 성립하여 구조적으로 안정된다는 것이다. 이 개념은 조선 시대의 정치구조를 이해하는 데 있어서도 유효하다.

앞서 보았듯이 중앙의 정치구조에서는 건국 초 불안정했던 왕권과 신권의 관계가, 신권이 이분하면서 왕 – 고위관료 – 전랑이라는 삼자관계가 형성되고, 이것이 안정을 낳았다고 볼 수 있다. 또한 지방의 지배체제에서도 수령 – 재지양반 – 향리라는 삼자관계가 형성되어 안정된 체제가 구축되었다. 이러한 구조는 꼭 의도적으로 만들어졌던 것은 아니지만 당초의 불안정한 체제 속에서 시행착오의 결과 태어난 구조였다고 여겨진다. 조선 왕조가 500년이라는 긴 기간 존속할 수 있었던 가장 기본적인 원인도 이와 같은 기본 삼각형 사회구조에 있었던 것은 아닐까.

29) 費孝通, 橫山廣子 譯, 『生育制度: 中國の家族と社會』, 東京大學出版會, 1985, 101쪽.

중국과 조선의 과거제도 비교

조선 시대의 과거제도와 중국 명·청 시대의 과거제도는 둘 다 문관을 뽑는 시험과 무관을 뽑는 시험이 존재하였고 동시에 문관을 뽑는 시험이 압도적인 중요성을 차지하고 있었다. 따라서 문관을 선발하는 제도에 한하여 둘을 비교하면 〈표 1〉과 같이 정리할 수 있다.

이 표에서 알 수 있듯이 양국의 과거제도는 기본적인 면에서 많은 공통성을 가지고 있었다. 조선의 과거가 중국의 과거를 본뜬 것이었으므로 어떤 의미에서는 당연한 것이라고 말할 수 있을 것이다. 과거의 본시험에 앞서 실시되는 예비시험의 존재, 3년에 한 번 실시되는 본시험의 빈도, 3단계에 걸쳐 실시되는 본시험의 과정, 최종시험인 전시는 황제 혹은 국왕이 시험관이 되어 실시되었던 점 등이 공통된 점이다. 이와 같은 과거제도의 공통성을 토대로 과거 합격자를 관료로 등용하고, 그들이 국가를 통치하는 집권적 관료제가 양국에서 가능하게 되었던 것이다.

그러나 다른 한편으로 양국의 과거제도에는 여러 가지 차이도 존재했다. 생원·진사라는 명칭을 공통적으로 사용하면서도 그 의미가 서로 다른 점이나, 전시 수석합격자의 칭호가 언뜻 비슷하면서도 다른 점 등은 조선 왕조의 깊은 고심의 산물이라고 말할 수 있을지 모른다. 그러나 보다 중요한 차이점으로 다음과 같은 점을 지적할 수 있다.

첫째, 중국에서는 예비시험인 동시童試에 합격한 사람만이 본시험에 응시할 수 있었던 것에 비해 조선에서는 예비시험인 생원·진사시에 합격하지 않아도 본시험을 치를 수 있었다. 그런 반면 중국의 동시 합격

〈표 1〉 과거 비교표

		중국	한국
예비시험	명칭	동시童試	생원·진사시
	빈도	3년마다	3년마다
	학위	생원	생원, 진사
	정원	약 3만 명	200명
	관직 취임 자격	없음	있음
	본시험과의 관계	필수	무관계
본시험	빈도	3년마다	3년마다
	1차 시험	향시	향시
	학위	거인	없음
	정원	약 1,000명	240명
	관직 취임 자격	있음	없음
	지역 배분	있음	있음
	2차 시험	회시	회시
	정원	약 300명	33명
	최종시험	전시	전시
	학위	진사	(문과 급제)
	정원	약 300명	33명
	지역 배분	있음	없음
	수석 급제자	장원狀元	장원壯元
	임시 시험	거의 없음	빈번

정원은 3만 명이라는 많은 수를 선발한 것에 비해, 조선에서는 생원·진사 각각 100명씩 합계 200명이라는 좁은 문이었다. 또한 중국에서는 동시에 합격해도 관직에 오르는 것이 불가능했던 데 비해 조선에서는 생원·진사의 자격만으로도 관직에 오를 수 있었다.

둘째, 과거 본시험의 1차 시험인 향시鄕試 합격자의 경우 중국에서는 거인擧人이라는 학위를 주었고, 또 거인이라는 지위만으로 관직에 오르는 것이 가능했으나, 조선에서는 특별한 학위는 주지 않았으며 관직에 오르는 것도 불가능했다. 또한 거인의 자격은 한 번 획득하면 일생 동안 유효했으므로 거인 학위 보유자는 향시를 면제받았으나, 조선에서는 그와 같은 특권은 인정되지 않았다.

셋째, 최종시험인 전시殿試 합격자의 정원을 보면 중국에서는 특별히 정해진 정원이 없었으나 명·청대를 통해 한 번의 시험에서 평균적으로 약 300명을 선발한 것에 비해, 조선의 경우는 33명으로 양국의 인구 규모를 고려하면 큰 차이는 없었다고 볼 수 있다. 그러나 조선에서는 3년에 1번 실시되는 정규 문과시험(이것을 식년시라고 함) 이외에도 다양한 명목의 임시 시험이 수시로 실시되었다. 그에 비해 중국의 경우 명대에는 임시 시험이 거의 실시되지 않았으며, 또한 청대에는 황제의 탄생일 등의 명목으로 임시 시험(은과恩科라고 함)이 25회 실시되었을 뿐이다. 그 결과 명·청 시대의 전시 합격자 총수는 5만 1,524명(명: 2만 4,636명, 청: 2만 6,888명)이었으나 조선의 합격자 총수는 약 1만 1,400명으로 인구 규모 대비 조선 쪽이 훨씬 많은 합격자를 낳게 되었다.

넷째, 중국에서는 향시와 회시 모두 합격자의 지역 배분이 이루어졌던 데 비해, 조선에서는 향시의 경우만 지역 배분을 하고 회시는 하지 않았다. 그 때문에 조선에서는 수도인 한성과 그 주변 지역 출신자의 비중이 절반을 넘는 지역적인 불균형이 존재했다.

다섯째, 표에서는 번잡해지므로 생략했는데, 중국에서는 학교제도가 과거제도와 밀접한 관계를 가지고 있었다. 학생의 자격은 연납捐納(금전으로 자격을 구입하는 것)을 통해 얻을 수 있었을 뿐만 아니라 심지어 학생이라는 직함으로도 관직에 오를 수 있었다. 또한 과거에 합격한 후에도 연납을 통해 승급이 인정되는 경우도 있었다. 이러한 연납제도는 상인 등이 사회적 지위를 상승시키는 수단으로 기능했고 동시에 사대부층이 자신들의 지위를 지키는 기능도 갖는 양면적인 의미를 지니고 있었다. 그에 비해 조선에서는 곡물을 국가에 바침으로써 명목상의 관직(납속직納粟職과 같은)을 받는 일이 있었으나, 조선 시대 말기를 제외하고는 실제 관직에 오르는 것은 불가능했다.

표에는 나와 있지 않으나 이상과 같은 차이 외에도 가장 큰 차이로서 지금까지 중시되었던 것은 과거 수험 자격의 문제이다. 즉 중국에서는 범죄인 등의 천한 신분인 자를 제외하고 모든 남자에게 수험 자격이 주어졌으나, 조선에서는 법적으로는 양인 신분의 남자에게 수험 자격이 있었음에도 실제로는 양반 신분에게 수험 자격이 한정되어 있었다. 곧 개인의 능력만을 판단 기준으로서 우수한 인재를 선발한다는 과거 본래의 이념이 중국에서는 제도상 보장되어 있었으나 조선에서는 그렇지 않았다는 것이다. 이 차이는 단순히 수험 자격의 문제에만 머무르지 않고, 관료로의 문이 개방적이었는가 폐쇄적이었는가라는 문제와 직결되는 것으로서 양국의 관료제도뿐만이 아니라 사회체제의 문제에까지 관계된 큰 차이로 인식되어 왔다.

중국으로부터 과거라는 제도를 수용했으면서도 왜 이와 같은 차이가 생겼던 것인가. 그 이유를 고찰하는 것을 통해 한국의 정치 이노베이션의 특징을 파악할 수 있으며, 동시에 중국의 과거제도 자체에 관해서도 새로운 이해가 가능할 것이라고 생각한다.

양국의 과거제도의 차이를 생각함에 있어 16세기 조선 안동 지방의 향약을 제정했던 정사성鄭士誠의 다음과 같은 말을 참고할 수 있다.

> 『주역』에서는 상하를 분별하여 민지民志를 정한다고 말한다. 상하를 구분하는 것으로, 명분이 서고, 민지가 안정된다는 의미이다. 사민四民이란 사농공상士農工商을 말한다. 중국에서는 현인賢人을 뽑아 위정자로 삼는 데 아무런 제한이 없고 출신을 전혀 묻지 않는다. 생각건대 나라의 풍속이 그러하기 때문일 것이다. 그러나 우리나라에서는 사람을 구별하는 것이 풍속으로 그 내력은 오래되었다. 100리만 떨어져도 풍속이 서로 다르다고 말하는데 어째서 중국과 똑같이 할 필요가 있을 것인가.[30]

이와 같이 정사성은 신분의 구별을 엄수하는 것이 조선의 국속國俗이라고 말하며 과거의 수험 자격을 양반에 한정하는 것의 정당성을 주장하고 있다. 정사성이 이렇게 주장하는 역사적 근거는 고려에서 조선으로의 왕조 교체가 지배층의 큰 변동을 수반하지 않았던 것에 있었다고 생각된다. 중국의 경우 당대唐代까지의 지배계층이던 귀족 세력은 당

---

30) 정사성, 『지헌집芝軒集』권3, 잡저, 「향약鄕約」

대 중기부터 5대의 혼란기를 거치는 와중에 완전히 몰락했기 때문에, 송대가 되어 새로운 지배계층으로서 사대부층이 등장할 수 있었다. 그러나 조선의 경우는 이와는 사정이 달랐다. 고려 말에는 확실히 다양한 사회적, 정치적 혼란이 발생하기는 했으나, 중국의 당·송 변혁기와 같은 사회의 근저부터의 동요가 발생한 것은 아니었다. 조선의 건국을 주도한 유교 지식인층은 명문 출신이 아닌 자(예를 들면 정도전)도 포함하였지만, 명문 출신자(조준이나 권근 등)도 다수 가담하고 있었다. 따라서 고려에서 조선으로의 왕조 교체는 지배계층의 자기혁신, 자기부정이라는 측면을 가지고 있었으며, 구래의 신분제를 부정하는 것에 대한 저항이 강했다고 생각된다. 또한 출신을 묻지 않는 과거제도는 왕권 강화에 적합한 성격을 가지는데(중국 송대에 과거제도가 확립한 큰 원인은 황제 권력의 강대화였다), 조선 왕조의 경우 중국보다도 신권이 강했던 것도 과거의 수험 자격을 제한하는 요인이었다.

지금까지의 일반적 이해로는 이상과 같은 과거 수험 자격의 차이로 말미암아 중국에서는 지배계층의 유동성이 강했고, 조선에서는 지배계층이 고정적이었다고 설명되었다. 그러나 이러한 이해는 꼭 실증적인 근거에 기반한 것은 아니다. 조선의 문과 급제자가 양반에 의해 거의 독점되었다는 점은 확실하지만, 주의할 필요가 있는 것은 중국 사대부와 조선 양반의 개념상의 차이이다.

중국의 사대부는 기본적으로 과거에 급제하여 관료가 된 본인과 3대 정도의 직계자손을 가리키는 개념이다. 따라서 사대부 가문이라도 3대 이상 과거급제자가 나오지 않으면 사대부로서의 사회적 지위를 잃었다. 그에 비해 조선의 양반은 직계 조상 중에 과거 급제자가 한 사람이라도 있으면 몇 대가 경과해도 양반으로서의 지위를 잃지 않았다. 이러한 둘 사이의 개념 차이를 무시하고 양반에 의한 과거 급제자의 독점을 운운하는 것은 부정확하다.

중국에서 사대부층의 유동성을 주장하는 대표적인 연구자는 허핑티何炳棣로 그의 연구에서 유동성의 기준으로 삼는 것은 과거 급제자들의 3대 직계조상 중에 과거 급제자가 존재하는가의 여부이다. 조선 시대 과거 급제자에게도 동일한 기준을 적용하면 중국과 비슷한 정도로 유동적이었다는 결론이 나오지만, 양반인가 아닌가를 기준으로 하면 5대나 10대 이상의 조상 중에 급제자가 한 사람이라도 있으면 양반가문 출신자가 되는 것이다.

따라서 현재까지의 연구에서는 과거를 통한 지배계층의 유동화가 조선보다도 중국에서 격렬했는가의 여부는 아직껏 실증된 적이 없다고 말해야 할 것이다. 과거 합격자가 동일 가문에서 어느 정도 배출되었는가를 알기 위해서는 방대한 작업이 필요하며, 특히 중국의 경우는 족보 자료를 이용할 수 있는 가능성이 조선보다도 제한되어 있어 자료적인 곤란이 많은 듯하다.

조선 시대 한 인물을 기점으로 그 직계자손 중에 100명이 넘는 문과 급제자가 배출된 가문은 셋이 존재했다.[31] 이러한 가문의 급제자 배출 상황을 검토하면 가문 전체에서 구석구석 급제자가 존재했던 것이 아니라 일부의 가계에서 집중적으로 급제자가 나오고 있음을 알 수 있다. 그 때문에 이러한 가계에서는 흡사 과거 급제라는 지위가 세습되는 듯

---

31) 박소朴紹(반남 박씨)의 자손 129명, 서성徐渻(대구 서씨)의 자손 120명, 홍인상洪麟祥(풍산 홍씨)의 자손 111명이다.

한 양상을 노정하며, 예를 들면 신분제에 의해 지위가 세습된 에도 시대 일본의 지위 계승과 닮은 패턴을 보여 준다. 그러나 이러한 가계는 아주 특수한 사례로서 대다수의 양반가문에서는 계속해서 문과 급제자를 배출하는 것은 불가능했다.

중국에서도 조선에서도 문과 급제자의 수는 매우 소수였다는 점이 그 지위 계승을 곤란하게 한 가장 큰 요인이었다. 아무리 명문가문이라고 해도 문과 급제자를 계속 배출하는 것은 극히 곤란하며, 설령 그러한 가문이 존재했다고 해도 그것은 격렬한 경쟁의 결과로 가능했다. 과거가 존재한 중국·한국의 경우와 그것이 존재하지 않았던 일본의 가장 큰 차이는 바로 이 점에 있었다고 말해야 할 것이다.

중국의 서리와 조선의 향리

앞에서도 지적했듯이 중국에서 '작은 정부'의 실현을 가능하게 했던 가장 큰 요인은 행정실무 담당자로서의 서리胥吏의 존재였다. 중국의 서리에 해당하는 것이 조선의 향리鄕吏이다. 서리도 향리도 관료와는 구별되며 원칙적으로 국가로부터 봉급을 받지 않았는데, 그것은 그들의 직책이 본래 국가에 대한 역役이었기 때문이다. 중앙에서 파견되어 온 지방관은 지방의 실정을 잘 아는 그들의 도움 없이 임무를 완수하기 어려웠다. 그들은 한편으로 중앙정부의 정책이 지방에 관철되게 하는 기능을 담당하면서, 다른 한편으로 지방의 이해를 대표하여 정부를 상대하는 존재로서 중개자적인 역할을 수행했다. 소수의 과거 급제자를 중심으로 한 관료들에 의해 국가를 운영하는 것이 가능했던 것도 관료를 훨씬 상회하는 수의 서리와 향리의 존재 때문이다. 이와 같이 서리와 향리는 그 사회적 기능 면에서 공통된 성격을 가졌으나, 또 양자 간에는 명료한 차이점도 존재했다.

가장 크게 다른 점은 그 계층적인 존재 형태의 차이를 들 수 있다. 조선의 향리는 하나의 독자적인 사회계층으로서 존재하였고, 그 지위는 동일한 가계에서 계승되는 것이 일반적이었다. 그에 반해 중국의 서리는 기능집단으로서는 존재했으나, 하나의 독자적인 사회계층이었다고 보기는 어렵다. 중국에서도 서리 지위를 세습하는 경우를 다수 볼 수 있었지만 제도적으로는 세습이 금지되었고, 또 대가를 지불하고 그 지위에 취임하는 연납이 광범위하게 이루어진 점도 있어서 폐쇄적인 사회계층으로서의 성격은 약했다.

또한 양자는 그 내부구조에서도 차이를 볼 수 있다. 조선의 경우 각 지역마다 향리의 대표자로서 호장戶長이 존재하였고, 그가 향리 전체를 통괄하는 역할을 국가에 의해 인정받고 있었다. 그에 비해 중국에서는 서리의 우두머리로서 경승經承이 존재했으나, 개개의 임무에 따라 각 서리의 자주성이 강했던 듯하다. 조선 후기가 되면 삼공형三公兄이라고 해서 호장 이외에 두 사람이 공동으로 향리층을 지휘하게 되고, 동시에 이러한 지위는 특정한 향리가문에 의해 독점되는 경향이 강해졌다. 그리고 유력한 향리가문에서는 종족을 형성하여 그 결속을 강화하고 또 종족 내부의 혼인까지도 행해졌다. 더욱이 18세기 후반이 되면 향리들 중에서 유학을 배워 과거에 도전하는 자가 나타나기 시작하고, 과거 예비시험에 합격해 생원·진사 학위를 가진 경우도 볼 수 있게 된다.

전체적으로 보면 조선의 향리는 중국의 서리보다도 계층적인 성격이 강하고, 특정한 가계에 의해 대대로 그 지위가 계승되었다. 향리는 원래 고려 시대에는 지방의 호족으로서 강한 세력을 자랑하는 존재였다. 또한 양반 대부분은 고려의 이족가문 출신자였으므로 양자는 그 뿌리를 같이하는 존재였다. 이러한 점이 중국의 서리와는 다른 향리의 모습을 낳은 이유로 보인다.

일본의 막번체제와 이노베이션의 한계

소농사회의 성립과 주자학의 수용

조선 왕조의 주자학 수용이 이념선행형理念先行型으로서 현실이 그것에 뒤따르는 과정을 더듬었다고 한다면, 일본에서는 이것과는 반대의 사태가 생겼다고 볼 수 있다.

일본에서 주자학은 이미 가마쿠라 시대에 유입되었으나 고려 왕조와 같은 현상, 즉 주자학 이념에 기반한 정치변혁의 움직임은 겐무신정을 제외하고는 그다지 크지 않았다. 주자학은 고잔五山의 승려들에 의해 외교에 필요한 지식으로서 학습되는 데 머물렀다. 주지하다시피 주자학이 국가체제를 지탱하는 이념으로서 주목을 받게 되는 것은 에도 시대에 들어서의 일로, 그러한 의미에서는 일본의 주자학 수용은 매우 의도적 내지는 선택적인 수용이었다고 말할 수 있을 것이다. 그렇다면 문제는 '왜 에도 시대가 되고 나서야 주자학의 수용이 꾀해졌는가' 하는 점이다.

이 문제에 관한 전형적인 이해로서 마루야마 마사오丸山眞男의 견해를 들 수 있다. 마루야마는『일본정치사상사연구』에서 에도 시대에 주자학을 수용한 원인으로서, 이 시대가 되어 상당히 정치精緻하게 체계화된 신분제에 근거한 위계질서가 주자학에 적합했다는 점을 지적하고 있다. 그러나 이러한 파악 방식은 근본적으로 주자학에 대한 그릇된 이해에 근거한 것이라고 생각한다. 왜냐하면 앞서 지적했듯이 주자학은 신분제를 부정하는 것으로부터 성립되었고, 인간사회의 질서는 신분제와 같이 생래적으로 결정되는 것이 아니라 개인의 노력에 의한 것이라고 가르치고 있기 때문이다. 따라서 에도 시대에 주자학을 수용한 요인은 전혀 다른 곳에 있었다고 생각해야 할 것이다. 소농사회론은 이 문제를 집약적 도작의 성립과 그에 수반한 지배층의 존재 형태의 변화를 통해 설명하려는 것이다.

즉 태합검지를 획기로 하는 병농분리를 통해 무사층은 농촌에서 완전히 분리되어 도시에 집주할 것이 의무화되었는데, 이것이 가능했던 이유는 집약적 도작의 성립에 의해 소농층의 경영이 안정되었기 때문이다. 그리고 아주 일부의 무사층을 제외한 대다수의 무사는 그때까지 자기가 지배하고 있던 영지에서 분리되어 주군으로부터 지급받는 봉록에 의거하는 존재가 되었다. 무사층 전체의 이와 같은 변화는 영지 지배의 주체였던 다이묘의 영지 지배를 취약하게 했고, 토지 지배의 국가적 집중을 강화했다.

에도 시대의 주자학 수용은 이상과 같은 사회적 변화를 기반으로 하여 비로소 가능했다. 토지 지배의 국가적 집중, 전투를 생업으로 하는 무사의 행정관료로의 변질, 민생의 안정을 지배 정통화의 근거로 하는 체제의 확립 등의 일련의 사태에 대응하기 위한 이념으로서 주자학이 본격적으로 수용되었다고 생각할 수 있다.

그러나 다시 말할 것도 없이 에도 시대의 국가체제는 조선 왕조에서와 같이 주자학의 전면적 수용을 가능하게 할 만한 것은 아니었다. 그 가장 큰 이유는 도쿠가와 정권도 이전의 무사 정권과 마찬가지로 왕권과 정권의 분리라는 체제를 극복할 수 없었던 점에 있었다. 도쿠가와 정권은 무사의 정권으로서는 가장 강대한 권력을 가졌지만 천황을 대신해 왕위에 오르는 것은 불가능했다. 주자학에서 가장 중요하게 생각하는 이념 중의 하나로 '명분名分'이 있다. 명분이란 왕은 왕답게 선비는 선비답게 행동하는 것이 그 핵심이라고 할 수 있는데, 도쿠가와 쇼군은 명분에 걸맞지 않은 존재였다. 도쿠가와 쇼군은 다른 다이묘와 비교하여 절대적인 힘을 가졌지만 다른 다이묘, 특히 도요토미의 가신이었던 이른바 도자마다이묘外様大名의 존재조차도 부정할 수 없었다. 그 때문에 에도 시대의 막번체제는 군사적인 대결을 전면적으로 해소한 것이 아니라 그것을 동결한 것에 지나지 않았다.

도쿠가와 정권의 이러한 양태는 막번체제에 다양한 특색을 만들어냈다. 그중에서도 가장 큰 문제는 방대한 무사층을 떠안게 되었던 점이었다. 센고쿠 내란 시대라면 모르겠지만 센고쿠의 분열 상태가 해소된 단계에서 대량의 무사가 존재할 필요는 없어졌지만, 군사적 대결을 동결한 막번체제에서는 무사의 구조조정이 불가능했다.

또한 무사가 조카마치에 집주하는 체제가 에도 시대 내내 유지되었던 것도 다양한 문제를 일으키는 원인이 되었다고 생각할 수 있다. 무사가 농촌에 존재하지 않으므로 농촌지배가 약화된 것도 문제였으나,

보다 큰 문제는 상층 농민을 지배체제에 충분히 편입하지 못했던 점에 있었다. 상층 농민은 하층 무사보다도 경제적으로도 문화적으로도 상위에 있었다고 여겨지지만 피지배 신분의 지위에서 벗어날 수 없었던 것이다.

이와 같이 방대한 무사층의 존재와 무사와 농민의 분리라는 체제는 주자학의 이념에 반하는 것으로, 여기에 에도 시대 주자학을 수용하는 데 가장 큰 한계가 있었다. 그리고 방대한 하층 무사의 존재와 피지배 신분으로서 위치된 상층 농민이 막번체제를 동요하는 요인으로서 표면화하게 된다.

18세기 후반 이후 주자학의 확산과 새로운 정치의식의 형성

전술했듯이 에도 시대 초기의 주자학 수용은 여러 한계를 보였는데, 매우 흥미로운 사실은 18세기 후반 이후 무사층을 비롯한 많은 사람들이 주자학을 배우게 되면서 큰 사회적 영향력을 발휘하는 변화가 나타났다는 점이다. 그리고 주자학의 보급에 따라 그때까지 볼 수 없었던 정치의식의 고양이 나타나게 된다.

에도 시대 초기부터 본격적으로 수용되기 시작한 주자학은 당초 수많은 비판에 직면하였다. 야마가 소코山鹿素行와 이토 진사이伊藤仁齋, 오규 소라이荻生徂徠 등의 주자학 비판은 그 대표적인 것으로, 이미 17세기 후반에는 유자 중에서도 주자학에 비판적인 풍조가 일반적이게 되었다. 특히 오규 소라이의 영향력이 강했다. 그러나 18세기 후반 무렵부터 주자학으로의 회귀라고도 말할 수 있는 주자학 재검토의 움직임을 볼 수 있게 되었다. 그러면 왜 이 시기가 되어 주자학이 재검토되었던 것인가.

주자학으로의 회귀를 초래한 가장 큰 요인은 막번체제가 벽에 부딪치게 된 데에 있었다. 센고쿠의 동란에 종지부를 찍고 '도쿠가와의 평화'가 실현된 17세기는 인구와 경지면적이 비약적으로 증대하고, 농업 생산력의 발전으로 소농사회가 궤도에 오른 시대였다. 그러나 18세기 후반이 되면 인구와 경지의 확대가 정체되고 다양한 모순들이 현재화한다. 농민에게 거둔 쌀을 오사카에서 판매하는 것을 전제로 한 막번체제에서는 상품경제의 영향을 받지 않을 수 없는데, 상인들의 경제력이 강해지는 것과 반비례하여 무사의 생활은 점점 더 곤궁해진 것이야말로 가장 큰 모순이었다. 이러한 곤란을 극복하기 위해 사회 전체를 통합하는 원리로서 '용用은 있으나 체體가 없는' 소라이학이나, 반대로 '체만 있고 용이 없는' 양명학은 도움이 되지 않았다. 곧 체와 용을 겸비한 주자학 이외의 선택지는 존재하지 않았던 것이다.

이러한 주자학 회귀의 움직임을 더욱 촉진시킨 결정적인 계기가 되었던 것은 1790년 도쿠가와 막부가 발령한 '간세이 이학의 금寬政異學の禁' 조치였다. 이것은 도쿠가와 이에야스의 정치 고문의 한 사람이었던 하야시 라잔이 설립해 하야시 가문의 사숙으로서 운영된 쇼헤이코昌平黌를 막부의 교육기관으로 삼아 명칭도 쇼헤이자카 학문소昌平坂學問所로 개칭하고, 동시에 이곳에서의 강의는 주자학 이외의 학문을 가르치는 것을 금지하는 조치였다. 여기서 비로소 주자학과 막부의 관계가 제도적인 것이 되었다.

'이학의 금'이 나온 것은 다음과 같은 이유에 따른 것이었다. 막부가 쇼헤이자카 학문소를 막부의 학교로 한 것은 우수한 인재를 육성하여 막번체제의 재건을 도모하기 위해서였고, 그 일환으로서 학문음미제도가 마련되었다. 이 제도는 학문소의 학생에게 시험을 부과해 우수한 성적을 거둔 사람을 발탁하는 것을 목적으로 하였다. 여기서 시험을 공평하게 실시하기 위해서는 성적을 평가하는 기준이 필요했고, 그 기준으로서 주자학 이외에는 선택의 여지가 없었다. 중국이나 한국과 달리 과거제도를 한 번도 채용한 적이 없었던 일본이 처음으로 과거와 유사한 제도를 마련한 것이다.

'이학의 금'은 어디까지나 학문소의 강의에서 주자학만을 가르친다는 것으로 주자학 이외의 학문을 금지하는 것은 결코 아니었으나, 다이묘들이 설립했던 번교에서도 막부의 조치를 모방하는 곳이 많았으므로 자연히 주자학을 배우는 사람이 증가하게 되었다. 그때까지 유교를 배울 기회가 거의 없었던 무사들이 하층 무사도 포함하여 주자학을 배우게 되었던 것이다.

주자학의 보급은 무사층에 제한된 현상은 아니었다. 19세기 전반은 일본에서 서민교육이 폭발적으로 보급된 시대였다. 수많은 교육기관이 설립되는 가운데 초등교육기관이던 데라코야寺子屋를 제외한 대부분의 교육기관에서 유교와 주자학을 가르쳤다.

서민에 대한 유교와 주자학의 보급을 잘 보여 주는 것은 『경전여사 經典余師』라는 서적의 보급이다. 『경전여사』는 유교 경전, 곧 한문 원문에 훈독문과 일본어역을 붙인 것으로, 1786년 『경전여사 사서지부四書之部』 가 처음으로 간행되었던 것을 시초로 이후 10종류의 책이 시리즈로 간행되었다. 그 발매부수는 확실하지 않지만 아마도 수십만 부에 이를 것으로 추정된다. 일본의 학교에서는 등에 땔나무를 짊어진 채 책을 읽고 있는 니노미야 손토쿠二宮尊德의 동상을 많이 볼 수 있는데, 그가 읽고 있던 책도 이 『경전여사 사서지부』에 수록되어 있는 『대학』이었다고 한다. 『경전여사』 시리즈는 사서와 『근사록』 등 주자학 텍스트가 중심을 점하고 있으며 주자학 보급에 큰 역할을 수행했다.

이렇게 일본에서는 18세기 말 무렵부터 주자학이 본격적으로 보급되기 시작했는데, 주자학의 보급은 정치적으로도 큰 영향을 미치게 되었다. 다시 말할 필요도 없이 주자학은 개인의 수양을 기초로 하여 정치에 참여하는 것을 최종적인 목표로 하는 가르침(수기치인의 학문)이었다. 따라서 주자학을 배운 무사들 중에서 정치에 관심을 가지는 자들이 나오는 것은 불가피했다. 그때까지 대다수의 무사는 정치에 관여할 기회가 거의 차단되어 있었지만, 우수한 인재 등용이라는 시대적 추세 속에서 정치에 적극적으로 발언하는 무사가 등장하기 시작했다.

주자학을 배우고 정치에 눈을 뜬 무사들 사이에서 막번체제에 대한 비판의 목소리가 불거져 나온 것은 자연스러운 일이었다. 앞서 지적했듯이 주자학에서 중요하게 생각하는 '명분'론의 입장에서 보면 왕권과 정권의 분리, 병존이라는 체제는 있을 수 없는 것이었다. 이 책에서는 일관되게 막부, 쇼군이라는 말을 사용했는데, 실은 이러한 말은 19세기가 되고 나서 일반적으로 사용하게 된 말로, 그 이전에는 막부는 공의 公儀, 쇼군은 공방公方으로 부르는 것이 관례였다. 막부, 쇼군이라는 말은 덴노의 존재를 의식한 호칭이며, 주자학의 보급에 따라 덴노의 정치적 지위에 변화가 생기기 시작했던 것이다.

무사층에 주자학이 침투하는 가운데 생긴 또 하나 주목할 만한 현상은 번藩을 넘어 무사들의 네트워크가 형성되기 시작한 점이다. 에도 시대 무사는 산킨코타이參勤交代[32) 때문에 결코 번내에만 머물렀던 것은 아니다. 그런데 쇼헤이자카 학문소는 도쿠가와 쇼군의 신하만이 아니라 다른 다이묘들의 신하인 번사藩士도 학생으로 받아들였으므로 전국적으로 우수한 인재들이 배움의 기회를 가질 수 있었다. 그들은 막부와 번의 개혁을 담당할 주체로서 기대를 모았는데, 개혁을 위해서는 정치적인 체제의 재건이 필요한 사정도 있어 정치적인 논의가 번의 틀을 넘어 이루어지는 분위기가 조성되었던 것이다. 이러한 움직임은 개항 후의 정치변동과 결합되면서 이윽고 메이지유신으로 이어지게 된다.

조선과 일본의 유교 수용 비교: 『소학』 수용을 중심으로

조선 시대와 에도 시대의 유교는 다양한 방면에서 큰 차이가 있었으나 여기서는 주희가 편찬한 『소학』이라는 텍스트 수용 문제에 한정하여 검토해 보자. 앞서 지적했듯이 『소학』은 단순히 초학자를 위한 텍스트였을 뿐만 아니라 주희의 새로운 정치사상이 포함된 텍스트이기도 했으므로 『소학』 수용의 차이를 밝히는 것을 통해 한국과 일본의 유교, 주자학 수용의 차이를 분명히 알 수 있을 것이라고 생각한다.

『소학』은 조선 왕조 초기부터 유학 입문서로 널리 이용되었지만, 이 책에 담긴 주희의 정치이념을 중시하고 그것을 실천하려는 정치집단은 16세기 후반에 본격적으로 등장하였다. 그 선구자는 김종직이고, 그의 제자였던 김굉필을 중심으로 『소학』 실천집단이라고도 부를 수 있는 정

---

32) 에도 시대의 다이묘大名 통제책의 하나로, 각 번의 다이묘를 에도와 영지에 교대로 거주시킨 제도이다. 1635년 무가제법도 개정을 통해 제도화되었다.

치세력이 형성되었다. 이 세력에 대해 지금까지는 사림파라고 부르는 것이 일반적이었는데, 정치이념에 따른 명칭으로서는 '『소학』실천집 단'으로 부르는 편이 걸맞다고 생각한다.『소학』의 주석서로서는 중국에서 편찬된 하사신何士信의 『소학집성小學集成』과 정유程愈의 『소학집설小學集說』이 조선에서도 이용되고 있었고, 『소학』 실천자의 한 사람이던 김안국은 보다 간명한 『소학집설』을 간행하여 그 보급에 진력했다.

그렇다면 이들은 어째서 『소학』의 정치이념에 공감하고 그것을 실천하려고 했던 것인가. 이들은 신분에 따른 효孝의 양태 차이를 부정하고, 국가에 대한 충忠과 부모에 대한 효를 분리하며, 동시에 군주의 도덕적 수양을 강조하는 『소학』의 이념이 세조의 왕위 찬탈 이후의 정치 상황에 대한 비판과 바람직한 정치의 모습을 보여 주는 것이라고 생각했기 때문이다. 이들의 정치이념을 잘 보여 주는 것이 내수사內需司를 폐지해야 한다는 주장이다. 내수사란 원래 국왕이 즉위하기 전에 거주하던 주거(잠저潛邸라고 함)의 가계를 관리하던 내수소內需所에서 유래하는 것으로, 이것이 세조대에 내수사로 명칭을 바꿔 정부의 것이 되었다. 『소학』실천자들은 '공公' 그 자체인 국왕이 내수사와 같은 사적인 기관을 정부의 공적기관으로 하는 것은 잘못된 것이라며 폐지를 주장했다.

주희의 『소학』에서는 국가와 가家의 중간에 위치하는 향鄕의 존재를 중시하여 집에서의 교육과 더불어 지역사회(향)에서의 사회교육의 중요성을 강조하였는데, 『소학』 실천자들은 이러한 가르침을 실천하기 위해 향약의 보급에도 힘을 다하였다. 향약은 중국의 여대균呂大鈞·여대림呂大臨 형제에 의해 시작된 여씨향약이 그 효시로 주희도 여씨향약을 다듬어 지역사회에서 상호부조와 예질서의 보급에 이용하려 하였고,

『소학』실천자들 역시 그것을 모방했던 것이다.

그러나『소학』실천자들의 주장은 국왕과 그를 둘러싼 권신들에 대한 도전으로서 거듭된 탄압을 피할 수 없었다. 이것이 15세기 말부터 16세기 전반에 걸쳐 반복적으로 일어났던 '사화士禍'이다. 이를 통해 그들은 큰 피해를 입었으나 지방사회에 깊이 침투한 그 세력을 근절하는 것은 곤란하였고, 16세기 후반이 되면 사림들의 세력은 중앙정계에서도 확고한 지위를 쌓게 되었다. 그리고 이와 함께『소학』텍스트의 양상에도 큰 변화가 일어나게 된다.

『소학』의 새로운 양상을 상징적으로 보여 주는 것은 이이가 편찬한 새로운 주석서인『소학집주小學集註』의 등장이다.『소학집주』는 기본적으로『소학집설』의 체재를 답습하면서 다른 주석서의 해석도 참고하고, 나아가 이이의 독자적인 견해를 추가하여 작성한 것이다.『소학집주』에는 군신관계에서 격군格君, 즉 군주의 잘못을 바로잡기 위해서는 우선 신하의 철저한 자기 수양이 필요하다는 점을 강조하거나, 군주가 베푸는 은혜일지라도 그것이 의義에 맞지 않는 것이라면 받아들여서는 안 된다는 등 군주를 초월한 의義의 존재를 전제로 군주권을 제약하는 정치이념이 담겨 있었다.

17세기가 되어『소학집주』가 간행되고 큰 영향력을 발휘하게 되었는데, 그것은 왕권을 제약하려는 노론의 주장을 반영하는 것이었다. 이에 대해 왕권의 절대성을 주장하는 남인 쪽에서는『소학』보다도『효경』을 재평가하고 왕권을 강화해야 한다는 언설이 등장했다. 윤휴가 대표적인 인물로서 그의 주장은 정약용 등에게도 큰 영향을 미쳤다.

이와 같이 조선에서는『소학』이라는 텍스트가 주희의 정치사상을 나타낸 것으로 이해되고, 그 해석이 현실 정치와 밀접하게 관련되면서 시대에 따라 다른 역할을 수행해 왔다. 이러한 사태는 중국과도 다른 것으로 왕권에 비해 신권이 상대적으로 강했던 조선의 정치구조가 조선에서 『소학』을 중시하는 현상을 낳은 최대의 요인이었다고 생각된다. 그에 비해 일본에서는 『소학』을 정치사상적으로 이해하려는 움직임은 거의 일어나지 않았다. 주희의 『효경간오孝經刊誤』는 야마자키 안사이山崎闇齋와 그 문인들을 제외하고는 받아들여지지 않았고, 나카에 도주中江藤樹와 같이 에도 시대에도 『효경』이 널리 읽혔다. 『소학』에 관해서는 야마가 소코의 『무교소학武敎小學』이나 야마자키 안사이의 『대화소학大和小學』과 같이 주희의 『소학』 그 자체가 아니라 그것을 대폭 고친 텍스트가 작성되었다. 일본에서는 왜 『소학』이 중시되지 않았는가. 지금까지 이러한 현상 자체에 대해 거의 의식된 적이 없었는데, 이는 충과 효를 분리하고 충보다도 효를 중시하는 주희의 입장이 받아들여질 수 없었던 사정을 가리키는 현상이지 않았을까. 토지를 소유하는 것이 가능했던 중국의 사대부나 조선의 양반과 달리 토지 소유로부터 분리되었던 에도 시대의 무사층은 주군이 의義에 부합하지 않는 행동을 한 경우에도 그에 따르지 않을 수 없었던 것이다. 효보다도 충을 중시하는 에도 시대 일본 유학의 이러한 특징은 근대 이후 천황제 국가의 '멸사봉공'의 정신으로 계승되어 나갔다.

3장

동아시아
족보 비교

신분제와
가족·친족 조직의
결절점, 족보

동아시아 각 지역에서는 족보로 통칭되는 독특한 가계 기록이 작성되었고, 많은 지역에서는 오늘날에도 지속적으로 작성되고 있다. 족보는 지금까지 부계로 맺어진 혈연집단의 명부로서 주로 그 방면의 연구에 이용되어 왔다. 그러나 족보는 단지 가족·친족 조직의 양태를 나타내는 자료만은 아니다. 그것은 신분제의 양태와도 깊은 관계를 가져온 것으로 보인다. 족보가 가족이나 친족 구성원의 결속을 도모하려는 목적만이 아니라 족보를 편찬·간행한 일족의 사회적 지위를 과시하는 사회적 기능도 더불어 가지고 있었다는 점에서 보면 당연한 것이라고 말할 수 있다.

또한 동아시아 각 지역에서 족보가 작성되어 왔음에도 그것들을 비교하는 연구는 여전히 초보적인 단계에 머물고 있다. 족보가 단지 가족·친족 조직의 명부라는 좁은 시야에서 파악되면서 비교의 의의 자체가 충분히 이해되지 않았다. 그 결과 비교연구가 제대로 진행되지 못했던 것이다. 이 장에서는 신분제, 가족·친족 조직의 비교론을 바탕으로 족보라는 자료를 사용하여 논의를 보완하고자 한다.

중국에서의 족보 편찬과 그 의미

오늘날과 같은 형식의 족보는 중국 송대에 편찬되기 시작해, 그것이 주변 지역, 즉 조선, 베트남, 류큐, 일본 등으로 퍼져 나갔다. 이 중 현재에도 족보가 편찬되고 있는 곳은 중국, 한국, 베트남, 류큐(오키나와)인데, 각 지역의 족보는 공통성을 가지면서도 동시에 지역마다 독특한 성격을 가진다. 우선 가장 먼저 동아시아 족보의 원형이 된 중국 송대 이후의 이른바 근세족보의 특징과 그 의미를 살펴보자.

중국의 가계 기록은 긴 역사를 가지고 있다. 종법 제도가 확립된 주대周代에 이미 보첩譜牒이라는 가계 기록이 작성되었다. 전국 시대부터 진·한제국 시대에는 그 편찬이 쇠퇴했으나, 후한 이후 호족 세력의 성장과 더불어 재차 보첩의 편찬이 활발해졌다. 특히 호족 세력이 강대했던 위진 남북조 시대에는 가장 왕성한 시기를 맞이했는데, 이 시기의 보첩에는 세 종류가 있었다. 하나는 가전家傳으로, 일족 중에 특히 걸출한 행적이 있던 인물의 전기를 기록한 것이다. 두 번째는 단성가보單姓家譜라는 것으로, 송대 이후 근세족보의 원형이라고도 말할 수 있다. 이것은 저명한 일족이 그 구성원 전체를 대상으로 기록한 가계 기록으로 현존하는 것은 없으나 일족의 혈연관계나 각 사람의 개인 정보가 기록되었다.

세 번째 유형이 이 시대의 전형적인 보첩으로 부상譜狀 또는 보적譜籍이라고 불리는 것이다. 이것은 전국적 규모 또는 군郡과 같은 지방 수준에서 저명한 일족을 망라하는 형태로 편찬된 것으로 정부기관에 의해 편찬되었다. '천하망족보天下望族譜', '모군망족보某郡望族譜' 등의 명칭을 가진 것이 그것인데, 이와 같은 가계 기록이 편찬된 이유는 이 시기의 관료 등용에서 구품관인법九品官人法으로 상징되듯이 문벌을 중시한 제도가 실시되고 있었기 때문이다. 정부는 관료를 등용하거나 혼인을 허가할 때 이러한 기록을 참조했다. 과거제도가 실시되었던 당대에도 이러한 유형의 가계 기록이 몇 번인가 편찬되었는데, 그 의도는 구래의 명망가의 세력을 제거하고 신흥 관료층 일족을 육성하는 데 있었다.

이렇게 가계 기록의 긴 역사 속에서, 당대 중기 이후의 혼란기를 거치는 와중에 그때까지의 가계 기록, 특히 정부가 편찬했던 부상이나 보적이라는 유형의 가계 기록은 완전히 자취를 감추고, 단성가보의 계보를 잇는 족보가 송대 이후 새로운 형식으로 편찬되게 되었다.

중국의 근세족보는 세계의 각 지역에서 다양하게 작성되어 왔던 가계 기록 중에서 매우 특이한 성격을 지닌 가계 기록이라고 말할 수 있다. 그 특이성을 가장 단적으로 나타내는 것이 양적인 방대함이다. 수권에서 많게는 수십 권에 이르는 것까지, 또한 수록한 인원수도 1만을 넘는 것을 많이 볼 수 있는데, 왜 이와 같이 방대한 가계 기록이 작성되었던 것인가.

중국의 족보가 방대한 분량인 이유는 어느 개인에서 출발해 그 자손 (남성계 자손만이지만)을 모두 망라하는 것을 원칙으로 하고 있기 때문이다.

세계의 가계 기록의 대부분은(뒤에서 볼 류큐나 에도 시대 일본의 족보가 그러한데) 자손 중에 특정한 가계만을 선택적으로 기록하는 것이 일반적이다. 이 와 같은 형식은 가계 기록이 작성되었던 당시의 사람을 기점으로 해서 그 인물의 직계 조상을 소급적으로 기록하는 것으로, 가계 기록의 흐름 은 아래 세대에서 위의 세대로 향해 있다. 그에 비해 중국의 족보는 조 상을 기점으로 하여 그 방계의 자손까지도 모두 수록하므로 분량이 방 대해질 수밖에 없었다. 중국의 족보도 실제로는 족보 편찬 당시의 인물 이 기점이지만, 형식적으로는 조상을 기점으로 하여 그 자손을 모두 수 록하는 형태였다. 왜 중국의 족보는 이와 같은 형태로 편찬되었는가. 또 한 중국 족보의 영향을 받아 편찬된 동아시아 다른 지역의 족보는 어떠 했는가. 이 점은 신분제 및 가족·친족 제도의 특징을 이해하는 데 결정 적으로 중요한 문제이다.

중국 족보에 수록되어 있는 내용은 족보마다 다양하나 통상적으로 서문, 범례(족보의 편찬 방침 등이 기술됨), 세계도世系圖, 세표도世表圖, 별전別傳· 묘지墓誌(일족 중에 특히 현저한 공적이 있는 인물이 대상임), 사당기祠堂記·사규祠規, 가규家規·종약宗約, 가훈家訓·가범家範, 의전기義田記·의장기義莊記, 묘기墓 記·묘도墓圖, 예문藝文·저작著作 등으로 구성되어 있다. 사당祠堂이란 일족 의 조상을 제사하는 건물이고, 의전義田·의장義莊이란 일족의 공유재산 으로 설정되었던 토지이다. 이러한 사당이나 의전 등의 소유가 족보의 편찬과 함께 일족의 결속을 가시적으로 보여 주는 것이었다.

여러 갈래에 걸친 족보의 내용 중에서 가장 중심적인 내용을 차지하 며 동시에 분량 면에서도 다수를 차지하는 것이 세계도와 세표도이다. 세계도는 시조부터 시작된 자손들의 계보 관계를 그림으로 표시한 것이고, 다른 한편 세표도는 세대별로 출생 순으로 이름을 기록하고 각 사람의 전기를 기록한 것이다. 세계도에서도 각 사람의 전기 등이 기재되므로, 중국의 족보에서는 세계도와 세표도 두 부분에 전기가 기록되게 된다.

세계도와 별도로 세표도가 만들어진 것은 다음과 같은 이유에 따른 것이다. 세계도에서는 동일 세대의 인간이 장남의 자손, 차남의 자손이라는 식으로 형제 순으로 기록되는데, 이 순서는 출생의 순서와는 일치하지 않는다. 왜냐하면 차남, 삼남 등이 장남보다도 빨리 자식을 얻는 경우가 있을 수 있기 때문이다. 그에 비해 세표도에서는 동세대의 사람이 출생 순으로 기록되므로 동세대 사람들의 연령의 상하를 일목요연하게 파악할 수 있다.

중국의 종족은 조상부터 계산하여 동일 세대에 속하는 인물 사이에서 이름의 한 자를 공유하는 것이 일반적이다. 예를 들면 '순淳'이라는 배행자의 경우 출생 순으로 순일, 순이, 순삼이라는 식으로 이름을 붙일 수 있는데, 세대가 내려가면 동일 세대라도 사람 수가 많으므로 순백십일, 순백십이 등의 이름이 실재했다. 세표도는 그들이 순일부터 순번으로 기록되므로 세대 내에서의 출생 순서를 한눈에 알 수 있는 구조이다. 우에다 마코토上田信가 지적하듯이 중국의 가족·친족 제도에서는 '형용사적' 관계가 중요하며, 동세대 사람 간에는 연령으로 질서가 형성되므로, 세계도와는 별도로 세표도가 필요하게 되는 것이다. 중국의 족보에서 가장 중심을 이루는 이 세계도와 세표도 부분이 다른 동아시아 각지역의 족보에서 어떻게 변용하는가를 살펴보는 것은 족보의 성격을 비교하는 데에 매우 중요하다.

그런데 앞서 중국 족보의 최대 특징은 그 양적 방대함에 있는데, 그 이유는 중국에서 왜 송대 이후 족보가 편찬되게 되었는가라는 문제와 밀접하게 관련되어 있다. 송대 이후가 되어 족보가 편찬되는 것은 단적으로 말해 과거의 실시와 그에 따른 지배층의 존재 형태의 변화 때문이다. 즉 과거제도가 확립되면서 지배층은 그 지위를 세습적으로 유지하는 것이 제도적으로 불가능하게 되었으므로, 이러한 변화에 대응하기 위해 등장한 것이 동일한 조상을 공유하는 부계 혈연집단인 종족 조직과 그 구성원 명부인 족보의 편찬이었던 것이다. 종족이라는 큰 집단을 결성하여 그들 중에서 계속해서 과거 합격자가 나오고, 그에 따라 합격자 본인만이 아니라 일족의 사람이 전체적으로 높은 사회적 지위를 확보하는 것이 종족 결성의 목적이었으므로, 방계 자손까지 망라한 방대한 족보를 편찬할 필요가 있었다고 생각할 수 있다.

세계 각 지역의 다양한 가계도는 통상 지배층이 그 지위를 과시하기 위해 작성되었다. 곧 가계도를 갖는 것 혹은 가계도에 자기의 이름이 기재되는 것이 그 사람의 사회적 지위, 신분을 표시한다는 의미를 가졌다. 그에 비해 중국의 족보는 비신분제적 사회인 중국에 걸맞은 가계 기록으로 족보의 편찬이나 족보에 등록되는 것이 신분을 표시하는 것은 아니었다. 방대한 인원이 족보에 수록된 것도 그것이 신분제와는 직접 관계가 없기 때문에 가능한 것이었다.

중국의 족보와 관련하여 또 하나 지적하고 싶은 것은 족보의 편찬이 청대에 크게 확산되었다는 점이다. 송대부터 명대 중기에 걸쳐 족보의 편찬은 사대부를 낳은 일족에만 한정되어 있었다고 할 수 있는데, 점차 과거 합격자를 배출하지 않은 일족들도 족보를 편찬하게 되었다. 이는 엘리트층의 가족·친족 규범이 사회 전체로 확산해 가는 경향을 단적으로 드러내는 현상이자 중국만이 아니라 다른 지역에서도 공통적으로 볼 수 있는 현상이다.

동아시아 각 지역의 족보

중국의 영향을 받은 동아시아의 다른 지역들에서도 족보가 편찬되는데, 그들 각 지역의 족보를 비교하여 일람표로 만들면 〈표 2〉와 같다. 이 표를 바탕으로 각 지역 족보의 성격이 사회구조나 신분제의 양태와 어떻게 관련되어 있는지에 관해 논하고자 한다.

〈표 2〉 동아시아 족보 비교표

지역	중국	한국	베트남	류큐	일본
특징적인 명칭	종보	세보	가보	가보	가보
편찬 주체	민간	민간	민간	정부	정부 및 민간
족보 수록 범위	후손 전체	후손 전체	후손 전체	직계 후손	직계 후손
세계도	있음	있음	없음	간략	있음
세표도	있음	없음	있음	있음	없음

우선 명칭에 관해서이다. 족보라는 명칭은 류큐와 일본을 제외하고 동아시아의 어느 지역에서도 널리 사용되고 있으나, 실제로 편찬된 족보에 붙여진 제목을 보면 어느 지역에서도 족보라는 명칭은 소수에 지나지 않는다는 흥미로운 현상을 발견할 수 있다. 중국에서도 족보라는

251

명칭보다는 종보宗譜라는 명칭이 다수를 점하고 있고, 베트남과 일본에서는 가보家譜라는 명칭이 일반적이며, 류큐에서는 모두 가보라는 명칭으로 통일되어 있다. 그에 비해 조선의 경우는 세보世譜라는 명칭을 가진 것이 가장 많다.

이러한 명칭의 차이는 우연한 현상이 아니라 각각의 족보의 성격과 밀접하게 관련되어 있다. 중국에서 종보라는 명칭이 일반적인 이유는 문자 그대로 '종족의 명부'라는 족보의 성격을 단적으로 나타내는 현상이며, 베트남에서 가보라 한 이유는 스에나리 미치오末成道男가 지적하듯이 그 수록 범위의 협소함을 의식한 것이었다. 류큐나 일본에서도 족보가 문자 그대로 '이에家의 계도系圖'로서 부계 혈연집단 구성원의 명부라는 족보 본래의 성격과는 근본적으로 다른 것이었기에 가보라는 명칭이 사용된다.

족보의 내용을 비교해 보면, 베트남의 족보는 일반적으로 세계도를 포함하지 않으며 세표도가 족보의 중심을 이룬다. 이 점은 류큐의 족보와 비슷한데, 류큐의 족보에는 세계도가 반드시 포함되어 있기는 하지만 아주 간단한 형태에 불과하고 세표도가 압도적으로 많은 부분을 차지한다.

베트남의 족보에 세계도가 없는 것은 가보라는 명칭이 족보 수록 범위의 협소함을 반영한 것이었던 점과 동일한 사정에 따른 것으로 보인다. 베트남의 족보에 수록되는 일족의 구성원은 통상 촌村의 범위를 넘지 않는데, 이와 같이 협소한 지역의 사람만이 수록되기 때문에 수록 인원이 적으며 조상으로부터의 계보 관계를 일부러 표시할 필요가 없었던 것이다. 반면에 세표 부분에 기록된 개인의 정보는 매우 풍부하다는 점에서, 가까운 조상을 자손들이 기억한다는 성격이 강한 족보라고 말할 수 있다.

류큐의 족보에는 맨 처음에 간단한 세계도가 기재되어 있으나 베트남과 마찬가지로 규모가 작다는 것을 반영하듯 몇 페이지의 분량밖에 되지 않는다. 그것보다도 류큐 족보의 세계도에서 가장 주목되는 특징은 중국이나 베트남의 족보와 달리 방계자손이 족보에 수록되지 않는다는 점이다. 즉, 세계도나 세표도에 수록되는 것은 각 세대의 가계 계승자와 그 형제자매뿐으로 가계 계승자 이외 사람의 자손=방계자손은 수록되지 않았던 것이다.

류큐 족보의 이러한 특징은 류큐가 신분제 사회였다는 점을 나타낸다. 류큐에서 족보가 편찬되는 것은 17세기 이후의 일로 게이즈자系圖座라는 정부 기관이 작성하였으며, 사족 신분의 표상으로서의 의미를 가졌다. 때문에 족보를 가지는 자가 사족이고, 사족 이외의 사람은 족보를 가질 수 없다는 구조가 되므로 족보의 유무가 신분을 판별하는 기준으로 간주되었다. 방계자손이 족보에 수록되지 않았던 이유도 그들이 사족으로서의 신분을 가지지 않았기 때문이다. 만약 방계자손 중에서 무언가 특별한 공적을 세워 사족 신분이 된 자가 있는 경우에는 그 사람을 기점으로 하여 다시 별도의 세계도가 작성되었다. 나아가 류큐 족보의 세표도에는 개인의 상세한 이력이 기록되었는데, 이것 또한 정부가 작성한 인사기록으로 공적인 성격을 가졌다.

중국의 족보가 비신분제적 사회인 중국 사회에 걸맞은 형식인 반면 신분제 사회인 류큐에서는 족보라고는 하나 중국의 족보와는 매우 다른 형태로 작성되었던 것이다.

동일한 사정은 에도 시대 일본의 가보에 대해서도 지적할 수 있다. 일본의 가보는 류큐와 달리 세계도만 있고 세표도가 없다. 세계도에 방계자손이 수록되지 않은 점은 류큐와 동일하다. 이것은 에도 시대 일본이 전형적인 신분제 사회였다는 점에서 볼 때 당연한 일이었다. 또한 일본의 경우 가보의 편찬 주체는 류큐와 같이 정부로 일원화되지는 않았고, 민간에서 독자적으로 작성되는 일도 있었다. 그러나 대다수는 막부나 다이묘가 편찬했으므로 이 점에서도 류큐와 공통된다고 하겠다. 이처럼 가보는 신분 표시의 의미를 강하게 띠고 있었다.

조선의 족보

문제는 조선의 족보이다. 조선의 족보는 베트남이나 류큐와는 반대로 세계도 중심의 형태로서 세표도는 매우 예외적인 몇몇 경우를 제외하고는 작성되지 않았다. 그리고 중국과 마찬가지로 방계자손까지 포함한 방대한 인원이 수록되었다. 그러한 의미에서는 동아시아 여러 지역 중에서 중국의 족보와 가장 비슷한 족보가 편찬되었다고 생각할 수 있는데, 여기서 의문이 생긴다. 중국에서 방계자손까지 포함된 방대한 인원이 족보에 수록된 것은 중국이 비신분제 사회였다는 점과 병존하는 관계에 있었는데, 통상 강고한 신분제가 존재했다고 여겨지는 조선 시대에 어떻게 중국과 동일하게 방계자손까지 포함된 족보가 편찬되었던 것인가. 이것은 조선 시대가 전형적인 의미에서의 신분제 사회와는 달랐다는 점을 단적으로 보여 주는 현상이다.

류큐나 일본의 가보에 방계자손이 수록되지 않은 이유는 그들이 조상의 신분을 계승하지 않았기 때문이다. 다시 말해 부친의 신분을 계승할 수 있는 것은 자녀(통상 남자) 중의 한 사람뿐이므로 가보에는 신분 계승자의 계보만이 기록되었다. 그런데 조선에서는 부친의 양반이라는 신분을 자녀들이 동일하게 계승할 수 있었기 때문에 족보에 방계자손들도 수록되었다. 오히려 수록되지 않으면 안 되었던 것이다.

류큐나 일본과 같은 전형적인 신분제 사회에서는 신분의 계승이라는 것은 단지 부친의 사회적 지위의 계승뿐 아니라 정치적, 경제적 지위의 계승까지도 의미했다. 다이묘가의 계승이란 다이묘가 가진 모든 권한을 계승하는 것으로, 그것은 당연히 한 사람만이 계승할 수 있었다.

그에 비해 조선에서 양반 지위의 계승은 완전히 다른 문제였다. 그것은 어디까지나 양반이라는 사회적 지위의 계승에 지나지 않았다. 예를 들면 부친이 재상의 지위에 있었다고 해도 자손이 그 지위를 계승하는 것은 불가능했다. 계승할 수 있는 것은 기껏해야 지역사회에서 양반으로서 대우를 받고, 국가에 대한 역役 면제의 특권을 인정받는 것 정도였다. 바꿔 말하면 이와 같이 그다지 특별한 특권을 인정받지 않았기 때문에 양반으로서의 지위가 모든 자녀에게 계승될 수 있었다. 따라서 양반이라고 해도 그 내부에서 격렬한 경쟁을 하지 않으면 안 되었고, 19세기 이후 양반의 급증 현상이라고 말할 수 있는 사태가 가능했던 것이다.

그러면 조선에서 왜 족보가 왕성하게 편찬되었는가. 이 문제를 생각하기 위해 중국과 조선의 족보를 좀 더 상세히 비교해 보자.

조선의 족보와 관련해서는 다음과 같은 이해가 널리 공유되어 왔다.

즉, 17세기경을 전후하여 족보의 내용이 크게 변한다는 점, 17세기 이전의 족보에는 남계 자손만이 아니라 여계 자손도 수록되었으며 이것은 당시의 쌍계적인 친족 관념을 반영한 것이라는 점, 또 17세기 이후의 족보에서는 여계 자손의 수록 범위가 점차 축소되고 남계 중심의 내용으로 변화하는데 이것은 주자학의 보급과 부계 혈연조직의 강화 등에 의한 것이라는 점 등의 이해가 그것이다. 따라서 17세기 이전의 족보는 중국과 크게 다르지만, 17세기 이후의 족보는 기본적으로 중국과 동일한 성격의 것으로서 이해되어 왔다. 그러나 이러한 이해에는 몇 가지 의문점이 있다.

중국 족보와 비교할 경우 조선 족보의 최대의 특징이라고 말할 수 있는 것은 혼인관계에 관한 기록이 대단히 중시되고 있다는 점이다. 예를 들면 일족의 남성 구성원의 경우 그 배우자의 부친(아내의 아버지)의 성명과 본관이 반드시 기재되고, 또 여성 구성원의 경우도 결혼 상대(일족의 입장에서 보면 사위)의 성명과 본관이 반드시 기재되었다. 중국의 족보에서도 배우자의 부친이나 사위의 성명이 기재되는 경우가 없지는 않으나, 그다지 일반적이라고는 말할 수 없으며 배우자에 대해서는 성姓만을 기재하거나 성조차도 공란으로 두는 경우를 다수 볼 수 있다. 이에 비해 조선의 경우는 일족의 혼인 상대가 어디의 누구인가를 족보에 기재하는 것이 원칙으로, 그 기재가 없을 때는 그것만으로도 일족의 위신이 의심받기도 했다.

이와 같이 아내의 아버지나 사위를 반드시 기재하는 과정에서 기묘한 현상이 발생하게 된다. 곧 어떤 부계 혈연집단의 족보이면서 그 족보에 고유명사로서 등장하는 인물의 과반수가 다른 성의 인물이라는 현

상이 필연적으로 발생하는 것이다. 그 극단적인 예가 17세기 이전의 족
보이다. 거기에서는 여계의 자손(외손)도 모두 수록하는 것이 원칙이었
으므로, 족보에 수록된 인물의 대다수가 다른 성이었다. 예를 들면 현존
하는 가장 오래된 족보인 『안동권씨성화보安東權氏成化譜』(1476)에는 전부
약 9,000명의 인물이 등장하는데, 그중에서 안동 권씨에 속하는 인물은
380명밖에 되지 않는다. 그리고 이러한 현상은 17세기를 전후해서도
변하지 않았다. 따라서 17세기를 전후로 족보의 성격이 근본적으로 변
화한다는 종래의 이해는 재고되어야 한다.

왜 조선의 족보에서는 혼인관계의 기재가 중시된 것인가. 그것은
한마디로 말하면 족보를 편찬한 일족의 사회적 위신이 혼인관계를 통
해 확증되지 않으면 안 되었기 때문이다. 곧 일족이 어떠한 일족과 혼
인관계를 맺어 왔는지의 문제가 그들의 사회적 지위, 양반으로서의 격
(반격班格)을 판단하는 결정적인 기준의 하나였던 것이다.

이와 같이 생각하면 17세기 이전의 족보에 대해서도 새로운 해석이
가능해진다. 지금까지의 이해처럼 여계의 자손도 모두 수록한다는 것은
쌍계적 친족 관념의 반영이라는 점은 확실한 것인데, 그렇다고 해서 당
시 족보에 수록된 사람들 사이에 어떠한 친족 조직이 존재했다고 생각
할 수는 없다. 왜냐하면 족보에 수록되어 있는 범위가 너무나도 광범위
하기 때문이다. 예를 들면 내손의 내손과 외손의 외손끼리가 동일한 친
족 조직에 속하고 있었다는 점은 도무지 비현실적인 일일 것이다. 17세
기 이전의 족보에 여계의 자손까지도 수록된 이유는 그들이 사회적으
로 높은 지위에 있는 인물이었기 때문이다. 『안동권씨성화보』의 서문에
서 서거정이 "이 족보에 수록되어 있는 인물만으로도 정계의 중요인물

이 거의 망라되어 있다"라고 호언장담한 것은 족보의 성격을 단적으로 표현하고 있다.

따라서 조선의 족보는 기본적으로 명족보名族譜였다고 할 수 있다. 대체로 족보에는 두 가지 기능이 있었다. 일족의 결속을 강화한다는 대내적 기능과 일족의 사회적 지위를 과시한다는 대외적 기능이 그것이다. 어느 족보도 많건 적건 이러한 두 가지 기능을 동시에 가진다고 말할 수 있는데, 중국의 족보는 이 중에서 대내적 기능이 우세했다고 볼 수 있다. 중국의 족보에서는 가규家規나 종약宗約이라는 일족의 규칙이 많은 분량을 차지하며, 매우 상세한 규칙까지 정해진 경우가 많다. 또한 이를 위반한 경우 종족으로부터 추방하도록 정해진 예를 다수 볼 수 있다. 이것은 어떤 면에서는 종족이 늘 분열의 가능성을 가지고 있었기 때문인데, 그렇기 때문에 대내적인 결속을 강화할 필요가 항상 존재했다. 베트남의 족보도 대내적 기능이 우세했다.

그에 비해 조선의 족보는 대외적인 기능이 우세했다. 조선의 동성동본 집단에서는 종손이라는 중심선이 존재했기 때문에, 중국의 종족보다는 훨씬 안정성이 있었고, 일족의 결속을 규약 등으로 정해야 할 필요성은 상대적으로 약했다. 조선의 족보에도 일족의 규약이 기재되어 있는 경우가 많으나 대개는 아주 간략한 정도에 불과하다. 대외적 기능이 우세하다는 점에서 조선의 족보는 류큐나 일본의 가보와 비슷하지만, 류큐나 일본의 가보가 기본적으로 정부의 공적 기록으로서의 의미를 가졌던 데 비해 조선의 족보는 사적으로 편찬되었다는 점에서는 차이가 있다.

현재 동아시아에서 족보가 가장 대량으로 편찬되고 있는 지역은 한국이다. 마크 피터슨이 말하듯이 한국은 가계 기록을 작성하기 위해 소비되었던 국민 한 사람당 종이의 양이 세계 제일이라고 할 정도이다. 이와 같이 오늘날에도 대량의 족보가 편찬되고 있는 이유는 조선의 족보가 대외적인 기능을 강하게 가지고 있으면서 동시에 사적으로 편찬되는 것이었다는 전통에 바탕을 둔 현상이라고 할 수 있다.

4장

동아시아의 경제혁명과 집약도작

동아시아
집약도작의
위치

농업생산력의 파악 방법

동아시아 소농사회의 세계사적 위치를 생각하기 위해서는 이곳에서의 농업의 특징을 이해하는 것이 무엇보다 중요하다. 농업생산력의 발전을 역사적으로 어떻게 파악할 것인가 하는 문제에 관해서는 지금까지 다양한 이론이 제시되었다.

농업생산력의 문제를 검토할 때에는, 예를 들면 공업 같은 경우와는 달리 노동생산성뿐만이 아니라 토지생산성이라는 독특한 지표도 함께 고찰하는 것이 일반적이다. 이 자체가 농업생산력 파악의 특수성을 이야기하는 것이면서, 동시에 농업이 행해지는 지역의 자연적 조건에 크게 규정된다는 점의 반영이기도 하다. 그러나 종래의 농업사 연구에서는 이와 같은 농업의 특수성이 충분히 고려되었다고는 할 수 없다. 그 전형적인 예는, 유럽의 농업과 비교해 노동생산성이 열등한 아시아의 농업이 후진적이라고 보는 견해인데, 이러한 이해는 현재까지도 뿌리 깊게 남아 있다. 마르크스, 엥겔스에게도 이러한 사고는 뿌리 깊게 존재하고 있었다. 그 결과 이른바 아시아적 생산양식론 등의 이론이 생겨났다. 동아시아 소농사회의 세계사적 위치를 이해하기 위해서는 먼저 이와 같은 이해의 문제점을 파악하고 극복하지 않으면 안 된다.

노동생산성을 중시하는 견해의 한 전형으로서 프란체스카 브레이 Francesca Bray의 『중국농업사』를 들 수 있다. 이 책은 니덤Needham의 『중국의 과학과 문명』의 일부로서 중국농업사 부분을 단행본으로 출판한 것인데, 여기서 가장 중시되고 있는 것이 바로 농구農具의 발달 문제이다. 곧 농구라는 노동생산성을 높이는 도구를 중심으로 중국 농업의 역사를 파악하려는 것이다. 그런데 이러한 관점에 서면 농구 중에서 가장 핵심적인 위치에 있던 쟁기의 경우 이미 당대唐代에 완성되었으나, 그 이후 전혀 발전이 없었다는 이해로 이어질 수밖에 없게 된다. 그러나 동아시아의 농업, 특히 수전농업에서는 토지 자체가 제일 중요한 생산수단이다. 농업에서 토지는 노동 대상일 뿐만 아니라 그 자체가 노동수단이며, 무엇보다 수전도작에서는 토지의 건전乾田(관수와 배수가 얼마나 자유롭게 행해질 수 있는가) 정도가 결정적인 의미를 가진다. 따라서 토지에 얼마만큼 노동력이 축적되고 있는가가 농업 발전에 있어 큰 비중을 차지하는데, 이러한 문제가 완전히 무시되어 있다고 할 수 있다.

동아시아의 집약적 도작의 문제를 검토하는 데 있어 또 하나 언급해 두고 싶은 점은 대경영과 소경영의 문제이다. 지금까지 동아시아 농업사 연구에서 농업근대화의 지표로서 농업노동자를 이용하는 대경영의 발전이 중시되었다. 그것은 근대적 농업의 전형으로서 영국의 대경영을 자명한 것으로 여기고, 구래의 소경영 농민이 농업자본가와 농업노동자로 양극 분해하는 것이 농업의 근대화라고 인식되었기 때문이다. 일본의 경우, 이른바 강좌파講座派[33]와 같이 근대의 지주제를 반봉건적으로 파악하는 견해도 그러한 것이며, 한국의 경우 저명한 김용섭의 '경영형 부농론'도 마찬가지이다. 이러한 견해는 마르크스의 영향에 의한 것이라고 생각되는데, 오늘날의 시점에서 볼 때 완전히 잘못된 견해라고 말하지 않을 수 없다. 마르크스가 『자본론』을 집필했던 당시 영국에서는 확실히 기계제 대농장 경영이 발전하고 있었으나, 이후 영국에서도 대경영보다도 소경영이 지배적인 방식이 되었다. 그리고 현재에도 세계 농업에서 소경영이 압도적으로 지배적이고, 고용노동자를 이용하는 대경영은 특수한 부문에서밖에 찾을 수 없는 예외적인 것이다. 즉 농업에서는 마르크스의 예상과는 달리 대경영이 소경영을 구축驅逐한다는 현상은 진행되지 않았으며, 그것은 기본적으로는 농업이라는 것의 특수성에서 기인한다고 생각된다.

주지하듯이 공업에서 기계제 대공업이 소경영을 압도할 수 있었던 이유는 협업과 분업의 힘인데, 농업에서는 분업이라는 것이 일반적으로 불가능하다. 농업은 식물의 성장이라는 자연적인 과정에 따라, 그 성장을 인간이 촉진하거나 때로는 억제하면서 생산물을 얻는 것이다. 따라서 노동 과정은 1년 단위 등과 같이 장기간에 걸쳐 서로 다른 노동을 연

---

33) 1930년대 행해진 일본 자본주의 논쟁에서 봉건제의 존재를 강조하고 노농파勞農派와 대항한 학파이다. 강좌파라는 명칭은 노로 에이타로野呂榮太郎 등을 중심으로 집필·간행한 『일본 자본주의 발달사 강좌日本資本主義發達史講座』라는 이름에서 기인한다.

속하여 펼치는 형태가 되므로, 동일한 인간이 여러 다른 작업에 종사해야만 한다. 이러한 점에서 분업에 의한 숙련의 획득이 가능한 공업의 경우와는 결정적으로 다르다.

물론 농업에서도 노동자가 오랜 기간 동일한 작물을 재배하는 것을 통해 숙련될 가능성이 존재하는 것은 사실이나, 농업의 또 하나의 특수성으로서 그 노동의 장이 넓은 공간에서 이루어진다는 점을 언급할 수 있다. 그 때문에 농업에서는 노동자를 감독하는 것이 공업보다 훨씬 곤란하다. 넓은 논밭에서 일하는 노동자를 감독하기 위해서는, 극단적으로 말하면 노동자와 동일한 수의 감독자가 필요하기 때문이다. 게다가 농업에서는 노동의 질, 곧 열심히 똑바로 일했는가 아닌가를 감독하는 것 자체가 쉽지 않은 경우가 많다. 왜냐하면 대부분의 농작업은 그 결과가 즉각적으로 판명되는 것이 아니라 며칠 후 혹은 몇 주간, 또는 수개월 후에야 비로소 판명할 수 있기 때문이다.

이와 같이 농업에서는 노동자를 고용하여 대규모 경영을 하는 것의 장점이 공업보다도 훨씬 작기 때문에 소경영은 강한 경쟁력을 가질 수 있었다. 그 전형이 동아시아의 수전농업이고, 근대 이후에도 소농경영은 해체되기는커녕 한층 발전해 나갔던 것이다.

현대 세계의 농업과 동아시아의 위치

우선 현대 세계와 아시아의 농업 개황을 살펴보는 것을 통해 동아시아의 위치를 확인해 두도록 하자. 먼저 아시아 전체가 세계 농업에서 어

〈표 3〉 농지 1ha당 농업총생산의 변화, 세계: 1987년(1979~1981년 달러/ha)[34]

지역	농지 1ha당 농업총생산액(달러)
세계	219
아시아	315
아프리카	66
북아메리카	295
중앙아메리카	203
남아메리카	132
유럽	938
오세아니아	43
소련	192

〈표 4〉 농업노동인구 1인당 농업총생산의 변화, 세계: 1987년(1979~1981년 달러/인)[35]

지역	노동 1인당 농업총생산액(달러)
세계	955
아시아	426
아프리카	436
북아메리카	41,266
중앙아메리카	1,605
남아메리카	3,357
유럽	8,790
오세아니아	10,544
소련	5,468

---

34) 山田三郎, 『アジア農業発展の比較研究』, 東京大學出版會, 1992, 104쪽.
35) 山田三郎, 위의 책, 105쪽.

떠한 위치에 있는가를 나타내고 있는 것이 〈표 3〉과 〈표 4〉이다. 이 표에 따르면 아시아 농업의 특징이 상대적으로 높은 토지생산성과 극단적으로 낮은 노동생산성에 있다는 점을 확연하게 알 수 있다. 1987년의 통계를 보면 토지생산성 면에서는 유럽에 이어 아시아가 높은 수치를 보이고 있으나 노동생산성 면에서는 아프리카보다도 낮은 세계 최저이다. 이러한 특징을 반영하듯 1인당 농지면적도 세계에서 가장 작다.

〈표 5〉 농지 1ha당 농업총생산의 변화, 아시아: 1987년(1979~1981 달러/ha)[36]

지역	1ha당 농업총생산(달러/ha)
전 아시아	315
I 선진국	3,005
일본	3,005
II NIES	2,950
대만	4,419
한국	2,239
III ASEAN	611
말레이시아	1,105
태국	526
필리핀	760
인도네시아	558
IV 중앙계획국	284
몽골	6

---

36) 山田三郎, 앞의 책, 234쪽

북한	1,403
중국	347
라오스	336
미얀마	469
베트남	942
캄보디아	187
V 남아시아	430
스리랑카	678
파키스탄	503
인도	401
네팔	333
방글라데시	769
VI 남아시아 산유국	64
사우디아라비아	18
이란	108
이라크	182
VII 서아시아 비산유국	211
이스라엘	986
키프로스	1,693
시리아	179
요르단	257
터키	439
레바논	1,464

예멘 아랍	61
남예멘	11
아프가니스탄	41

다음으로 아시아를 세분해서 더 구체적으로 살펴보면 〈표 5〉와 〈표 6〉과 같다. 동아시아에 속하는 한국과 일본·대만이 하나의 잘 짜여진 그룹을 이루며 아시아에서 최고의 토지생산성을 보여 준다. 그러나 노동생산성 면에서는 이스라엘이 가장 높고, 동아시아 3국보다도 수치가 높은 지역이 몇몇 존재하고 있다. 북한의 수치는 정확성에 의문이 있으나 기본적으로는 앞선 3국과 공통된 특징을 가진다고 판단해도 좋을 것이다. 단, 1987년 이후 북한의 농업이 여러 가지 곤란에 직면하고 있는 것 또한 주지의 사실이다.

〈표 6〉 농업 노동인구 1인당 농업총생산의 변화, 아시아: 1987년(1979~1981 달러/인)[37]

지역	1인당 농업총생산(달러/인)
전 아시아	426
I 선진국	3,454
일본	3,454
II NIES	1,482
대만	3,208
한국	1,007
III ASEAN	634

---

37) 山田三郎, 앞의 책, 239쪽.

말레이시아	2,161
태국	593
필리핀	689
인도네시아	540
IV 중앙계획국	334
몽골	2,281
북한	983
중국	322
라오스	431
미얀마	590
베트남	343
캄보디아	259
V 남아시아	378
스리랑카	494
파키스탄	781
인도	353
네팔	211
방글라데시	347
VI 남아시아 산유국	1,414
사우디아라비아	1,017
이란	1,445
이라크	1,651
VII 서아시아 비산유국	1,390

이스라엘	15,673
키프로스	3,976
시리아	3,438
요르단	6,738
터키	1,371
레바논	5,554
예멘 아랍	451
남예멘	481
아프가니스탄	624

그보다도 문제는 중국이다. 중국의 수치는 토지생산성과 노동생산성 모두가 대단히 낮다. 중국도 지방마다 세분해 보면 각각 큰 차이가 있겠지만, 전체적으로 생산성이 낮다는 점은 부정할 수 없다. 이것은 1949년 중화인민공화국 성립 이래의 농업정책, 곧 농업잉여 전체를 공업에 투자한 정책의 결과로서, 화중華中·화남華南 지역에서는 대만과 같은 형태의 발전 가능성이 잠재적으로는 존재한다고 봐야 할 것이다. 이른바 개방정책 이후 농업생산성이 크게 올라간 것은 주지의 사실로서 현재의 수치는 1987년보다도 훨씬 높아졌다는 것은 틀림없다.

그렇다고 하더라도 이 표들을 보면서 인상적인 것은 현대 세계의 농업이 역사적 규정성을 여전히 크게 받고 있다는 점이다. 19세기 이래 본격화한 과학·기술의 발전과 그에 따른 공업생산력의 비약적인 발전에도 불구하고, 농업은 여전히 자연적 조건에 크게 제약을 받고 있다. 농업의 양태와 생산성과의 관련을 살펴보면 전작田作에서의 높은 노동생산성, 수전도작에서의 높은 토지생산성이라는 특징이 가장 기본적인 점일 것이다. 토지생산성이 높은 도작지대 중에서도 동아시아는 특별히 그 특징이 더욱 극단적으로 나타나고 있는 지역이라고 할 수 있다. 그러나 동아시아 농업이 세계 최고 수준의 높은 토지생산성을 갖는다는 점이 역사적으로 규정된 것이라고 해도, 그것이 유사 이래의 현상이었던 것은 결코 아니다. 이 장에서 살펴보겠지만 그것은 동아시아 세계가 소농사회로 변화해 가는 가운데 실현되어 간 현상이었다.

도작의 여러 형태

동아시아 소농사회가 성립하는 데 기초 기반이 된 것은 이 지역의 독특한 집약도작의 성립이었다. 동아시아 집약도작의 특징을 이해하기 위해서는 여러 형태의 도작들 각각의 특징을 잘 살펴 둘 필요가 있다. 일반적으로 도작이라고 하면 보통 모내기를 하고 담수 상태로 자라는 이미지가 금방 떠오르나, 세계적으로 볼 때 매우 다양한 형태의 도작이 행해졌다.

아시아의 도작에 관해 조예가 깊은 다카야 요시카즈高谷好一는 아시아의 도작을 크게 건조대륙(건조한 평야부)의 전작형(밭농사형) 도작, 조엽수림(습윤한 산간부)의 이식 도작, 열대 산지의 화전火田 도작의 세 가지 형태로 분류한 바 있다. 동아시아의 집약도작은 조엽수림의 이식 도작법이 대하천 하류 지역으로 확대되는 것을 통해 실현되었다고 생각할 수 있다.

우선 건조대륙의 전작형 도작이란 전형적으로는 인도에서 널리 볼 수 있다. 인도를 예로 들어 이 도작의 특징을 살펴보면 다음과 같다. 오지 도시아키應地利明에 의하면 인도의 전작형 도작에는 다섯 가지의 공통된 특징이 있다고 한다.

첫째는 축력畜力을 이용해 이경犁耕(쟁기질)과 파경耙耕(써레질)을 하는 것으로, 이는 축력 이용도가 높은 전작형 도작의 특징이라고 할 수 있다. 두 번째 특징으로는 산파散播(흩어 뿌리기)를 통한 건전직파법乾田直播法의 우월함을 들 수 있다. 건전직파법이란 담수하고 있지 않는 밭 상태의 토지에 종자를 직접 뿌리는 도작법으로, 파종 후 흙 속의 수분을 종자에 공급하여 발아시키기 위해 드라이 파밍(건지농법) 기술이 사용된다. 인도에서는 이를 위해 모이(대나무로 만든 사다리 모양의 써레)라는 농구를 사용하여 파종 후 두 차례에 걸쳐 써레질을 한다. 모이를 사용하는 것의 의의는 경토耕土를 판판하게 하여 땅의 표면에서 수분이 증발하는 것을 억제함과 동시에 토양을 촘촘하고 곱게 하고 토지 속의 모세관 현상을 왕성하게 하여 종자로 물 공급을 돕는 것이다. 이 모이야말로 인도 농업의 열쇠를 쥔 농구이다. 세 번째로 파종할 때 종종 혼파混播(섞어 뿌리기)를 하는 것으로 이것 역시 여러 종류의 작물 종자를 동시에 파종하는 전작 기술이 도작에 응용된 것이다. 네 번째 특징은 인도에서는 발아한 후의 제초나 중경中耕(사이갈이) 작업에도 축력이 널리 이용되는 점으로, 이러한 작업을 인력에 의지하는 동아시아의 도작과 크게 다르다. 다섯 번째 특징은 소에게 벼를 밟게 하여 탈곡을 하는 우제탈곡법牛蹄脫穀法을 볼 수 있다는 점이다.

이와 같이 인도의 전작형 도작은 많은 과정에서 축력이 사용되는 등 매우 체계적이라고 볼 수 있는데, 이것은 기본적으로 전작 기술에서 유래하는 것이다. 여기서 벼는 발아 후의 담수라는 점을 제외하면 전작물과 동일하게 재배된다. 그야말로 전작형 도작이라고 부르는 데 적합하다.

전작형 도작과 관련해서는 다음의 두 가지 점을 유의할 필요가 있다. 우선 첫째로 동아시아에서는 한국에서 이 도작법이 널리 행해져 왔다는 점이다. 또 다른 하나는 인도나 동남아시아 델타의 도작이 사실은 이 유형에 속한다는 점이다.

눈에 들어오는 것이 온통 물의 세계인 델타는 오늘날에는 대표적인 도작지대가 되었는데, 다카야에 의하면 그것은 전작형 도작의 응용이라고 볼 수 있다. 인도의 갠지스·브라마푸트라강 하류부나 태국의 차오프라야강 델타의 도작은 델타가 침수하기 전에 직파를 하고 침수할 때까지는 밭의 상태로 유지된다. 탈곡도 인도의 전작형 도작과 마찬가지로 소를 통한 우제탈곡을 한다. 이에 비해 중국 장강 델타로 대표되는 동아시아의 도작은 후술하듯이 전혀 다른 유형에 속한다.

반면에 조엽수림의 도작은 직파가 아니라 이식하는 것이 최대의 특징이다. 조엽수림 지대는 전작형 도작이 행해지는 건조지대와 달리 고온다습하기 때문에 잡초의 성장이 왕성하다. 이러한 지역에서 직파를 하면 벼는 잡초 때문에 성장이 방해될 수밖에 없으므로 이식이 필요하다. 동아시아에서도 아주 오래전에는 이 유형이 도작의 중심이었다.

열대산지의 화전 도작도 고온다습한 지대에서 이루어진다. 이 유형은 삼림을 태워 벼를 재배하고 보통 1년 후에는 다른 장소로 옮긴다. 그리고 다시 삼림 상태가 되기를 기다렸다가 재차 삼림을 태워 벼를 재배한다. 초원 상태에서는 잡초를 전부 태우는 것이 곤란하므로 삼림이 될 때까지 기다려야 하는 것이다. 따라서 화전 도작도 잡초 대책에 중점을 둔 농법이라고 할 수 있으며 복잡한 경작 의례가 행해진다.

이상과 같은 세 유형의 도작이 오래전부터 행해져 왔는데, 동아시아 소농사회에서 생산력의 기반이 된 집약도작은 조엽수림의 이식 도작의 발전을 통해 태어났다.

중국의
집약도작 확립

화북의 전작에서 강남의 도작으로

중국에서는 회하淮河를 경계로 남·북에서 농업의 양태가 완전히 다르다. 회하 이북에서는 대·소맥이나 조를 중심으로 한 전작田作이 중심이지만, 회하 이남은 수전도작 지대를 이룬다. 역사적으로 보면 고대에는 화북의 전작농업의 비중이 높았으나, 송대 이후 장강 유역의 수전도작이 농업의 중심이 된다.

장강 유역의 개발사는 충분히 연구되었다고는 말할 수 없다. 물론 근래 들어 장강 하류 지역에도 매우 오래전부터 북쪽의 황하문명에 필적할 정도의 고도문명이 존재하고 있었음을 밝혀 주는 고고학적인 발굴이 잇따라 보고되는 등 남쪽 지역을 중시하는 논의가 왕성하게 이루어지고 있다. 그러나 전체적으로는 진秦의 전국 통일 이후 화북 중원 지역이 중국 문명의 중심지였다는 점은 불변의 사실로서, 한족에 의한 장강 유역의 개발이 본격화되는 것은 남북조 시대 이후이다. 송대, 특히 남송 시대에 강남 개발이 획기적으로 진전하면서 이 지역이 중국 농업의 중심지대로 성장하게 된다는 것이 종래의 통설이었다.

그러나 최근 송대 강남 도작의 기술 수준에 관해, 기존 통설에 대한 비판적인 견해가 제기되었다. 즉 송대 강남 델타의 도작은 여전히 조방적이었고, 오히려 장강 유역 산간분지 지대의 도작이 기술적으로 높은 수준을 보이고 있었다는 것이 그것이다. 지금까지 송대 도작의 수준을 보여 주는 대표적 농서로 인식된 『진부농서陳旉農書』는 델타를 대상으로 한 것이 아니며, 수전 이모작이나 고도의 시비施肥 등의 신기술은 모두 산간분지 지대를 대상으로 한 것이었다는 점이 분명하게 밝혀진 것이다.

'소호蘇湖(소주蘇州와 호주湖州)에 풍년이 들면 천하가 풍족하다'라는 송대의 격언은 장강 델타의 대개발을 상징하는 것인데, 이는 어디까지나 양적인 측면에서 델타의 도작이 중요했다는 점을 보여 주는 말이라고 봐야 하며, 도작의 선진 지대는 역시 산간분지였다. 장강 델타가 도작의 선진 지역이 된 것은 명대가 되어 델타의 대규모 수리사업을 거치고 나서의 일이라는 것이 새로운 학설의 내용이다. 오사와 마사아키大澤正昭에 의하면 당대唐代에 저술된 농서『뇌사경耒耜經』의 저자 육구몽陸龜蒙은 강남 소주 근처에서 23헥타르 정도의 광대한 토지를 경영하고 있었는데, 그곳은 수리 조건이 열악한 저습지로서 조방적인 도작밖에 할 수 없었다. 이와 같은 저습지에 송대가 되어 널리 보급되었던 것이 인디카 indica(길쭉하고 가느다란 장립종長粒種 쌀) 계통의 점성미占城米(참파미)였는데, 점성미가 델타에서 왕성하게 재배되었다고 하는 사실 자체가 송대 델타

도작의 조방성을 잘 보여 준다고 할 수 있다.

따라서 중국의 집약적 도작의 확립 과정은 송대 산간분지에서의 집약도작의 발전과 델타의 대규모 개발을 제1단계로 하고, 명대 이후 델타의 수리 조건 정비를 통한 집약도작의 보급을 제2단계로 하는 상당히 장기에 걸친 현상이었다. 종래의 통설에서는 송대의 도작이 과대평가된 나머지 한국이나 일본과의 차이가 실제보다도 크게 보였다. 동아시아 소농사회의 기반이 되는 집약도작이 중국에서 이러한 장기에 걸친 과정의 산물이었다고 생각한다면, 한국이나 일본의 집약도작의 확립 시기와 극단적인 시간차는 없었다고 볼 수 있을 것이다.

화북 건지농법의 유산

이누마 지로飯沼二郎는 세계의 농업을 기후조건에 따라 크게 넷으로 분류했다. 즉 휴한休閑과 중경中耕의 구별을 하나의 축으로 하고, 보수保水와 제초除草의 구별을 또 하나의 축으로 하여 농업의 양태를 네 가지로 구분했다. 보수농업과 중경농업의 구별은 전자가 건조지대를 무대로 땅속의 수분 유지를 주안점으로 내세우는 데 비해, 후자는 습윤지대에서 왕성하게 우거진 잡초를 제거하는 것에 중심을 둔다고 할 수 있다. 휴한과 중경의 차이는 보수나 제초의 목적을 휴한을 통해 달성하려고 하는지, 아니면 중경, 곧 작물의 재배 도중에 제초 내지 보수 작업을 통해 달성하려고 하는지의 차이이다. 중경농업에서는 당연한 것이겠지만 보통 연작連作을 한다.

이렇게 해서 ① 휴한보수休閑保水, ② 휴한제초休閑除草, ③ 중경보수中耕保水, ④ 중경제초中耕除草라는 네 가지 유형의 농업이 존재하게 된다. ①의 대표적 예가 고대의 지중해 농업, ②의 대표적 예가 중세 유럽의 농업이다. 화북의 전작 농업은 ③의 유형에 속하고, ④의 대표적 예는 동아시아의 집약도작이라고 할 수 있다. 따라서 중국의 화북 전작에서 강남 도작으로의 변화는 ③에서 ④로의 변화로 파악할 수 있으며, 이것은 마치 유럽에서 고대에서 중세에 걸쳐 ①에서 ②로 무게중심이 이동한 것과는 대비되는 현상이기도 하다. 중세 유럽에서는 휴한제초 농업을 했는데, 동시기 동아시아에서는 중경제초 도작을 발전시켜 간 것으로, 이러한 전혀 다른 유형의 농업을 영위한 두 지역의 농업사회의 양태가 서로 다른 것은 어쩌면 당연한 일이었다. 일본의 '봉건제론'은 이러한 차이를 완전히 무시한 것이었다고 할 수 있다.

그런데 동아시아의 집약도작이 화북의 중경보수 농업을 역사적 전제로 했다는 것은 매우 큰 의미를 가진다. 화북의 중경보수 농업은 6세기에 저술되었던 가사협賈思勰의 『제민요술齊民要術』에서 기술적인 완성을 보여 주는데, 그 기본 정신은 "작은 면적을 공들여 경작하는 쪽이 큰 면적을 조방하게 경작하는 것보다 낫다"라는 말이 상징하듯이 면밀한 중경을 통한 집약화였다. 고대 황하문명은 관개농업에 바탕을 둔 것으로서 사람이 관개를 하지 않는 천수天水농업(비에만 의존하는 농업)도 널리 이루어지고 있었는데, 관개농업이 다른 고대문명과 마찬가지로 염해 때문에 쇠퇴했지만 광범한 천수농업이 존재함으로써 중국 문명은 유지될 수 있었다. 『제민요술』은 관개를 하지 않는 화북의 건지농법을 완성시킨 것이다. 송대 이후의 집약도작은 화북의 건지농법으로부터 집약화의 정신을 이어받아 그것을 더욱 발전시킨 것이다. ③에서 ④로의 변화는 중경농업이라는 면에서는 일관된 현상으로서 구마시로 유키오熊代幸雄의 표현에 의하면 중경이야말로 동아시아 농업의 '몽고반점'이었다.

송대 이후의 도작이 화북 전작을 계승한 유산으로서 또 하나 중요한 점은 관개 기술이다. 조엽수림의 이식 도작의 경우 산에서 흘러나오는 소하천을 수원으로 하는 소규모의 관개는 행해졌으나, 델타에서의 대규모 관개는 확실히 이질적인 것이다. 이러한 대규모 관개의 사상과 기술은 황하문명의 유산이었다.

송 이후 확대되었던 수전 이모작도 화북 건지농법의 유산으로 생각할 수 있다. 전작의 경우 연작 실패를 피하기 위해 윤작(작물 로테이션)을 하는 것이 일반적이다. 그러나 예를 들면 유럽 등지의 윤작은 이포제二圃制나 삼포제三圃制에서 알 수 있듯이 동일한 논밭에서는 1년에 1작이 행해질 뿐인데, 화북의 경우는 늦어도 당대唐代에는 전작에서 2년 3모작이 실시되고 있었다. 훨씬 고도의 윤작을 하고 있었던 것이다. 이렇게 경지 이용률이 100퍼센트를 넘는 농법이 이미 존재하고 있었던 상황이 수전 이모작을 낳은 기반이 되었다고 할 수 있다.

명대 이후의 델타 개발

송대에 장강 델타에서 조방적인 도작이 이루어진 것은 장강의 제어가 불가능했고 수리 조건이 안정되지 않았기 때문이다. 종래의 농업사 연구에서는 농업기술의 발전을 이야기할 때 농구의 발달을 중시하는 경향이 강했다. 이것은 앞서 지적했듯이, 유럽의 농업 발전의 과정을 아시아 도작에 기계적으로 적용했기 때문으로 수전농업의 발전에서는 수전의 건전화乾田化가 가장 중요한 지표라는 사실이 최근 지속적으로 밝혀지고 있다. 건전화란 수전으로의 물 공급을 제어하는 것을 통해 수전의 건습도를 자유롭게 조절할 수 있도록 하는 것이다. 건전화가 불충분한 단계에서 대개 존재하는 것이 저습지이다. 저습지는 물의 공급이 불충분하기 때문에 가을 수확 후에도 수전에 물을 항상 비축해 두는 데에서 생긴다. 송대 델타에는 이와 같은 저습지가 광범위하게 존재했는데, 이를 환언하면 건전화의 정도가 낮았다고 볼 수 있다.

이러한 장강 델타 지역의 상황은 명대에 들어 수리 조건이 비약적으로 개선되면서 크게 변모한다. 아다치 게이지足立啓二나 민경준의 연구에 따르면 그 과정을 다음과 같이 설명할 수 있다.

장강 델타 지역의 수리 개선에 결정적으로 영향을 준 것은 델타 중심부에 위치한 태호太湖의 안정화였다. 명대 이전에 태호의 수리를 불안정하게 한 원인은, 첫째는 장강에서 태호에 유입되는 대량의 물이었고, 둘째는 배수의 곤란함 때문이었다. 태호에 들어오는 물줄기 중에서 가장 큰 것은 형계荊溪인데, 명에 들어와서 15, 16세기에 걸쳐 여기에 거대한 방죽(보)이 만들어지면서 유입수의 조절이 가능해졌다. 다른 한편으로 배수 처리에서도 황포강黃埔江이 배수의 본류本流가 되어 명대 중기 이후 태호의 수위가 안정되었다.

태호의 안정화는 델타 경지의 건전화를 진전시키는 결정적인 계기였다. 이 건전화의 진전을 토대로 명대에는 델타 중심부에서 집약적인 도작이나 수전 이모작이 발전했다. 송대의 우전圩田은 1필의 면적이 매우 거대했는데, 명대에는 '분우分圩'라고 하여 우圩의 세분화가 추진되는 등 집약농법을 가능하게 하는 경지적 조건이 조성된 것이다. 도작에서는 점성도占城稻와 같은 작기作期가 짧은 품종 대신 150~180일의 긴 작기를 가진 만도종晩稻種이 주류가 되었고, 또 보리나 유채의 이모작이 널리 보급되었다. 수전 이용도의 고도화에 수반하여 지력 유지를 위한 비료의 종류와 시비량도 비약적으로 증대되었다. 예를 들어 동북지방에서 대두박大豆粕(콩에서 기름을 짜낸 찌꺼기)을 들여온 것처럼, 비료를 구입하는 일도 꾀해졌다.

조선·일본으로의 집약도작 전파

조선의 전작형 도작의 전통과 극복

조선에서는 15세기에도 여전히 전작형 도작이 중심을 이루고 있었다. 그러나 이러한 상황은 16세기 이후 이식 도작이 보급되어 점차 도작의 중심을 점하게 되면서 크게 변화한다. 이 과정을 간단하게 살펴보도록 하자.

17세기에 저술된 『농가월령』이나 『농가집성』과 같은 농서에 따르면 경상도 지방에 이식 도작이 널리 보급되어 있던 양상을 엿볼 수 있다. 대체로 낙동강 상·중류 지역에 분포하는 산간분지를 그 무대로 하며, 15세기 무렵부터 이 지역에서 왕성하게 만들어지기 시작한 보 관개 시스템이 이식 도작의 보급을 뒷받침했다. 그러나 경상도와 나란히 도작이 왕성했던 전라도에서는 16세기에도 여전히 직파법이 지배적이었던 것으로 보이며, 이곳에 이식 도작이 보급되는 것은 17세기 이후이다.

18세기 전반에 저술되었던 『산림경제』를 보면 이식 도작에 관한 기술이 매우 충실한데, 이를 통해서도 이식 도작이 도작의 중심적 지위를 점하게 되었던 상황을 짐작할 수 있다. 그러나 조선의 경우는 이식도작의 확대가 전작형 도작의 기술적 발전을 따르면서 실현되었던 점에 그 특징이 있다. 『산림경제』를 보면 전작형 도작에 관해서도 『농사직설』보다 훨씬 진전된 기술이 소개되고 있다. 예를 들면 건경법乾耕法의 경우, 토지 속의 수분 유지나 모세관 현상을 이용한 벼의 수분 공급을 목적으로 한 '번지'라는 농기구가 다양하게 등장하는 등 도작에서 드라이 파밍의 응용이 한 단계 더 발전해 있다.

더욱이 주목할 만한 것은 '건앙법乾秧法'이라는 밭못자리법이 기술되어 있는 점이다. 건앙법이란 밭 상태의 못자리에 파종하여 모를 키우고 나서 이식을 하는 농법으로, 이것은 전작형 도작과 이식 도작의 절충물이라고도 말할 수 있는 기술이다. 근대 이후 조선총독부 농사시험장에서 이루어졌던 실험 결과에 의하면, 건앙법의 경우 6월 15일 이식에서는 통상의 이식법보다도 수확량이 떨어지나, 7월 15일 이식에서는 통상의 이식법을 상회하는 수확량을 얻었다. 앞서 논했듯이 기후 조건의 면에서 장마가 늦게 시작되기 쉬운 조선에서는 모내기가 예정보다 늦어져 7월로 넘어가는 해가 많았는데, 건앙법은 그러한 경우에도 대응할 수 있는 농법으로서 발전했다고 생각된다. 곧 조선에서 이식 도작의 보급은 안전대책으로서의 건경법이나 건앙법의 충실함과 궤를 같이하여 실현되었던 것으로, 여기에 중국의 강남이나 일본과 차이가 있다.

17, 18세기 조선 농업의 발전은 이상과 같은 방향을 취했기 때문에,

델타 지대의 안정적 경지화라는 동시기 강남이나 일본에서 벌어졌던 상황을 조선에서는 그다지 볼 수 없다. 15세기 이후 서해안을 중심으로 활발한 간척이 전개되면서 경지면적이 현저하게 증가하고, 또 낙동강 델타 등지에서도 도작의 확대가 진전한 것은 사실이다. 그러나 이러한 해안부에서의 도작은 여전히 조방적인 수준에 머무르고 있었고, 집약적 도작이 본격적으로 성립하는 것은 근대가 되고 나서이다. 무엇보다 일본에서도 도네가와利根川나 시나노가와信濃川 하류 델타가 경지로서 진정한 의미에서 안정되는 것은 근대에 들어와서이므로, 조선과의 차이를 너무 과대하게 생각하지 않는 편이 좋을지도 모르겠다. 또한 식민지기 일본인에 의한 조사를 보면, 낙동강 연안부에서 적미赤米가 보인다는 점이 보고되고 있었는데, 이것은 델타용으로 도입된 점성미 계통의 벼라고 생각되며 조방적인 도작이 이루어지고 있던 상황을 이야기하고 있다.

일본의 대개발과 도작사회화

'도요아시하라노 미즈호노 구니豊葦原の瑞穂の國'[38]라는 호칭이 보여주듯이, 일본은 농업이 시작된 이래 도작의 나라였다는 것은 신화에 지나지 않는다. 물론 일본 농업의 중심이 일관되게 도작에 있었다는 점은 분명 사실일 것이고, 또 도작의 시작이 종래 생각해 온 것 이상으로 오

---

38) '갈대 이삭이 풍부하게 돋아나는 나라'라는 의미로, 고대 신화 속 일본 국토의 미칭美稱이다. 『고사기古事記』와 『일본서기日本書紀』에 나오는 표현이다.

〈표 7〉 일본의 경지면적 추이[39]

연대	경지면적(확대율)	전거
930년경	86만 2,000정보(100)	『왜명유취초倭名類聚抄』
1450년경	94만 6,000정보(110)	『습개초拾芥抄』
1600년경	163만 5,000정보(190)	『경장삼년대명장慶長三年大名帳』
1720년경	297만 정보(344)	『정보하조장町步下組帳』

래전으로 거슬러 올라간다는 점은 최근 고고학적 발굴 성과를 통해 분명하게 밝혀지고 있다. 그러나 거시적으로 볼 때 일본열도 전체가 도작 사회화하는 것이 16세기 이후라는 점은 변함없다. 여기서는 이 도작사회화의 과정을 개관해 보려고 한다.

〈표 7〉은 수전 면적의 추이를 보여 주는 것으로 많은 연구에서 인용되는 자료이다. 이에 따르면 중세에는 수전 면적이 거의 증가하지 않았고, 이것이 종래의 통설적 이해였다. 그러나 이러한 수치에 대한 비판도 있다. 특히 1450년경의 수치는 상당히 과소평가되어 있다는 견해가 현재는 일반적이며, 중세 전기(13세기 전반까지)까지는 수전 면적이 정체 또는 감소하고, 중세 후기부터 증가로 바뀐다는 견해가 많은 지지를 받고 있다. 이후 근세 전기에 걸친 눈부신 증가는 매우 인상적으로, 15세기부터 17세기가 일본의 대개발 시대였다는 점은 부정할 수 없는 사실이다.

이 시기의 개발을 가능하게 했던 가장 큰 요인은 대하천 하류 지역에 대한 치수의 진전과 용수로의 건설이다. 일본의 하천 중에서 제일 거

---

39) 木村茂光 編, 『日本農業史』, 吉川弘文館, 2010, 83쪽.

대한 유역면적을 가진 도네가와利根川의 경우가 전형적인 예이다. 단 여기서 주의해야 하는 것은, 일본의 경우 대하천이라고 해도 중국의 대하천은 물론이고 한반도의 대하천과 비교해도 그 규모가 작다는 점이다. 한반도의 대표적인 대하천인 낙동강이나 한강 등과 도네가와를 비교하면, 전체 길이와 유역면적에서 1.5배의 규모를 가지고 있을 뿐만 아니라 도네가와보다도 경사가 훨씬 완만하다. 도네가와에서는 고저차를 이용한 용수로 관개가 비교적 용이하고, 상·중류에서의 관개기술과 질적으로 다른 기술을 필요로 하지 않았던 것에 비해, 이들 강에서는 관개가 곤란하기 때문에 식민지기에 만들어진 수리조합도 낙동강, 한강 유역에서는 양수기를 사용하지 않을 수 없었던 것이다.

근세의 개발과 관련하여 또 하나 주의해야 할 것은 그 한계에 관해서이다. 18세기까지의 경지면적의 추이는 앞서 언급한 대로인데, 메이지유신 이후 실시된 지조개정사업 결과 파악된 경지면적은 470만 정보町步 정도로 토지 조사 사업 결과 파악된 조선의 경지면적 420만 정보와 비교하면 국토면적에서 차지하는 경지의 비율은 작았다. 즉 조선에서는 근대 이전에 경지 개발이 거의 한계에 달해 있었던 데 비해, 일본에서는 지조개정 이후에도 경지 확대가 계속되었던 것이다. 왜 이러한 차이가 발생했는가는 분명하지 않지만, 일본은 영토가 막부와 다이묘 등에 의해 분할되어 있었던 점, 비료원으로서 산야山野의 존재가 필요했던 점 등 여러 원인에 의한 것이 아니었을까 생각된다.

종래의 일본 농업사 연구에서는 중세부터 근세에 걸친 농업 발전을 언급하면서 동시대 중국과 한국의 동향이나 상호 관련성에 대해서는 그다지 고려되지 않았다. 일본의 도작 도입 과정에서 중국이나 한국으로부터의 영향이 결정적이었다는 점은 주지의 사실이다. 그에 비해 중세 농업에 관해서는 그러한 영향관계가 거의 무시되어 왔다. 그러나 일본의 농업 집약화, 특히 집약도작 농법의 확립이 동아시아 규모의 변화와 궤를 같이하고 있다는 점만 봐도 이것이 일본만의 고립된 움직임이었다고는 도저히 생각할 수 없다.

일본 중세의 도작에서 큰 의미를 가졌던 것은 대당미大唐米의 유입과 그 재배의 확대이다. 대당미란 중국에서 말하는 점성미를 가리키며 베트남 참파에서 중국에 들어온 품종이다. 이른바 인디카 계통의 품종으로 재배 기간이 짧고 수리 조건이 열악한 저습지에서도 생육이 가능했다. 중국에서는 송대 장강 델타의 저습지에서 재배되었는데, 그것이 일본에도 도입되었던 것이다. 대당미가 일본에 전해진 것은 11세기 후반부터 13세기 초반 사이로 생각되는데, 문헌상 처음 등장하는 것은 1308년의 기록으로 단바국丹波國(현재의 효고현)에서 '대당법사의 벼大唐法師の稲'로 나오고 있다.

대당미가 널리 재배되게 된 것은 16세기 이후로, 규슈九州를 중심으로 간토關東, 호쿠리쿠北陸 지역에까지 미치고 있음을 기록을 통해 확인할 수 있다. 그리고 그러한 모습이 완전히 자취를 감추는 것은 20세기가 되고 나서로, 중세 말기부터 근세에 걸쳐 많은 지역에서 대당미가 재배되고 있었던 것이다. 이것은 수전의 개발이 이 시기를 통해 일관되게 추진되었던 점과 개발 초기 수리 조건이 불충분한 단계에서 대당미가 개발의 첨병으로서 재배되었다는 점을 말해 준다.

15세기부터 17세기가 일본의 대개발 시대였다는 점에 관해서는 앞에서 논했는데, 이와 같은 개발을 가능하게 한 기술적 요인에 관해서는 충분히 해명되었다고 말하기 어렵다. 대규모의 개발을 낳은 최대 요인이 치수와 관개기술의 발전에 있었던 것은 분명하지만, 문제는 이러한 기술의 발전이 일본에서 독자적으로 행해졌다고는 생각할 수 없다는 점이다. 종래의 연구에서는 이 문제를 전혀 언급하고 있지 않다. 그러나 중세 후기부터 활발해진 저수지 조성에 중국에서 온 도래인이나 중국 체재 경험이 있는 승려가 관여한 기록이 다수 남아 있는 점, 간척을 위한 '염제鹽堤'를 조성하는 기술은 중국에서 전해졌다고 짐작되듯이, 중국으로부터의 영향은 중요한 의미를 가지고 있었다. 또한 임진왜란에 참전한 가토 기요마사加藤淸正가 영지인 구마모토에서 실시한 용수개발 등에 조선에서 견문한 기술의 영향이 없었는지 등의 문제도 향후 검토할 필요가 있을 것이다.

전작에
대한
평가

지금까지 집약적 도작의 확립 과정에 관해 논했는데, 농업 전체의 변화를 파악하기 위해서는 전작의 문제를 무시할 수 없다. 아무리 집약적인 도작이라고 해도 그 작업이 1년 내내 행해지는 것은 아니므로, 도작에 있어서는 농한기에 해당하는 겨울철 전작이 중요하며, 벼의 재배 기간 동안에도 다른 전작물 농작업과의 노동 배분이 곤란한 문제였다. 나아가 농민의 식생활에 있어서 조세작물로서 대부분을 정부에 바쳐야만 했던 쌀보다 전작물이 중요한 의미를 가지고 있었다. 그러나 종래의 연구에서는 전작에 관해 여전히 해명되지 않은 부분이 많이 남아 있는 듯하다.

전작 기술은 집약적 도작에서도 중요한 의미를 지니고 있었다. 특히 쟁기를 사용한 우경牛耕 기술은 전작에서 개발된 것으로 그것이 도작에도 응용되었던 것이다. 종래의 연구에서는 청대 중국이나 에도 시대 일본의 도작에서 쟁기 대신에 철탑鐵搭(쇠써레)이나 비중초備中鍬(괭이) 같은 인력 농구가 주요한 농구가 된 점, 또한 그 원인은 이러한 농구가 쟁기보다도 심경深耕에 적합했기 때문이라고 파악하였는데, 이러한 이해에는 의문이 남는다. 장상리長床犁(늪쟁기)로도 상당한 심경이 가능했을 뿐만 아니라, 전작은 쟁기의 유무가 결정적인 의미를 갖기 때문이다. 전작에서는 우경을 통해 두둑 짓기를 한 다음, 밭두렁 위에 조와 대두를, 이랑에 보리를 재배하는(방풍과 방한을 위해 보리를 이랑에 파종함) 간작間作 기술이 다모작화를 가능하게 했던 것이다. 집약적 도작은 토지생산성을 향상시키는 것이 중요했으나, 동시에 노동력의 효율적 배분을 위해서는 노동생산성의 향상도 요구되었으므로, 이때 전작에서 개발된 기술이 큰 역할을 수행했다.

동아시아 전작에서는 대두大豆가 매우 중요한 역할을 하였다. 특히 다모작을 할 때에는 윤작 중에 대두를 끼워 넣는 것으로 지력의 유지가 가능해졌다. 또한 대두는 식량으로서도 중요했다. 대두는 단백질 공급원으로서 두부 등의 가공식품은 물론 된장과 간장의 원료로서도 동아시아의 식생활에 불가결한 존재였다. 따라서 대두는 쌀과 나란히 혹은 그 이상으로 중요한 작물이었다.

중국의 화북과 한반도 북부는 건조가 심한 지역으로 이러한 지역에서는 땅 속 수분의 증발을 막기 위해 경기耕起[40]나 진압鎭壓[41] 등을 재빨리 실행해야 했고, 이 때문에 쟁기를 비롯한 축력畜力 농구가 발전했다. 그에 비해 일본에서는 조몬 시대의 초기 농경은 차치하더라도, 저습지

---

40) 종자의 파종과 이식을 위해 땅을 갈아 일으켜 큰 흙덩이를 잘게 부스러뜨리는 작업.
41) 종자의 발아를 빠르고 균일하게 하기 위해 파종 전후 토양에 압력을 가하는 작업.

에서의 도작을 통해 본격적인 농경이 시작되었으므로 이경犁耕의 전통이 덜했던 것이다. 중세 이후 이경이 보급되지만 에도 시대에도 여전히 제한적인 것이었고, 이것이 전작의 발전을 제약했다고 생각된다.

아미노 요시히코網野善彦는 일본의 연구자들이 도작 중심, 수전 중심으로 농업 발전을 파악하려는 경향이 강하다고 비판한 적이 있다. 이러한 편향은 한반도의 농업을 파악할 때 특히 현저하게 나타나는데, 이러한 태도는 지금도 충분히 극복되지 않은 듯하다. 식민지기에 조선총독부의 농사시험장에 근무했던 경험이 있는 아라시 가이치嵐嘉一의 다음과 같은 말은 지금도 여전히 경청할 만하다.

구舊조선의 전작은 원래 이 나라 농업의 중핵을 이룰 정도로 긴 시간에 걸쳐 확립된 전통이 있고, 또한 그 대부분이 이른바 드라이 파밍에 속하므로 우리나라(일본)의 전작과는 별개로 현저한 차이를 보이는 독특한 관행기술이 존재하고 있었다. 전작 기술은 크게 보면 오히려 우리나라보다도 발전된 면이 있었던 것은 아닐까 생각된다. (중략) 당시 우리나라의 농업기술자는 조금 극단적으로 표현하면 단순한 도맥작稻麥作―심지어 수전을 중심으로 한―기술자에 지나지 않았던 것이다.[42]

---

42) 嵐嘉一,「總論」, 日本·農林省熱帶農業研究センター 編,『舊朝鮮における日本の農業試驗研究の成果』, 農林設計協會, 1967.

동아시아의 농서

동아시아 지역 농업의 특징, 특히 집약적 도작의 형성기 이후의 큰 특징으로서 수많은 농서가 편찬되었던 점을 지적할 수 있다. 농서의 편찬은 단지 농업기술, 농법의 발전 및 보급이라는 면에서만이 아니라 인쇄술의 발전과 보급, 지식인의 성격 등 문화적, 사회적인 문제와도 깊게 관련된 현상으로 이해해야 한다. 이 장에서는 주로 농서 편찬의 구체적 양상, 특히 그것이 집약적 도작의 형성 과정과 밀접하게 관련된 현상이었다는 점에 한정하여 논할 것이다.[43]

---

43) 농서란 문자 그대로 농업에 관한 서적이지만, 근대 이후에 만들어진 농업 관계 서적과 구별하여 근대 이전에 저술된 것을 가리키는 것이 관례이므로 여기서도 이 관례에 따랐다.

동아시아 농서의 원천으로서 중국 농서

중국에서는 아주 오래전 시대부터 농업에 관한 기술을 포함한 서적이 존재했는데, 독립된 농서로서 부를 수 있는 것은 기원전 1세기 말에 저술된 『범승지서汜勝之書』이다. 저자인 범승지(혹은 범승)는 한漢나라 관료로서 농업을 지도하는 지위에 있었는데, 이 책은 자신의 경험을 바탕으로 황하 유역의 농업기술을 체계화한 것이다. 원본은 예전에 유실되었으나 후세의 서적에 인용된 글로부터 원래의 내용이 복원되었다. 이 책에서 권장하는 것은 소규모 집약적 농법으로 이후 동아시아 농법의 원형이 이미 나타나 있다.

현존하는 가장 오래된 농서는 6세기 전반에 쓰여진 『제민요술』로 저자는 가사협이다. 이 책은 동아시아 농서 중 최고의 고전으로 평가받으며 중국만이 아니라 한국과 일본의 농서에도 결정적인 영향을 미쳤다. 저자는 지금의 산동성에서 지방관으로 근무하며, 그 자신도 농업 경영의 경험이 있어 화북 지방의 농법을 소개하고 있다. 권두잡설에서 볼 수 있는 '다악多惡(넓은 면적에서 조방적으로 경작하는 것)보다도 소호小好(좁은 면적에서 정성껏 경작하는 것)가 우수하다'라는 말은 동아시아 집약적 농업의 진수를 드러낸 금언이다. 일본의 가나자와문고金尺文庫에 그 최고본最古本이 소장되어 있었던 점을 통해서도 알 수 있듯이 일본에도 이른 시기에 전해졌던 것이다.

당대唐代의 농서로서는 『사시찬요四時纂要』(이 책은 고려에서도 간행됨)와 『뇌사경耒耜經』이 있는데, 후자는 뇌사(쟁기)를 사용한 우경牛耕이 이미 당대 강남 지역에서 행해지고 있었던 상황을 전하고 있다.

송대가 되면 정부가 적극적으로 농업의 진흥에 힘써『제민요술』과 당대의『사시찬요』를 간행하고 전국의 지방관에게 배포하여 보급에 노력했다. 이러한 농서가 화북의 건조농업지대를 무대로 하고 있었던 것이라면, 강남 델타지대의 도작을 대상으로 한 최초의 농서는 진부陳旉의『농서農書』(1149)이다. 이 책은 시비와 중경제초 등 집약 도작의 기술을 소개하고 있는데, 다만 이러한 기술이 사용되는 곳이 델타의 중심부가 아니라 비교적 협소한 지곡支谷·하곡河谷의 평야지대였던 것에 유의할 필요가 있다. 이 시대 델타의 중심부에서는 여전히 배수가 뜻대로 되지 않아 격년 경작 등의 조방적 도작이 널리 행해지고 있었던 것이다.

원 시대에는『농상집요農桑輯要』와 왕정王禎의『농서農書』라는 중요한 농서가 제작되었다. 이 중『농상집요』는 정부가 편찬한 이른바 관찬농서로서 대량으로 인쇄되었기 때문에 고려에서도 널리 사용되었다. 책의 내용은『제민요술』에서 인용한 것이 대부분을 점하고 있고, 화북의 건조지 농업이 다루어지고 있다. 또한 제목에서도 알 수 있듯이 양잠이 중시되었고, 농업과 양잠이라는 중국 농업의 2대 부문이 밀접한 관계를 가지게 된 점을 보여 주고 있다. 면화 재배도 이 농서에서 처음으로 소개되었고, 이후 강남의 농업에서 매우 중요한 의의를 점하게 된다.

왕정의『농서』는 꽤 두툼한 농서이다. 왕정은 화북 산동성 출신으로 강남 안휘에서 지방관을 역임한 경력이 있다. 이러한 점에서 화북의 건조지 농업과 강남의 습윤지 농업이 함께 언급되고 있는 획기적인 의미를 가진 농서이다. 또 '농기도보農器圖譜'라는 제목으로 농구와 관개 작업 등의 그림이 다수 수록되어 있는 것도 큰 특징으로 점성도占城稻도 농서로서는 처음으로 소개하고 있다.

일본의 저명한 중국 농업사 연구자인 아마노 모토노스케天野元之助의 필생의 대작인『중국고농서고中國古農書考』를 보면 대량의 농서가 소개되어 있다. 이를 왕조 시대별로 살펴보면 한대가 3권, 삼국·위진남북조 시대 3권, 당대 5권, 송대 37권, 원대 7권, 명대 61권, 청대 115권으로 명대와 청대가 압도적인 비중을 점하고 있다.

강남 델타의 집약적 도작을 본격적으로 소개한 농서로서는 명대 중기의『심씨농서沈氏農書』가 잘 알려져 있다. 심씨의 경영은 고용노동자의 사용과 구입한 비료의 다량 투여 등 부농경영으로서의 성격을 가진다는 점에서 명대 농업의 한 도달점을 보여 준다. 그러나 이러한 경영이 더욱 발전할 가능성을 가졌는지에 관해서는 연구자 사이에서 의견이 분분하다.

명대의 대표적인 농서로서 저명한 것은 서광계徐光啓의『농정전서農政全書』이다. 이 책은 그때까지의 많은 농서들을 인용하면서, 거기에 저자의 독자적인 견해를 더한 것으로 중국 농서의 집대성으로서의 성격도 가지고 있다. 또한 서광계가 유럽 선교사들과 깊은 교류가 있었다는 점에서 수리기술을 중심으로 한 유럽의 기술에 관해서도 소개하고 있다.『농정전서』는 일본의『농업전서』에 큰 영향을 주었을 뿐만 아니라, 조선의 농서에서도 다수 인용되고 있다.『제민요술』,『왕정농서』와 함께 중국의 3대 농서의 하나로 일컬어지고 있다.

청대에도 수적으로는 많은 농서가 저술되었다. 그러나 대부분이 특정 지방을 대상으로 하거나 특정 분야에 한정된 것이고, 특별히 저명한 농서는 나오지 않았다. 단 건륭제 시대에 황제의 명으로 편찬한 농서인『수시통고授時通考』가 주목되나, 그 내용에 관해서는 높은 평가가 내려지지 않았다. 원대의 『농상집요』, 청대의 『수시통고』라는 대표적인 두 관찬 농서가 모두 비한족 왕조 아래에서 편찬되었다는 점도 흥미로운 현상이다.

이와 같이 중국에서는 이른 시기부터 농서가 편찬되고, 게다가 그 전통이 중단되지 않고 계속되었다. 이것은 세계적으로도 다른 예를 볼 수 없는 현상으로 필시 아직 알려지지 않은 농서도 다수 편찬되었을 것이라고 생각된다.

관찬 농서 중심의 한국 농서

한국에서는 고려 시대에 중국의 농서가 수입되었을 뿐만 아니라 직접 출판이 되기도 했다. 특히 『농상집요』의 경우 정부가 보급에 힘썼던 농서였다. 그러나 본격적으로 독자적인 농서가 만들어지게 되는 것은 조선 시대에 들어와서이다.

농서 편찬이 처음으로 시도되었던 것은 태종대의 일이다. 이것은 원의 『농상집요』를 발췌하여 '향언鄕言(이두)'을 덧붙인 것으로 『농서집요農書輯要』라는 농서였다. 이후 중국 농서의 차용 단계에서 벗어나 독자적인 농서로서 처음으로 편찬된 것은 『농사직설農事直說』(1430년 간행)이다. 이 책은 세종의 명으로 전국의 뛰어난 농법을 조사하여 그것을 기반으로 편찬된 것이었다. 여기서는 중국의 화북과도, 또 강남과도 다른 세미드라이semidry한 한반도의 기후에 적합한 농법이 소개되었고, 이후의 농서에 큰 영향을 미쳤다. 『농서집요』, 『농사직설』 모두 왕명으로 편찬된 것이므로 조선의 농서는 관찬 농서에서 시작되었다고 말할 수 있다.

『농사직설』의 도작에서는 모내기를 하지 않는 직파법이 주를 이루었고 이앙법은 '농가의 위험한 일'로 여겨졌다. 그러나 16, 17세기를 거치며 수리시설의 정비가 진전하는 가운데 17세기에 저술된 『농가월령農家月令』이나 『농가집성農家集成』(관찬)에서는 이앙법이 상세하게 소개되고 있다. 『농가월령』은 한글판도 작성된 것으로 보이나 현재는 전하지 않는다.

18세기는 농서의 전성기로 많은 농서가 저술되었는데, 그중에서도 『산림경제山林經濟』, 『증보산림경제增補山林經濟』 등이 특히 유명하다. 18세기 말에는 정조가 농서 편찬을 계획하여 그 준비 작업으로서 농서와 농업에 관한 건언 등을 정부에 제출할 것을 요구했으므로 많은 농서가 헌상되었다. 정조의 이 같은 계획은 실시되지 않았으나 19세기 전반에 저술된 서유구徐有榘의 『임원경제지林園經濟志』는 이때 헌상된 농서도 참조하여 완성한 조선 농서의 집대성으로서의 성격을 가진 것이었다.

농서의 후발 주자 일본

중국과 한국에 비교하면 일본에서는 농서의 출현이 늦었다. 현재 확인되는 농서는 모두 18세기 후반 이후의 것으로, 중국은 물론이고 한국과 비교해도 250년 정도 늦은 출발이다. 일본에서는 어째서 농서의 출현이 이처럼 늦었던 것인가.

일본에서도 『제민요술』의 오래된 판본이 전하고 있는 것에서도 알 수 있듯이 중국의 농서는 이른 시기부터 알려져 있었다. 그러나 거기에 자극을 받아 농서를 편찬하려는 움직임은 17세기 말까지 나타나지 않았는데, 그 가장 큰 원인은 정치적인 분열 상황과 무사들의 집권이라는 정치적 요인에 있었다고 생각된다. 정치적인 분열 상황 때문에 한국과 같이 국가가 주도하여 농서를 편찬하는 일이 없었고, 또 한문을 해석하는 무사와 상층 농민이 매우 드물었다. 그리고 인쇄기술이 발달하지 않았던 것도 농서의 출현을 늦춘 큰 원인이었을 것이다.

현재 알려져 있는 가장 초기의 농서로는 『백성전기百姓傳記』나 『회진 농서會津農書』 등이 있는데 둘 모두 1680년대의 것으로 추정된다. 농서 편찬을 본격화하는 계기가 되었던 것은 1697년에 간행된 미야자키 야스사다宮崎安貞의 『농업전서農業全書』이다. 이 책은 제목에서도 알 수 있듯이 서광계의 『농정전서』의 영향을 받은 것으로, 『농정전서』의 내용을 소개하면서도 동시에 당시의 농업 선진 지역이던 긴키近畿 지역의 농업에 대해서 상세하게 소개하고 있다. 일본의 농서로서 처음으로 인쇄, 간행되었다는 점에서 이후의 농서에 큰 영향을 미쳤다.

농서의 후발 주자였으나 18세기 이후 일본에서는 수많은 농서가 편찬되었다. 『일본농서전집日本農書全集』에는 100점이 훨씬 넘는 농서가 수록되어 있다. 그러나 그 모두는 개인에 의해 편찬된 것으로서, 중국이나 한국과 같은 관찬 농서는 마지막까지 나오지 않았다. 이 점에서 한국 농서와 대척적인 위치에 있다고 말할 수 있다.

19세기가 되면 오쿠라 나가쓰네大蔵永常와 같이 전문적인 농서 작가까지 출현하는데, 그가 집필한 『농구편리론農具便利論』이나 『광익국산고廣益國産考』 등은 중국과 한국 농서에서는 볼 수 없는 내용을 포함하고 있

다. 특히 후자는 많은 공예작물의 재배법을 소개하면서 각 번에서 특산
품의 생산을 장려하도록 권하여 큰 영향을 미쳤다.

또한 17세기가 되어 일본의 지배를 받게 된 류큐에서도 많은 농서
가 편찬된 것으로 알려져 있다.

5장

한반도의
도작 전개

15세기의
도작법과
『농사직설』

도작 전개의 역사 연구와 그 현황

최근 20년 사이, 한국을 중심으로 한반도의 도작 전개의 역사에 관한 연구가 큰 폭으로 진전했다. 그러나 종래의 연구는 주로 일본이나 중국 강남 지방의 도작사를 비교 대상으로 삼아 진행되어 한반도에서의 도작 전개의 특징을 충분하게는 파악할 수 없었다. 이 장에서는 다양한 생태적·사회적 조건 아래 전개되어 온 매우 변화무쌍한 아시아의 도작을 염두에 두고, 한반도에서의 도작 전개의 역사와 위치를 살펴보려고 한다.

여기서 필자가 주장하고 싶은 것은 세 가지 점이다. ① 한반도에서 도작 전개의 기본 방향은 다카야 요시카즈가 말하는 '화북형 직파 주변구' 도작에서 '관개 이식형' 도작으로의 이행이라는 점, ② 그 이행의 최대의 분기점은 17, 18세기였다는 점, ③ 이 이행이 가능하기 위해서는 본래 '관개 이식형' 도작이 지배적이던 일본 등과는 매우 다른 도작 기술의 개발이 필요했다는 점이다.

또한 이 장이 대상으로 하는 시기에 관해 미리 말해 두고자 한다. 한국의 도작사와 관련하여 문헌적으로 거슬러 올라갈 수 있는 것은 15세기까지이다. 그 이전의 삼국 시대, 통일신라 시대, 고려 시대에 관해서는, 농업의 양태를 엿볼 수 있는 아주 단편적인 사료가 남아 있을 뿐으로 그 전체상을 알 수 있는 사료는 발굴되지 않았다. 향후 역사고고학이나 역사지리학 등의 연구가 진전하면 15세기 이전의 도작에 관해서도 지견을 넓힐 수 있을 것으로 생각되나, 우선 여기서는 15세기 이후의 도작 전개에 한정하여 이야기를 진행하려고 한다.

15세기 수전과 한전의 비율

일반적으로 일본인이 한국의 농업에 대해 떠올릴 수 있는 이미지는 도작 중심의 남부와 전작 중심의 북부라는 구도일 것이다. 혹은 일본으로의 도작의 전래가 한반도를 경유한 것이라는 설이나 식민지기에 대량의 조선미가 일본으로 반출되었다는 것을 떠올리며 한국 농업의 주체는 도작이라고 생각하는 사람도 많을 것이다. 그러나 이러한 이미지는 역사적으로 보면 결코 정확한 것은 아니다.

예를 들면 한국어에서 단순히 '전田'이라고 하면 한전旱田(밭)을 가리킨다. 이것은 역사적으로 그러했고 지금도 그러하다. 그에 비해 수전水田을 한국어에서는 '답畓'이라고 한다. '답'이라는 문자는 한국에서 만들어진 한자, 이른바 한국한자이다. 이것을 일본어와 비교해 보면 흥미롭다. 일본어에서는 '전田'이라고 하면 수전水田을 가리키며, 한전을 나타내는 문자로서 '전畑' 또는 '전畠'이라는 일본한자가 만들어졌다. 같은 '전田'이라는 한자가 한국에서는 한전을 가리키는 문자로, 일본에서는 수전을 나타내는 문자로서 각각 받아들여진 것이다. 이것은 한국의 농업이 본래는 한전 중심이며, 애초부터 수전 중심으로 농업이 발달해 온 일본의 농업과는 크게 다르다는 것을 상징하고 있다.

그러면 먼저 한반도 도작의 핵심 지역인 남부 여섯 개 도의 수전·한전 비율의 역사적 변천을 살펴보면 〈표 8〉과 같다.

〈표 8〉 수전·한전 비율의 역사적 변천

	15세기 전반(1)		1919년(2)		1983년(3)		수전 증가율	
	수전(A)	한전	수전(B)	한전	수전(C)	한전	$\frac{B-A}{A}$×100	$\frac{C-B}{B}$×100
충청북도	31.4%	68.6%	44.0%	56.0%	50.3%	49.7%	40.1%	14.3%
충청남도	45.8	54.2	62.9	37.1	66.9	33.1	37.3	6.4
전라북도	48.6	51.4	71.0	29.0	72.2	27.8	46.1	1.7
전라남도	44.4	55.6	49.4	50.6	62.6	37.4	11.3	26.7
경상북도	36.0	64.0	48.2	51.8	59.0	41.0	33.9	22.4
경상남도	43.9	56.1	57.8	42.2	67.5	32.5	31.7	16.8

주 1) 15세기 전반은 『세종실록』 「지리지」에 의함. 또한 수전·한전의 비율은 결수에 근거한 비율임.
　 2) 1919년은 『조선총독부통계연보』 다이쇼大正 8년판에 의함.
　 3) 1983년은 『한국통계연감』 1984년판에 의함.

〈표 8〉에서 세 시점을 택한 이유는 다음과 같다. 우선 15세기 전반이라는 것은 조선에서 군·현별 수전·한전 비율을 판명할 수 있는 가장 오래된 시기라는 점, 다음으로 1919년은 일본이 실시한 '토지 조사 사업'을 통해 전국의 경지 실측 면적이 명확해진 해인 점, 마지막으로 1983년은 필자가 가진 자료 중에 가장 최근 해인 점에 의한다. 또한 15세기 전반의 수전·한전 비율은 절대면적의 비율이 아니라 '결結'이라는 한국의 독특한 경지면적 표시에 따른 비율이다. 결이라는 것은 과세를 위한 면적 표시로, 토지의 비옥도에 따라 1등부터 6등까지로 나뉜다. 1등전等田 1결은 약 1정보町步(약 99아르), 6등전 1결은 약 4정보(약 397아르)로, 등급에 상관없이 1결의 토지로부터는 같은 양의 지세가 징수되도록 되어 있었다. 〈표 8〉을 보고 우선적으로 알 수 있는 것은 15세기 전반에는 남부지방에서도 한전의 비중이 높았다는 점이다. 둘째로 1919년까지 수전의 비율이 비약적으로 높아진 점이다. 한반도 남부가 도작 지역이라는 이미지는 조선 시대 수전 비율의 현저한 증가에 따른 역사적인 산물인 것이다. 더욱이 간과해서 안 되는 것은 수전 비율의 상승률은 전라남도를 제외하고는, 근대 이후보다도 조선 시대에 더 높았다는 점이다. 따라서 한반도 도작 전개의 역사를 생각할 때 조선 시대는 특별히 중요한 위치를 차지한다. 그러면 이러한 수전 비율의 현저한 증가라는 현상을 초래한 기술적 요인은 무엇이었을까. 이 점에 유의하면서 조선 시대의 도작 전개사를 살펴보도록 하자.

조선 최고最古의 농서, 『농사직설』

15세기의 도작법을 전해 주는 자료는 『농사직설』이다. 『농사직설』(이하 『직설』로 약칭함)은 조선 제4대 왕인 세종의 명으로 1429년에 정리되어, 다음 해에 간행된 현존하는 조선 최고最古의 농서이다. 책의 서문에서 이 농서를 만든 경위를 다음과 같이 밝히고 있다.

> 우리 주상 전하께서는 명덕明德을 계승하여 왕위에 오르신 후 더욱 백성의 일에 마음을 두셨다. 오방五方(동서남북과 중앙)의 풍토가 동일하지 않고, 농업의 방법도 풍토에 따라 양법良法을 달리하므로, 모든 것을 고서古書에 나온 대로 해서는 안 된다고 생각하셨다. 이에 여러 도道의 감사監司(도의 장관)에게 명하여 주현州縣의 노농老農들에게 각지에서 실행되고 있는 농법을 방문해 묻고 그것을 상신上申하도록 하셨다. 또한 신臣 초招(정초鄭招)에게 그러한 상신된 것의 취사선택을 명하셨다. 신은 종부소윤宗簿少尹(왕실의 계보를 관장하는 종부시 정4품관)의 지위에 있는 변효문卞孝文과 함께, 그 상신서를 참고로 하면서 중복된 것을 버리고 요점만 뽑아서 한 권의 책으로 정리했다. 이름하여 '농사직설農事直說'이라고 한다. ─『세종실록』11년(1429) 5월 16일

이 서문에서 가장 중요한 것은 '모든 것을 고서古書에 나온 대로 해서는 안 된다'라는 대목의 고서가 중국의 농서를 가리킨다는 점이다. 조선에는 고려 시대에 중국에서 저술되었던 『제민요술』이나 『농상집요』 등의 농서가 수입되어 널리 유포되어 있었다. 『제민요술』과 『농상집요』

는 중국 화북 지방의 농업을 체계적으로 기술한 농서이다. 서문에 있듯이 이러한 중국 농서들을 전면적으로 따라서는 안 된다는 동기로부터 『직설』이 편찬되었다는 것은 15세기 당시의 조선 농업이 화북 농업의 압도적인 영향에서 점차 벗어나고 있던 상황을 단적으로 이야기하는 것이라고 할 수 있다. 그러면 조선의 농업은 어떠한 점에서 독자적인 길을 걸어갔던 것인가. 이 점을 『직설』의 도작법에 입각하여 살펴보도록 하자.

직파법 주체의 도작

『직설』 '종도조種稻條'에서는 가장 먼저 당시의 도작법이 총괄적으로 논해지고 있다.

> 벼의 종류에는 조도早稻(올벼)와 만도晩稻(늦벼)가 있다. 경종법耕種法으로는 수경水耕【향명鄕名은 水沙彌(무삶이)】과 건경乾耕【향명은 乾沙彌(건삶이)】, 삽종揷種【향명은 苗種(묘종)】법이 있다. 제초의 방법은 어느 것이나 대체로 동일하다.[44]

『직설』에서는 경작법이나 농구의 이름에 관해, 먼저 중국의 호칭을 제시한 다음 할주割註의 형태로 향명, 즉 조선의 호칭을 제시하고 있다.

---

44) 이하 인용 중에 【 】로 표기한 부분은 『농사직설』 원문에 기재되어 있는 할주割註이다.

『직설』의 초간初刊은 훈민정음 제정 13년 전의 일이므로, 향명은 한자의 차자표기(이두)로 기재되어 있다.

앞의 인용에서 알 수 있듯이 당시 조선에서는 세 종류의 도작법이 행해지고 있었다. 수전직파법으로서의 수경법, 건전직파법으로서의 건경법, 이식법으로서의 묘종법이 그것이다. 이 중 『직설』에서는 수경법에 관한 기술이 제일 처음에 이루어지고 있고, 또 기술 내용도 가장 상세하다. 이 점으로부터 당시는 수전직파법이 가장 일반적인 도작법이었다는 것을 알 수 있다. 『직설』은 수경법을 조도와 만도의 경우로 나누어 각각의 경작법을 기술하고 있으며, 조도의 수경법에 관해서는 다음과 같이 말하고 있다.

> 가을 추수 후 물을 대기 쉬운 비옥한 수전을 골라【무릇 수전이라는 것은 위로부터 물을 대기 쉽고 아래로 물을 뺄 수 있어야 한다. 가물면 물을 대고 비가 계속 내리면 물을 뺄 수 있는 수전이 가장 좋고, 움푹 팬 땅에 물이 괴어 있는 곳이 다음으로 좋다. 그러나 이러한 곳이라도 장기간 비가 내려 땅이 진흙과 같은 상태가 되면 모가 썩고 만다. 높은 곳에 위치하여 비가 내려야만 심을 수 있는 곳이 수전으로서는 가장 뒤떨어진다】추경秋耕을 하고 겨울 동안에 거름을 준다【정월이 되어 얼음이 녹고 나서 땅을 갈고, 거름을 넣거나 또는 객토를 하여도 상관없다】 2월 상순에 재차 갈고, 목작木斫【향명은 所訖羅(소흐레)】을 종횡으로 하여 땅을 평평하게 하고, 다시 철치파鐵齒擺【향명은 手愁音(쇠스랑)】로 흙덩어리를 부수어 숙토熟土로 둔다. 파종에 앞서 볍씨를 물에 담갔다가 3일이 지난 다음 물기를 빼서 건져 낸다. 그것을 호천蒿篅【향명은 空石(빈섬)】에 넣고 따뜻한 곳에 놓아 둔다. 몇 번이건 호천을 열어 습기가 차지 않도

록 한다. 싹이 2분分[45)의 길이가 되었을 무렵 수전에 균등하게 뿌리고, 판로板撈【향명은 翻地(번지)】또는 파로把撈【향명은 推介(밀개)】로 볍씨를 흙으로 덮고, 물을 대며 새를 쫓아낸다【묘의 싹이 나올 때까지 새 쫓기를 한다】. 모가 두 잎이 나오면 물을 빼고 손으로 김을 맨다【모가 약하므로 호미를 사용해서 제초해서는 안 된다. 그러나 물기가 없고 땅이 단단하면 호미로 제초해야 한다】. 모 사이의 잡초 제거를 끝내면 다시 물을 댄다【물을 뺄 때마다 김을 매고, 김매기가 끝나면 물을 댄다. 모가 어려서 약할 때에는 물을 얕게, 모가 성장하여 튼튼해지면 물을 깊게 대는 것이 좋다】. 만일 개울이 이어져 있어 가뭄이라도 물이 마를 염려가 없는 곳이라면, 제초가 끝날 때마다 물을 빼고, 뿌리를 햇볕에 2일간 쪼였다가 다시 물을 댄다【이렇게 하면 바람이나 가뭄에 잘 견딘다】. 모의 길이가 반 자 정도 자라면 또 김을 매는데, 이번에는 호미를 이용한다【이미 모가 단단해져 있으므로 호미를 사용할 수 있다】. 김을 맬 때에는 다만 잡초를 뽑는 것만이 아니라 양손으로 모 사이의 흙의 표면을 문질러 부드럽게 해 둔다. 제초는 서너 차례 한다【곡식이 자라는 것은 서공 鋤功(중경제초 작업)만이 의지가 된다. 그중에서도 조도는 성장이 빠르기 때문에 조금이라도 손을 늦게 쓰는 일이 있어서는 안 된다】. 벼가 무르익어 갈 때에 물을 뺀다【언제까지라도 물이 있으면 익는 것이 늦어진다】. 조도의 열매는 떨어지기 쉬우므로 익는 대로 곧장 베어 낸다.

『직설』은 이어서 만도의 수경법에 관해 논하는데, 그 작업 내용은 조도와 대체로 동일하며 다만 각 작업의 시기가 늦어질 뿐이다. 수경법

---

45) 1분分=3.030303mm

312

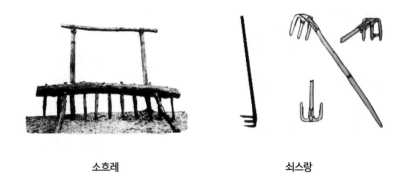

소흐레   쇠스랑

기술에서 주목되는 것은 ① 관개의 어려움에도 불구하고 수경법이 이루어지고 있었던 점, ② 중경제초가 매우 중시되고 있는 점, ③ 벼의 연작법이 이루진 점이다.

우선 ①에 관해서 살펴보자면, 『직설』은 수전을 수리의 편리함에 따라 세 등급으로 나누고 있다. 첫째는 관수灌水·배수排水를 자유자재로 할 수 있는 수전으로 근대가 되어 수리 안전답으로 불리게 되는 것이 여기에 해당한다. 둘째는 저습지와 같이 물은 풍부하게 있으나 배수가 나쁜 수전이다. 『직설』에서는 언급하고 있지는 않으나 두 번째 등급에 속하는 수전으로서 조선에 널리 보였던 것은 '저수답瀦水畓'이라고 불리는 수전으로 이것은 이른바 인위적인 저습지이다. 곧 봄 이후의 물의 확보가 불안정한 수전에서, 전년 가을의 수확 이후 겨울·봄 기간의 빗물을 저장해 두는 수전을 '저수답'이라고 한다. 세 번째 등급은 수리를 강우에 전면적으로 의지하는 수전으로 '천수답天水畓'이라는 것이다.

『직설』은 이러한 세 등급의 수전 모두에서 수경법이 이루어지고 있다는 점을 기술했다. 이는 화북 농업과 비교할 때 큰 차이이다. 잘 알려

호미

져 있듯이 『제민요술』에는 회하 유역의 직파 도작과 황하 유역의 이식도작이 기술되어 있는데, 화북에서는 수리 조건이 좋은 곳에서만 도작이 행해졌다. 『직설』이 말하는 두 번째, 세 번째 등급의 토지는 화북이라면 밭작물을 재배해야만 하는 곳이었다. 이처럼 수리 조건이 열악한 곳에서도 도작이 추진되고 있었다는 것은, 15세기 단계에서 조선 농업이 도작으로 기울고 있었다는 사실을 이야기하는 것이라고 할 수 있을 것이다.

②의 중경제초의 중시라는 점에 관해서는 "곡식이 자라는 것은 서공鋤功만이 의지가 된다"라는 기술이 이것을 웅변하고 있다. 서鋤, 즉 호미라는 것은 작은 제초 도구이다. 이 호미를 사용하여 제초만이 아니라 모 주변의 흙을 문질러 비비는 화토和土 작업도 동시에 한다. 이러한 꼼꼼한 중경제초는 화북의 한지旱地농법(드라이 파밍)에서의 중경제초법의 영향을 받은 것으로 볼 수 있다.

다음으로 ③의 벼의 연작법이라는 점에 관해서이다. 이 점은 가을 수확 후 곧장 다음 해를 위한 추경이 이루어진 점, 또한 조도 부분에서는 기록되어 있지 않으나 만도의 수경법 조항에서 지력 유지의 방법으로서 입분入糞과 객토客土를 1년 걸러 번갈아 행하도록 기술되어 있는 점으로 볼 때도 분명하다. '화북형 직파 주변구' 도작을 정식화한 『제민요술』에서는 직파 도작의 경우 벼의 연작은 이루어지지 않았다(이식도작의 경우는 벼 연작). 즉 벼는 어떤 작물을 수확한 다음의 농토에 재배해도 상관

없으나 벼의 연작만은 해서는 안 된다고 했다. 그에 비해『직설』의 수경법은 직파법임에도 벼의 연작을 당연한 것으로 여기고 있다는 점에서『제민요술』과 분명히 다르다.

건경법와 묘종법

『직설』의 수경법에 관한 이상의 검토를 통해 다음과 같은 사항을 분명히 알 수 있게 되었다. 즉, 15세기 단계에서 조선의 도작은 직파법이 중심이었던 점, 꼼꼼한 중경제초가 이루어진 점 등 '화북형 직파 주변구' 도작의 성격을 깊이 가지면서도 도작을 중시하고, 직파 연작법의 실행 등과 같은 점에서 새로운 방향을 전개해 나가고 있었다. 그리고『직설』이라는 조선의 독자적인 농서가 만들어졌다는 것 자체가 그러한 새로운 전개를 상징하는 사건이기도 했다.『직설』에서 볼 수 있는 '화북형 직파 주변구' 도작으로부터 탈피하려는 노력을 상징하는 도작법이 건경법이었다.『직설』은 건경법에 관해서 다음과 같이 말하고 있다.

봄에 가뭄이 계속되어 수경법을 할 수 없을 때에는 건경법을 행하면 좋다【단, 만도晩稻를 심어야 한다】. 그 방법은 다음과 같다. 땅 갈기를 끝내면 뇌목檑木【향명은 古音波(곰배)】으로 흙덩이를 부수고, 또 목작木斫【향명은 所訖羅(소흐레)】을 종횡으로 하여 땅을 평평하게 고른 뒤 숙토熟土로 하고 나서, 볍씨 한 말에 잘 썩은 인분 또는 오줌재를 한 섬의 비율로 섞어서 파종한다【오줌재 만드는 법. 소 외양간 밖에 구덩이를 만들어 오줌을 저장해 둔

315

곰배

다. 곡물의 왕겨·쭉정이 등을 태워서 재로 만들어 구덩이에 저장한 오줌과 잘 섞어서 만든다】. 파종은 족종법足種法으로 하고, 파종 후에는 새를 쫓아낸다【새 쫓기는 묘의 싹이 나올 때까지 한다】. 모가 미처 성장하기 전에는 물을 대서는 안 된다. 잡초가 나면 가뭄 때문에 설령 모가 마르더라도, 호미 작업을 멈춰서는 안 된다【옛말에 이르기를 서두鋤頭(호미머리)에 스스로 100본의 벼가 있다고 하였고, 늙은 농부도 말하기를, 모는 사람의 공을 알아준다고 하였다】.

건경법이란 벼의 파종에서 어린 모 육성의 단계까지 관수 없이 이겨내는 건전직파법의 일종이다. 모가 어느 정도 성장하고 난 뒤에 비로소 관수한다. 건전직파법은 다카야 요시카즈가 소개했듯이 인도나 동남아시아의 평원부에서도 행해지고 있는 도작법인데,『직설』의 건경법은 인도 등지의 도작법과는 그 형태를 상당히 달리하고 있다. 가장 큰 차이는 매우 정성스럽게 중경제초를 하는 점에 있다. 건경법의 경우 중경제초가―앞선 수경법의 중경제초가 제초와 화토和土를 목적으로 하는 것이었던 데 비해—제초와 보수保水(토지 속의 수분 유지)를 목적으로 한다. 축력을 사용하지 않고 수작업으로 보수 중경을 하는 것은 화북 한지 농법에서 가장 중요시하는 대목이다. 건경법은 이것을 도작에 응용한 것으로, 인도 등의 건전직파법보다도 훨씬 집약적인 재배법이라고 할 수 있을 것이다.

『직설』이 '건경【향명은 乾沙彌(건삶이)】'으로 표기하고 있듯이 건경법은 본래 중국에서도 존재했을 것이다. 그러나 중국의 농서에는 육도陸稻(밭벼)의 재배에 관해서는 많은 기술이 있으나, 건경법에 관해 잘 정리된 기술을 한 농서는 아직 보지 못하였다. 화북의 경우는 애당초 벼는 수리 조건이 좋은 곳에서만 재배되어야 하는 것으로, 건경법이 아니면 벼를 재배할 수 없는 곳에서는 전작물을 재배하는 것이 상식이었다. 따라서 조선의 건경법은 화북의 한지 농법의 수용이라는 전통과 도작으로 기울고 있던 당시 상황이 만나서 탄생한 동아시아에서는 매우 독특한 도작법이었다고 할 수 있다. 물론 거기에는 화북에 비하면 여름의 강우량이 훨씬 많은 조선의 기후 조건도 크게 작용했을 것이다. 마지막으로 『직설』의 묘종법을 살펴보자.

> 묘종법. 수전에서 가뭄이 지속되더라도 물이 바싹 마르지 않는 곳을 골라 2월 하순부터 3월 상순 사이에 땅을 간다. 수전의 10분의 1을 못자리로 하고, 남은 10분의 9를 본전本田(못자리에서 자란 모를 옮겨 심는 논)으로 한다【모를 다 옮기면 못자리도 본전으로 한다】. 우선 못자리로 할 곳을 갈고, 정해진 방식대로 숙토로 만들고 나서 물을 뺀다. 다음으로 연한 버드나무 가지 끝을 잘게 썰어 두껍게 빈틈없이 깔고, 그것이 끝나면 발로

317

가지를 밟아 넣고, 흙을 말리고 나서 물을 댄다. 이 작업과는 별도로 사전에 볍씨를 3일간 물에 담갔다가 걸러 내어 물기를 없애고 꺼내서 호천蒿篅【향명은 空石(빈섬)】에 넣고, 하루 동안 두었다가 파종한다. 이어서 판로板撈【향명은 翻地(번지)】로 흙을 덮고, 모의 길이가 한 줌 이상이 되었을 무렵에 이식하면 좋다. 이식에 앞서 본전을 먼저 갈고, 저엽杵葉【향명은 加乙草(갈초)】 또는 우마분牛馬糞 같은 거름을 주고, 이식에 즈음하여 재차 갈아 정해진 방법대로 땅을 잘 정돈하여 흙을 아주 부드럽게 해 둔다. 이식 때에는 한 그루당 4, 5본의 모를 심으며, 그 이상은 안 된다. 뿌리가 아직 충분히 자라지 않았을 동안은 물을 깊이 대서는 안 된다【이 묘종법은 제초에는 편리하나 만일 가뭄이 심한 해라면 손을 쓸 길이 없다. 때문에 이 방법은 농가로서는 위험하기 그지없다】.

여기서 특히 주목할 만한 대목은 마지막 할주 부분이다. 여기에는 묘종법의 장점과 단점이 단적으로 기술되어 있다. 장점은 묘종법에서는 두 곳의 토지(못자리와 본전)를 이용하기 때문에 직파법에 비해 제초가 훨씬 쉽다는 점이다. 단점은 모내기철에 물이 확보될 수 없는 경우 수확이 전멸할 우려가 있다는 점이다.

조선에서 모내기철의 물 확보가 문제가 되는 것은 기후 조건 때문이다. 일본이나 중국 남부의 경우는 모내기철이 딱 장마에 해당하는데, 이 장마라는 현상은 한국의 경우 일본보다도 1개월 정도 늦다. 스즈키 히데오鈴木秀夫에 의하면, 장마란 아열대 고압세포로부터 유출하는 고온 기류와 고위도高緯度로부터의 한랭한 기류가 접촉할 때 생기는 전선대의 하나인 '한대전선polar front'의 북상에 따른 현상이라고 한다. 그리고 이

전선대는 7월 중에 일본 중부를 통과하며, 홋카이도나 한국 중부 지역에 도달하는 것은 8월 무렵이다. 이 8월의 긴 비를 홋카이도에서는 '에조츠유えぞ梅雨'라고 하고, 한국에서는 장마라고 부른다. 따라서 조선의 경우는 모내기철인 6월의 강우량이 매우 불충분했다. 조선에서 '관개 이식형' 도작이 좀처럼 보급되지 않았던 것도 이러한 기후적 조건 때문이었다고 생각할 수 있다.

그래서 묘종법은 '농가지위사農家之危事'로 여겨졌는데, 그럼에도 『직설』에서 일부러 묘종법을 언급하고 있다는 점에서, 그것이 일부 지역에서이기는 하나 행해지고 있었다는 것을 확실히 알려준다. 조선왕조실록 등을 통해 조선 전기에 묘종법이 실시된 지역으로 확인할 수 있는 곳은 경상도와 강원도뿐인데, 특히 경상도에서는 묘종법이 어느 정도 보급되어 있었던 것 같다. 그러나 조선왕조실록에서 묘종법의 기사가 등장하는 것은 매우 불안정한 도작법이므로 이를 금지하라는 맥락에서 언급되는 것이 대부분이다. 따라서 15세기 전반에 수전 비율이 높았던 충남·전북·전남의 각 도에서는 묘종법이 거의 행해지고 있지 않았던 것으로 보인다.

『농가월령』의
도작법

고상안과 『농가월령』의 무대

　『농사직설』에서 '농가지위사'로 규정한 묘종법은 17세기 이후 조선
의 남부 지역 일대에 보급되어 나갔다. 그 보급을 가능하게 한 요인이
무엇이었을까. 이 문제의 답을 얻는 데 매우 중요한 것이 농서 『농가월
령農家月令』이다.

　『농가월령』(이하 『월령』으로 약칭함)은 저자인 고상안高尚顔의 가계에서만
대대로 소장되어 내려온 개인 농서였다. 따라서 그 존재가 밖으로 잘 알
려지지 않았고, 조선 시대의 고농서를 집성하여 출판된 『한국근세사회
경제사료총서 - 농서』(전 13권)에도 포함되지 않았다. 근래 홍재휴가 고상
안의 후손인 고휘림高彙林이 소장하고 있던 것을 간신히 재발굴하였고,
그것을 바탕으로 한 민성기의 연구가 유일한 전문적 논고로서 나와 있

는 정도에 불과하다.[46)]

우선 홍재휴와 민성기 두 사람의 연구에 근거하여 『월령』의 작자와 그 무대에 관해 간단하게 소개하겠다. 고상안은 1553년에 태어났고, 24세 때 과거에 급제했으며, 경상도 선산善山의 교수(지방 교육기관인 향교를 관장하는 관직)가 된 것을 시초로, 57세로 은퇴할 때까지 각지의 지방관을 역임했다. 그가 지방관으로서 재직한 지역은 모두 경상도 지역으로, 그는 그 지역 농업의 실정에도 정통하고 있었다. 함창咸昌 현감이었을 때에는 보洑의 축조를 지휘하고, 함창·상주尙州의 토지 3,000~4,000두락斗落[47)]의 경지에 관개의 편의를 제공하여 그 지역의 사람들은 비석을 세워 그의 공적을 칭송했다고 한다.

『월령』은 그가 은퇴한 후 스스로의 견문을 바탕으로 하여 정리한 월령(曆)식의 농서로서 1619년에 저술되었다. 거기에 기록된 농법은 그가 오랫동안 지방관을 역임했던 경상도 북부, 즉 상주를 중심으로 하는 낙동강 상류 서안 지역의 16세기 후반의 농업 실태를 반영하고 있다. 경상도 북부 지방은 조선 전기에도 묘종법이 행해지고 있던 지역이다. 따라서 『월령』에 나타난 묘종법의 위치를 살펴보는 것을 통해, 『직설』이후 도작 농법의 새로운 전개를 엿볼 수 있다. 다만 『월령』은 현재로서는 전사본 1책밖에 발견되지 않아, 전사 때의 오류라고 생각되는 부분이 많고 의미가 통하지 않는 부분도 여기저기서 발견된다. 그럼에도 16세기 후반의 경상도 북부 지방의 도작 기술에 관한 풍부한 식견을 제공하

---

46) 洪在烋,「農家月令歌의 作者에 對한 瞥見」,『語文學』 4, 한국어문학회, 1959 ; 閔成基,「〈農家月令〉과 16세기의 農法」,『역사와 세계』 9, 부산대사학회, 1985.

47) 1두락이란 종자 1두를 파종할 수 있는 토지의 넓이로, 일반적으로는 약 150평(약 5아르)의 면적에 해당한다.

는 데는 무리가 없다.

묘종법의 위험 회피책

『월령』은 1년을 24절기로 나눠, 각각의 시기에 해야 하는 농작업을 기록하고 있다. 그중에서 도작에 관한 항목만 골라보면 〈표 9〉와 같다.

이 표에 관해 몇 가지 보충 설명을 덧붙이면 다음과 같다. 첫째로 묘종법의 경우 파종 작업은 '부付'라는 말로 표시하고, 수경법의 경우 파종 작업은 '파播'라는 말로 표시하여 양자를 명확하게 구별했다. 둘째로 만앙종晚秧種의 파종 작업의 기재가 빠져 있는데, 이것은 현존본을 전사하는 과정에서 탈락된 것일 것이다. 셋째로 수확 시기에 관해서는 수경법의 경우밖에는 기록되어 있지 않은데, 이것은 묘종법의 경우도 같은 시기에 수확하면 되므로 기재를 생략한 것이라고 생각된다. 넷째로 제초작업 시기와 관련해서는 아무런 기재도 없으나, 『월령』의 마지막에 붙여져 있는 '농가 수칙'격인 부분을 보면 다음과 같은 설명이 있다.

수전의 경종耕種 시기는 조도와 만도가 동일하지 않은데, 이 점에서 목화와는 다르다.[48] 때문에 제초 시기는 말하지 않았던 것이다. 요컨대 품종에 따라 적당한 시기를 짐작하여 제초한다면 좋을 것이다. 대략적인 기준으로서 수경법의 경우는 4번 제초하면 좋다. 묘종법이나 밭의 2모

---

48) 목화란 면화를 말한다. 면화의 제초 시기에 대해서는 1차에서 7차까지 표시되어 있다.

<표 9> 『**농가월령**』의 도작 작기

| 월(月) | 절기 | 양력 | | 경종법耕種法 | | |
				묘종苗種	수경水耕	건경乾耕
3월절(節)	청명	4월	5일	부조앙종付早秧種	파조도播早稻	
중(中)	곡우	4	20			
4월절	입하	5	6	부차앙종付次秧種	파차도播次稻	건부종乾付種
중	소만	5	21	식조앙植早秧	파만도播晩稻	〃
5월절	망종	6	6	식차앙植次秧	〃	
중	하지	6	21	식만앙植晩秧	〃	
6월절	소서	7	7			
중	대서	7	23			
7월절	입추	8	8			
중	처서	8	23		수조도收早稻	
8월절	백로	9	8			
중	추분	9	23		수차도收次稻	
9월절	한로	10	8			
중	상강	10	23		수만도收晩稻	

작의 경우에는 2번 제초하면 좋다.

『월령』의 도작법에서 가장 주목되는 것은 묘종법과 수경법이 아주 대등한 비중으로 기술되고 있는 점이다. 이 점에서는 묘종법을 '농가지 위사'로서 권하지 않았던 『직설』과는 크게 다르다. 그렇다면 『월령』에 서는 어떻게 묘종법의 지위가 높아진 것일까. 가장 큰 원인은 다양한 한

해루^{害蘆} 대책의 진전에 있었을 것이다. 『월령』에는 강우가 부족할 경우의
대책으로 다음과 같은 세 가지를 언급하고 있다.

① 봉천의 땅(천수답을 말함)에 만약 아직 비가 내리지 않았다면 건부종
乾付種(건경)법을 행하면 좋다【품종은 밀달조密達租를 사용한다. 이 이외의
품종을 재배해서는 안 된다. 땅은 거칠게 해 둔다. 땅을 너무나 잘게 갈아 버리면
(수분 부족 때문에) 볍씨가 발아하지 않게 되어 버린다. 파종 후 곧장 시비柴扉
를 가지고 흙덩어리를 부숨과 동시에, (시비 밑의) 흙을 단단하게 해 두면 좋다.
이 시기가 되기 전에 건부종법을 하면 안 되는 이유는 너무 빠르면 벼의 모가 나
오기도 전에 잡초가 무성하게 자라서 제초가 곤란하기 때문이다】. – 4월절·입
하조
② 봉천의 땅에서 만약 아직도 건부종법을 할 수 없다면, 이 절기 내에
만앙종의 직파법을 행한다【품종은 유모왜조有毛倭租나 홍도紅稻 등을 사용
한다】. – 4월중·소만조
③ 경험【임자년(1612) 6월 6일의 일. 오랫동안 가뭄이 계속되다가 이날에 겨우 비
가 내렸다. 그래서 2명의 노비가 밀달조와 유모왜조를 봉천의 땅에 파종했다. 파
종 전의 정지 작업은 2번 했을 뿐이다. 가을이 되어 1두, 2두의 수확이 있어 소득
은 평년과 별반 차이가 없었다. 이해 6월 6일은 절기로 말하면 소서小暑(양력 7
월 7일) 3일 전이었다】. – 5월중·하지조

①은 건경법인데, 여기서 주목되는 것은 『직설』의 건경법보다도 상
당한 발전이 보인다는 점이다. 우선 첫째로 건경용 품종이 지정되고 있
는 점이다. 『직설』의 건경법에서는 오직 "만도로만 해야 된다"라고 되

어 있었는데,『월령』에서는 밀달조라는 특정한 품종만이 건경용으로서 지정되고 있다. 밀달조라는 품종은 15세기 후반의 농서인『금양잡록衿陽雜綠』'곡품조穀品條'에서도 볼 수 없는 신품종으로, 18세기의 농서『산림경제』에 등장하는 '밀달리密達里【밀다리】'를 말하는 듯하다.

둘째로 건경법의 진전을 잘 보여 주는 것으로서, '시비'라는 독특한 농구가 등장하고 있는 점을 들 수 있다. '시비'란 시비번지柴扉翻地의 준말로 보인다. 시비는 사립문이라는 의미로, 시비번지란 번지에 섶나무를 동여맨 농구이다. 근대가 되면 섶나무 대신에 굵은 밧줄을 동여매 매번지로 불렸던 것 같다. 파종 후 곧장 소에게 이 시비번지를 끌게 하여, 아래 판자 부분으로 흙을 정리하고 땅 속의 수분을 모세관 현상에 의해 상승시켜 볍씨에 물을 공급한다. 그와 동시에 볍씨보다 위쪽의 흙은 큰 덩어리를 섶으로 부수어 발아를 용이하게 하면서, 흙을 너무 밀착시키지 않고 모세관 현상에 의한 수분 상승을 막아 흙의 표면으로부터의 수분 증발을 막는 것이다. 파종 전의 주의점으로 "땅은 성기게 둔다"라고 한 것도, 땅속의 수분 증발을 막기 위한 장치일 것이다.

건경법에서 최대의 포인트는 볍씨에 물을 충분하게 공급하면서 동시에 흙의 표면으로부터의 수분 증발을 막는 것이다. 시비번지는 이러한 상반된 목적을 가진 두 개의 작업을 동시에 할 수 있는 농구로서 그야말로 건경법에 적합한 농구였다.『직설』에는 이러한 건경법을 위한 독특한 농구는 등장하지 않은데, 그

매번지

점에서도 『월령』의 건경법은 매우 주목할 만하다.

②도 결국 건경법인데, ①보다도 파종기가 늦게 되어 있다. 그리고 여기서는 유모왜조나 홍도 등의 품종을 재배할 것을 권하고 있다. 유모왜조는 『산림경제』에 나오는 '왜수리倭水里'를 가리키는 것으로 보인다. 『산림경제』에는 다음과 같이 되어 있다.

> 왜수리倭水里【예수리】. 까끄라기는 없고, 색은 진한 붉은색으로 탈립脫粒하기 쉽다. 한식寒食(동지 후 105일째) 후라면 언제 파종해도 상관없다. 망종芒種(양력 6월 6일) 무렵에 파종해도 잘 성숙한다. 이앙법(묘종법)에 가장 적합하다.

다른 하나인 홍도라는 것은 잘 모르겠으나, 민성기는 이것을 19세기 전반의 농서인 『임원십육지林園十六志』에서 나오는 '천교도泉橋稻【새암다리벼】'(별명 홍도)에 비정하고 있다.

『직설』에는 건경법의 경우 파종기가 명시되어 있지 않았는데, 15세기 후반의 농서로 여겨지는 『사시찬요초四時纂要抄』[49)에서는 건경법의 파종기는 청명절(양력 4월 5일)로 되어 있었다. 그것과 비교하면 ①의 밀달조나 ②의 유모왜조·홍도는 파종기가 현저하게 늦다. 유모왜조와 홍도는 밀달조보다도 더 늦게 파종해도 괜찮은 품종으로서 선출되었던 것이다.

이와 같은 만도종이나 최만도종의 개발은 건경 농법의 진전과 맞물

---

49) 편자 미상. 중국 당대唐代의 『사시찬요』에서 발췌한 내용에 한국의 독자적인 농작업을 추가한 농서이다.

려 묘종법의 위험 분산책으로서 큰 의미가 있었다. 앞서 보았듯이 『직설』에서 묘종법을 '농가의 위험한 일'이라고 한 이유는 이식기의 물 확보의 불안정성 때문이다. 그런데 『월령』에서 볼 수 있듯이 건경 농법 자체의 발전과 재배 시기의 만기화晚期化는 다음과 같은 것을 가능하게 했다. 즉 처음에는 묘종법을 할 논을 준비해 두지만, 이식기의 물 확보가 곤란하다고 판단되면 건경법으로 변경하는 방법이다. 이러한 대책이 가능해지면서 『월령』 단계에서는 묘종법의 지위가 높아졌고 수경법과 대등한 비중을 점하기에 이른 것이다.

시비 기술의 발전

『월령』에서는 건경법의 발전에 따른 묘종법의 위험 회피책의 진전만이 아니라, 묘종법 기술 자체의 새로운 발전도 확인할 수 있다. 그것을 단적으로 나타내는 것이 시비施肥의 발달이다. 『직설』의 묘종법에서는 못자리의 밑거름으로 연한 버드나무 가지, 본전의 밑거름으로서 건초 또는 우마분이 사용되었다. 그에 비해 『월령』에서는 시비에 관한 기술이 현격하게 증가하고 있다. 권말의 '잡령雜令'에는 다음과 같은 내용이 나온다.

농가에서는 뒷간의 정비가 제일로 간요하다. 일찍이 단성丹城 출신의 문文이라는 자가 합천陜川에 살고 있었다. 뒷간 아래 몇 자를 파서 큰 독을 두고, 대소변을 그 독 속에 흘러가도록 했다. 독이 가득 차면 휘저어

뒤섞은 다음에 퍼내서 재와 섞어 비료로 사용했다. 이것으로 부를 얻었 다고 한다.

묘종법의 경우 시비를 구체적으로 살펴보면, 우선 못자리에 관해서는 다음과 같이 적고 있다.

> 전년 가을에 봉호蓬蒿(쑥)와 참깨의 껍데기를 대소변에 절여 수전에 넣은 다음에 조앙종旱秧種을 파종한다【만약 전년에 이것들을 준비해 둘 수 없었다면, 연한 버드나무 잎 또는 노구초老嫗草(할미초)를 사용해도 좋다. 대소변에 섞은 다음 땅 위에 쌓아 두고, 뜸을 들이고 나서 사용한다】.

또한 본전의 시비로는 건초를 사용할 것을 설명하며, 만일 이식기까지 건초를 모을 수 없는 경우에는 이식 반달 전에 본전을 갈아 잡초를 생기게 하여, 이것을 땅속에 묻어 초비草肥(풋거름)로써 사용하도록 권하고 있다. 『직설』 묘종법의 시비에 관한 기술과 비교할 때 비료로서 사용될 수 있는 것이 늘어났을 뿐만 아니라, 최선책은 물론 몇몇 차선책에 관해서도 구체적으로 기술되고 있는 것이 큰 특징이다.

이상 살펴봤듯이 『월령』의 도작법은 몇 가지 점에서 『직설』의 도작법보다도 현저한 발전을 보여 준다. 그리고 여기서 재차 확인해 두고 싶은 점은 『월령』의 도작법이 경상도 북부 지역을 무대로 하는 것이었다는 점이다. 이 지역은 낙동강 상·중류 지역에 해당하고 낙동강의 수많은 지류가 만들어 내는 분지의 발달이 현저한 지역으로, 경관적으로는 일본의 기나이畿內 분지부와 공통된 요소가 많은 곳이기도 하다. 조선 시대의 사료에 의하면 저수지의 발달이 가장 현저한 곳도 이 지역이었다.

이곳에서는 분명 오래전부터 수리 조건이 좋은 곳을 중심으로 이식 도작(묘종법)이 행해지고 있었던 것이다. 그러나 이 지역은 일본의 기나이 지역과 비교하면 강우량이 훨씬 적은데, 연강우량은 대체로 900밀리 전후로 적은 해에는 800밀리조차 안 되는 경우도 있다. 이러한 자연 조건 속에서 이식 도작법과 직파 도작법(특히 건전직파법)의 독특한 결합이 이 지역에서 가장 먼저 행해졌고, 후자의 발전을 통한 전자의 안정화가 16세기에 실현되었던 것이다.

묘종법의 보급
-17세기 이후

『농가월령』 도작법의 전국화

『월령』의 도작법은 건경법 등의 발전을 통한 묘종법의 위험 회피책의 진전, 시비 기술의 진전 등 도작 기술의 새로운 단계를 꾀하는 것이었다. 그러나 『월령』은 어디까지나 사적인 농서로서 간행은 고사하고 사본의 형태로도 유포되는 일은 없었던 것 같다. 따라서 『월령』은 16세기 후기의 경상도 북부 지방에서의 새로운 도작 수준을 보여 주는 농서로서 그 의의를 가지는 데 지나지 않으나, 주목되는 것은 17세기 이후의 농서에서 『월령』과 동일한 도작법이 논해지고 있다는 점이다.

조선 후기의 저명한 농서 가운데 가장 빠른 시기에 작성된 것은 『농가집성農家集成』이다. 『농가집성』(이하 『집성』으로 약칭함)은 1655년 충청도 공주의 목사牧使였던 신속申洬이 편찬한 농서이며, 내용은 그 이름이 가리키고 있듯이 몇 가지 농서를 모은 것이다.

『집성』에 포함되어 있는 것은『직설』·『금양잡록』·『사시찬요초』라는 조선 전기에 편찬된 세 가지 농서에, 여기에 주자와 세종의 '권농문'이 더해져 있다.『집성』이 조선의 농서 사상 중요한 위치를 점하는 이유는 거기에 포함되어 있는『직설』에 대한 증보문 때문이다. 본래의『직설』과 『집성』에 수록되어 있는『증보판 직설』(이하『증보 직설』로 부름)을 비교하는 것을 통해『직설』간행 이후 농법의 변화 양상을 간파할 수 있다.

『증보 직설』에서는 도작의 묘종법에 관한 부분의 증보가 양적으로 가장 많다고 할 수 있다. 특히 주목되는 것은 묘종법의 시비에 관한 기술이다.

- 조도의 못자리 기비基肥(밑거름)

  재를 인분에 섞어서 못자리에 준다. 가령 5두락의 넓이로 다년간 못자리로서 사용하고 있는 토지라면 분회糞灰(똥재거름) 세 섬을 주고, 처음으로 못자리로 사용하는 토지라면 분회 네 섬을 주면 딱 적당하다. 인분을 재에 섞을 때에는 인분을 잘게 해서 재와 구석구석까지 섞어 주도록 한다. 만일 인분이 덩어리인 채로 잘게 되어 있지 않으면 볍씨가 인분에 부착되어 도리어 볍씨가 땅에서 들뜨는 상태가 되어 버리고 만다【경상좌도에서 이 방법이 행해지고 있다】. 참깨껍질을 부수어서 마구간의 밑바닥에 간 다음 소나 말에게 밟게 해서 겨울 한철 동안 쌓아 둔 것이나, 목화 열매에 소나 말의 오줌을 섞은 것도 못자리의 기비로서 좋다【경상우도의 사람들이 이 방법을 쓰고 있다. 시기가 빨라서 재의 재료로 할 만한 풀이 없을 경우에는 이 후자의 방법이 좋다. 만도의 경우도 마찬가지로 못자리의 기비는 이러한 두 가지 방법을 사용한다】.

- 못자리의 초비草肥(풋거름)에 관해서. 연한 버드나무 가지와 상수리나무를 작두【(약재를 자르는 데 사용하는) 협도鍘刀와 비슷한 형태로 밑부분은 철, 손잡이는 나무로 만든다】로 잘라서 그것을 마구간의 오줌이나 사람의 오줌에 담가 적시거나, 또는 마구간에서 소나 말에게 밟게 한 다음에 따뜻한 재나 사람의 오줌에 섞은 것을 쌓아 거적으로 덮어서 뜸을 잘 들인다. 백두옹초白頭翁草(할미초)를 초비로 해도 좋으나, 다만 독이 심하므로 많이 주면 모가 상하게 된다. 때문에 반드시 방초芳草를 섞어서 줘야 한다【방초란 민간에서 아이들의 다리머리에 사용하는 잔풀의 종류이다】. 상술한 것과 마찬가지로 뜸을 들이고 나서 사용한다【경상좌도의 사람들이 이 방법을 사용하고 있다】.

- 못자리의 초비를 만드는 방법으로 또 하나 다른 방법이 있다. 말의 똥을 태워 재로 만든 것을 아직 열기가 남아 있는 동안에 초비를 인분에 섞은 것에 추가하여, 초비의 저장소에 쌓고 거적으로 이것을 덮어둔다. 이와 같이 하면 열이 있으므로 빨리 뜸이 든다【이 방법도 경상좌도의 사람들이 사용하고 있다】.

- 갈대도 초비에 매우 적합하나 다만 시기가 늦어진다는 단점이 있다. 그러나 갈대를 초비로 주면 모는 날마다 쑥쑥 성장하므로 며칠 만에 이식할 수 있다.

원래의 『직설』은 물론이고 『월령』과 비교해도 기술이 매우 상세한 것을 알 수 있을 것이다. 동시에 못자리에 대한 시비施肥가 기본적으로는 『월령』의 방법과 동일하다는 것도 알 수 있다. 참깨껍질이나 버드나무, 옹초翁草 등은 모두 『월령』에서도 못자리의 기비로서 이미 등장했던 것들이다. 더욱이 주목되는 것은 『증보 직설』의 묘종법에 관한 증보 부분이 할주에 적혀 있듯이 경상좌도(낙동강으로부터 동측)나 우도(낙동강으로부터 서측)의 농법으로부터 채택된 것이었다는 점이다. 따라서 신속이 『직설』의 도작에 관한 부분을 증보할 때 가장 중요하게 참고로 한 것이 경상도 지방의 도작이었다고 생각할 수 있다.

애당초 『집성』이 편찬된 이유는 16세기 말 일본군의 침략과 17세기 전반 후금(청)군의 침략에 의해 『직설』과 같은 조선 전기의 농서 대부분이 소실되었기 때문이다. 『집성』의 간행을 통해 일찍이 『직설』이 수행한 것과 같은 권농적인 역할을 담당하기를 기대했다. 이러한 성격을 가진 『집성』에서 경상도 지방의 선진적인 도작이 소개되었다는 것은 그것이 전국적으로 보급해 나가게 되는 계기를 마련해 주는 것이었다. 『월령』이 가지고 있던 개인 농서로서의 한계성은 『증보 직설』을 포함한 『집성』의 간행과 보급을 통해 타파되었다.

『산림경제』와 묘종법의 전국 확산

『농가집성』에 이어 주목할 만한 농서로서 『산림경제』를 들 수 있다. 『산림경제』는 상주 목사 등을 역임했던 홍만선洪萬選이 저술한 농서로 18세기 초엽에 완성된 것으로 추정된다. 이 『산림경제』에서도 『월령』을 계승하면서 그것을 더욱 발전시킨 도작법이 논해지고 있다. 특히 주목되는 것은 건경법과 건앙법乾秧法[50]에 관한 부분이다.

① 건파乾播(건경을 말함)한 후 땅이 거칠고 조밀하지 않다면 종자가 잘 못되든가 벌레 먹든지 할 우려가 있다. 반드시 토막번지土莫翻地를 사용하여【토막번지는 나무토막으로 만든다】, 땅을 견고하고 조밀하게 해 두지 않으면 안 된다. 모가 똑바로 되기를 기다렸다가 시선번지柴扇翻地【사립번지】를 끌면, 모는 남고 잡초만 죽는다. 반복해서 이 작업을 하면 할수록 점점 좋은 결과를 얻는다. 모가 왕성하게 성장하게 되면 이 작업을 멈춘다. 그 후 다시 한 번 물이 없는 상태에서 제초를 한 다음에 관수灌水하면 모는 순조롭게 성장해 나간다【이 방법은 속방俗方이다】.

② 건앙법. 봄에 가뭄이 계속되어 못자리에 물이 없을 경우에는 물이 들어 있지 않은 수전을 잘 갈아 흙덩어리를 없애 둔다. 작은 이랑을 만들어, 거기에 분회糞灰를 비료로 섞은 볍씨를 건파법의 경우와 똑같이 뿌린다. 1두락 넓이의 못자리라면 7두의 볍씨를 뿌리면 좋다. 비가 내려 본전이 관수하는 것을 기다렸다가 이식하면 수앙법水秧法(보통의 못자리법, 물못자리법)의 경우보다 훨씬 낫다【이 방법은 『직설』의 증보본에 의한다】.

①이 건경법인데 여기에는 두 종류의 번지가 등장한다. 하나는 '시선번지'로서 이것은 할주에서 '사립번지'로 부른다고 하였으므로 분명히 '시비번지'의 기재 실수로 『월령』에 등장한 '시비'와 동일한 농구일 것이다. 또 하나 '토막번지'는 『월령』에도 보이지 않고 『산림경제』에서

---

50) 일본에서는 육묘대법陸苗代法(마른못자리법) 또는 전묘대법畑苗代法(밭못자리법)이라고 일 컫는 방법으로, 못자리에 물을 대지 않고 모를 기르는 방식이다.

처음으로 등장하는 건경법용의 농구이
다. '土莫'이란 토막의 이두표기로 짧은
막대기라는 의미이다. 토막번지란 번지
의 밑부분에 얇은 널조각을 붙인 것으
로 보이며, 이것은 근대에는 '살번지'로
불렸다. 이 살번지의 역할에 관해 식민
지기에 건경법 도작에 대한 조사를 실
시한 다케다 소시치로武田總七郎는 다음
과 같이 말하였다.

살번지

(살번지를) 소 한 마리가 끌게 한다. 이때 손으로 기구 윗부분의 손잡이
를 눌러 농구의 밑바닥 널빤지를 필요에 따라 땅 밑 1촌寸 5분分 또는
2촌 정도의 깊이에 놓는다. 이 경우 널빤지보다도 하부에 있는 토양은
압박되고, 상부의 토양은 다만 어지럽게 뒤섞여 파헤쳐질 뿐으로, 널빤
지 위로 넘어와서 원위치에 남게 된다. (중략) 대개 건도乾稻 재배의 요
지는 밭 상태에서 재배한 벼에, 우기가 오기 전 동안 가능한 한 수분의
결핍을 막는 것에 있다. 따라서 소량의 빗물도 전부 토양에 흡수시키고,
또 모세관인력毛細吸引力에 의해 하층의 지하수를 종자 또는 뿌리가 있
는 곳까지 빨아올리며, 지표로부터 증발하는 수분의 양을 극도로 감소
시켜 가급적 다량의 수분을 작물에 이용하도록 해야 한다. 그러므로 이
세 가지 작용은 토양층의 조직이 긴밀하고, 토지 표면이 거칠고 성긴 상
태에서 비로소 그 효과를 볼 수 있는 것이므로, 이 작업을 담당하는 살
번지는 실로 가뭄을 극복하기 위한 경작법에서 가장 필요한 농구라고

말할 수 있을 것이다.[51]

　토막번지를 사용한 후에는 사립번지를 이용하여 제초와 흙 속의 수분 유지를 꾀한다.『월령』에서는 시비번지가 토막번지와 사립번지의 역할을 겸하고 있었는데,『산림경제』단계가 되어 두 가지의 농구가 분화한 것으로 보인다. 건경법 설명의 마지막 부분 할주에서 "이 방법은 속방俗方이다"라고 적혀 있는 것은, 이것이 중국이나 조선의 종래의 농서에서는 볼 수 없는 경작법으로, 당시 민간에서 행해지고 있던 것을 홍만선이 기록한 것임을 나타낸다.

　②의 건앙법은『월령』에서도 볼 수 없었던 농법이다. 건앙법은 건경법 기술을 묘종법에 응용한 것으로, 따라서 그 개발은 ①에서 볼 수 있듯이 건경법 기술의 발전에 따른 바가 컸을 것이다. 건앙법은 단순히 파종기의 물 부족에 대한 대책이었을 뿐만 아니라, 이식 때의 위험 회피책으로서의 의미도 가진 것이었다. 왜냐하면 수앙법에 비해 건앙법에서는 모의 생육이 늦고, 그만큼 이식의 적기가 늦기 때문이다. 앞서 논했듯이 조선에서 묘종법이 좀처럼 보급되지 않았던 이유는 이식기의 물 확보의 불안정성 때문이다. 건앙법은 이 위험성을 회피하기 위해 이식기를 늦추는 것을 통해 7월 이후의 풍부한 강우와 연결하려는 농법이다. 이것은 근대 이후의 실험에서도 확인되고 있다(표 10).

　또한 건앙법의 할주 부분에서 "이 방법은『직설』의 증보본에 의한다"라고 쓰여 있는 점도 주목된다. 건앙법은 본래의『직설』과『집성』에

51)　武田總七郎,『實現麦作新說』, 1929, 838~849쪽.

	보통 못자리	물이 가득 찬 못자리	마른못자리
6월 15일 이식	2,135석	2,108석	2,062석
7월 15일 이식	1,565	1,621	1,717

수록된 『증보 직설』에서는 보이지 않으므로, 홍만선이 여기서 『직설』의 증보본이라고 말하는 것은 분명히 『집성』 이후의 것을 가리킨다. 현재로서는 건앙법에 관해 기술했던 『직설』 증보본의 존재는 알려져 있지 않은데, 대체로 국가에 의해 보급이 꾀해진 『직설』과 『집성』이 민간에서 증보되어 나간 것이라고 생각된다.

　『산림경제』의 도작법은 『월령』을 이어받으면서 이것을 더욱 발전시킨 것으로, 건경법 기술 등은 기본적으로 근대와 동일한 수준에 도달해 있었다고 할 수 있다. 『산림경제』는 간행되지 않았으나 사본의 형태로 널리 보급되었다. 『산림경제』는 수 종류의 내용을 달리하는 사본이 있다. 이것들은 원래의 『산림경제』를 필사할 때 필사자가 추가한 것이라고 볼 수 있으며, 그만큼 『산림경제』의 보급도가 높았던 상황을 말해 준다.

묘종법의 우월함과 '번답' 현상

　『집성』, 『산림경제』 등의 농서에서 『월령』에 나왔던 경상도 북부 지방

---

52) 朝鮮總督府勸業模範場 編·刊(杉弘道調查), 『所謂天水沓の稻作に就て』, 1929.

의 도작이 전국적으로 알려지게 되면서 도작의 주류는 점차 묘종법으로 옮겨 갔다. 그것을 잘 보여 주는 것이 18세기 말의 '응지농서應旨農書·응지농정소應旨農政疏'이다. 응지농서·응지농정소라는 것은 1798년에 정조가 농정農政의 한계 상황을 타개하기 위해 전국의 지식인들에게 의견을 구하자, 이에 응하여 제출되었던 농서, 농정에 관한 의견서를 말한다. 정조가 특별히 농정상의 긴급한 과제로서 의견을 구했던 것은, ① 수공水功을 일으킬 것, ② 토의土宜를 맞출 것, ③ 농기農器를 이용할 것의 세 가지 점이었다. ①은 저수지나 보 등의 수리시설의 개선 문제, ②는 각각의 토지에 걸맞은 농작법 추구의 문제이다. 이 중 ①, ②의 문제는 모두 묘종법의 일반화를 위해 생긴 문제였다. 곧 정조는 수리 조건에 관계없이 묘종법이 보급되었던 상황에 대해 어떻게 대처해야 하는가를 자문했던 것이다.

이와 같은 국왕의 자문에 대해 많은 의견이 모여들었다. 농서를 바친 것이 확인되는 것만으로도 40명을 헤아린다. 흥미로운 것은 이러한 농서·농정소를 통해 묘종법이 중·남부 지방에서 보편적으로 이루어지고 있었다는 점을 알 수 있다. 게다가 의견을 올린 대다수는 묘종법을 일률적으로 금지할 것이 아니라, 수리 조건이 나쁜 곳에서만 직파법을 행해야 한다는 점을 말하고 있다. 이 시기가 되면 묘종법은 이미 금령에 의해 막는 것이 불가능할 정도로 일반적인 도작법이 되어 있었던 것이다. 또 수리 조건이 나쁜 곳에서는 건경법을 취해야 할 것을 말하는 자가 많다는 점에서, 묘종법과 건경법이 주요한 도작법이 되었고 『직설』 단계에서 주류를 점하고 있던 수경법은 이제는 그 중심 자리를 내주고 있는 상황이었음을 엿볼 수 있다.

18세기 이후의 조선왕조실록에는 '대파代播'라는 말이 종종 나오는데, 이것도 묘종법의 보급과 관계되는 것이다. 대파란 묘종법에서 이식기에 물 확보가 원활하지 못하여 도작이 불가능해진 시점에서 대체작물을 재배하는 것을 가리킨다. 이 대파용 작물로서 가장 적절한 것은 메밀(조선에서는 목맥木麥이라고 함)이다. 조선의 재래메밀 품종은 일본의 품종과 비교해 만작晩作이 가능하고, 8월 중에 파종하면 충분한 수확을 기대할 수 있었다. 이러한 작물의 특성을 살린 대파법의 보급은 묘종법의 성행을 이야기하는 것이며, 역으로 말하면 대파법 지식의 보급은 묘종법의 보급을 촉진하기도 했다.

이상에서 보았듯이 17세기 이후 도작의 변화, 곧 묘종법의 위험 회피책의 진전에 수반한 묘종법의 보급과 더불어 한전旱田을 수전水田으로 전환하는 '번답反畓' 현상도 광범위하게 보이게 된다. 대표적인 사료를 한 가지만 들어 보자.

옥천 군수 여준영呂駿永의 상소에서 말하기를, (중략) 애당초 번답이란 원래 밭이던 곳을 논으로 하는 것을 말한다. 경자개량庚子改量(1720년에 행해진 토지 조사를 말함) 이후 노농老農 중에 모식謀食에 능숙한 자나 지형이 물을 대는 데 편리한 곳에서 번답을 하지 않는 사람과 장소가 없을 정도이다. 큰 읍에서는 (번답된 경지가) 1천 결을 넘는 곳조차 있고, 작은 읍에서도 3, 4백 결이 된다. 본 읍(옥천군)에서는 개량 후 불가 40년 사이에 번답이 이루어진 곳이 4, 5십 결에 이를 정도이다. 다른 읍, 다른 도道도 미루어 알 만하다. ─『승정원일기』 정조 23년(1799) 1월 10일조

조선 시대는 수전의 대확장기였다고 말할 수 있는데, 이 글에서도 알 수 있듯이 그러한 현상이 진척한 것은 18세기에 들어와서이다. 건경법의 발전으로 상징되는 도작법의 안정도가 점차 고조되면서 이러한 수전의 확장을 가능하게 했던 것이다.

근대로의 전망:
건전직파법의 재평가

　한국의 경우 조선 시대에 도작의 양상이 크게 변하였다. 그 변화의
내용을 다시 한 번 되짚어 보면, 하나는 수전직파법 중심의 도작에서 이
식법 중심의 도작으로 변화한 것이다. 이것을 가능하게 한 것은 이식법
에서의 여러 위험 회피책의 발전, 곧 건전직파법·마른못자리법·대파법
등의 기술 발전이었다. 또 하나의 변화는 이러한 도작 기술의 발전에 따
라 남부 지역을 중심으로 수전이 눈에 띄게 확장되었다는 점이다.

　이와 같은 조선 시대 도작의 추세는 근대에 들어와서도 기본적으로
는 변하지 않았다. 예를 들어 1937년에 조선총독부에서 출판되었던『주
요농작물경종경개조主要農作物耕種梗槪調』에 의하면, 당시 직파 도작이 행
해지고 있는 곳으로 경기도 1,428정보, 전라남도 1,583정보, 평안남도
2만 2,522정보만이 보고되고 있으며 여타의 수전에서는 모두 이식 도
작이 이루어지고 있었다. 게다가 얼마 남아 있지 않은 직파 도작은 전부

건전직파법에 의한 것으로, 조선 전기까지 주류를 점하고 있던 수전직파법은 전혀 행해지고 있지 않았다.

그런데 일본이 조선을 식민지화한 단계에서 조선의 도작이 이미 압도적으로 이식법 중심이었던 상황은 일본인의 조선 농업에 대한 인식을 왜곡하는 원인이 되었다. 즉 일본보다 세미드라이semidry한 조선의 자연조건 속에서 이식 도작법이 널리 보급될 수 있었던 것은 다양한 위험 회피책의 발전이 수반되었기 때문인데, 식민지 지배자로서 등장한 일본인들은 이 점을 충분히 인식할 수 없었다. 이 때문에 일본인에 의한 농정 지도의 주안은 오로지 일본식 도작을 조선에 도입하는 것에 놓여졌다. 건전직파법과 같은 것은 대단히 뒤떨어진 도작법으로밖에 인식되지 않았던 것이다.

그러나 이러한 식민지 농정은 머지않아 자신들의 오류를 인정하지 않을 수 없게 된다. 곧 강우량이 아주 적은 해에는 일본식 도작법보다도 건전직파법 쪽이 훨씬 안정적이라는 점이 분명하게 확인되었기 때문이다. 이러한 사태에 직면하여 1920년대 후반에 들어가 점차 건전직파법의 재평가를 비롯해 천수답에서의 도작 기술의 연구가 이루어지게 된다. 앞서 언급한 다케다 소시치로의 연구 등도 이러한 과정 중에 나왔던 것이다.

일반적으로 일본 농학자 중에서 생태학적인 시점을 가장 빨리 받아들인 사람들 중에 식민지 시기 조선에서 농업 연구에 종사했던 체험을 가진 사람이 많다는 점은 흥미로운 사실이다. 다케다 소시치로·다카하시 노보루高橋昇(『조선반도의 농법과 농민』)·아라시 가이치嵐嘉一 등을 그 대표적인 연구자로 들 수 있을 것이다. 일본인이 생태적 조건을 달리하는 도작의 다채로운 양태와 최초로 만났던 것은 식민지 시기 조선이나 대만에서였다고 말해도 좋을지 모르겠다.

6장

소농사회의 형성과
국가의 토지 파악 방식의 변화

국가의
토지 파악 전통

　동아시아 사회는 예로부터 국가가 주민과 토지를 파악하는 것을 중시하였고, 중국 고전에서 유래하는 '왕토왕민사상'은 그 이념적인 근거가 되었다. 정전제井田制에서 전형적으로 볼 수 있듯이 국가에 의한 토지 지급 제도의 존재야말로 그 현실적인 기반이었다. 진대秦代에 이르러 국가의 토지 분급 제도는 폐지되었다. 그러나 토지 겸병이 진전됨에 따라 그 폐해를 막기 위해 위진남북조 시대 이래 국가는 토지 규제를 시도하였고, 당대唐代 균전제均田制는 그 최후의 노력이었다. 일본에서도 당의 균전제의 영향을 받아 '반전수수법班田收受法'이 실시되었는데, 이처럼 국가가 토지를 지급하는 근거로서 토지와 주민을 기록한 문서가 작성되었던 것이다.

　한편 한국에서는 국가에 의한 토지 지급이 행해진 적은 없었으나 토지 분급의 이념은 존재하고 있었다. 일본의 정창원正倉院에 소장되어 있는 유명한 '신라장적문서新羅帳籍文書'를 보면 현재의 충청북도 청주 근처에 있었다고 생각되는 네 개의 마을에 대해 각 마을마다 남녀별, 연령별 인구수, 우마수 등과 함께 수전과 밭의 면적이 기록되어 있는데, 이로부터도 신라 시대에는 이미 국가에 의해 토지 파악이 이루어지고 있었던 것을 확실히 알 수 있다.

동아시아 율령제 국가 시대의 토지제도의 특징으로는 국가가 지배계층을 대상으로 토지의 지급을 행했던 점, 그리고 지급되는 토지에는 농지만이 아니라 개간이 기대되는 황무지가 포함되어 있었던 점을 들 수 있다.

당의 균전제에서 지배계층에게 지급된 대표적인 토지는 관인영업전官人永業田이다. 정1품은 60경頃(1경은 약 5.8헥타르)으로부터 종9품은 2경까지 품계에 따라 관인영업전이 지급되었는데, 그중에서도 압도적인 부분을 점했던 종5품 이상의 관인에게 주어지는 영업전은 '관향寬鄉', 즉 인구에 비해 토지가 풍부하게 존재하는 지역의 황무지가 지급되었다. 일본의 '반전수수법'에서는 관인영업전에 상당하는 토지가 존재하지 않았으나, 743년 '간전영세사재법墾田永世私財法'에서 황무지를 개간한 관인의 경우 품계에 따른 면적에 해당하는 토지의 사유권을 인정하였다.

이와 같이 당의 율령제의 영향을 받으면서 국가를 형성한 한국과 일본에서도 중국과 마찬가지로 국가에 의한 토지 파악이 행해졌던 것이다. 그러나 중국에서는 780년 양세법의 실시 이후, 또 일본에서는 율령제가 기능하지 않게 된 이후(늦어도 10세기 말) 국가의 통일적인 토지 파악은 이루어지지 않게 되었다. 그에 비해 한국에서는 고려 시대에도 국가의 토지 조사가 몇 차례인가 실시되었는데 그 실태는 불분명한 부분이 많다.

소농사회의 형성에 따라 국가의 토지 파악 방식에도 큰 변화가 생겼다고 생각할 수 있는데 여기서는 그 양상을 거칠게 묘사해 보려고 한다. 소농사회의 형성이 국가의 토지 파악에 미친 영향으로서는 다음과 같은 두 가지 점이 가장 중요했다. 첫 번째는 농업생산력의 발전과 관계되는 것으로, 경지가 안정화되어 항상적으로 농업을 영위할 수 있게 된 점이다. 농업생산력이 낮은 상황에서는 경지가 불안정하며 연년 경작을 할 수 있는 토지는 한정되어 있었다. 이러한 상황에서 국가가 토지를 엄밀하게 파악하는 것은 곤란할 뿐만 아니라 그다지 의미 없는 일이었다. 그러나 생산력이 높아짐에 따라 경지의 안정화가 가능해지고, 이러한 변화는 국가의 토지 파악 방식에 큰 영향을 주었다. 둘째로 정치적인 문제와 관련하여 특권적, 정치적인 토지 지배가 있었는가의 문제이다. 정치적인 지배층에 토지가 지급된다거나 국유지를 설정하는 것이 이 문제와 관계되어 있는데, 이러한 특수한 토지의 존재 유무가 국가의 토지 파악의 양상을 규정한 것이다. 소농사회의 성립은 경지의 안정화 및 특권적, 정치적 토지 지배의 소멸을 초래했는데, 이는 국가의 토지 파악 방식을 크게 변환시키는 것이기도 했다.

한국의
토지 파악 방식의
변화

신라·고려 시대의 토지 파악

율령제 시대 국가에 의한 토지 파악이 더 이상 시행되지 않게 된 이후의 변화를 장기간에 걸쳐 관찰할 수 있는 것은 한국의 경우라고 할 수 있다. 그것은 앞에서도 언급했듯이 고려 시대부터 조선 시대에 걸쳐 수차례의 국가적 토지 조사가 시행되었을 뿐만 아니라 조사의 성격이나 그 개괄적인 내용에 관해서도 알 수 있기 때문이다.

통일신라 시대부터 고려 시대에 걸쳐 국가가 토지를 어떻게 파악하고 기록했는가는 토지대장에 해당하는 기록[53] 그 자체가 전혀 남아 있지 않으므로 다른 사료에 나타난 기록에서 유추할 수밖에 없다.

---

53) 이러한 기록의 명칭은 시대에 따라, 또는 동일한 시대라도 다양했는데, 조선 시대에는 이를 양안으로 불렀으므로 여기서는 이 명칭으로 통일하도록 한다.

통일신라 시대 국가가 토지를 파악한 구체적 상황을 엿볼 수 있는 유일한 사료는 「개선사석등기開仙寺石燈記」라고 불리는 자료이다. 이것은 전라도 담양의 개선사라는 절에 석등을 세웠을 당시에 그 석등의 유지 비용에 맞추기 위해 토지를 구입한 것을 기록한 비문으로, 당나라 용기龍紀 3년(891)의 것이다. 이 비문에는 구입된 2필의 토지에 관해 소재지와 지목, 면적, 1필지 내의 소구획수, 사표四標 등이 기록되어 있다. 면적은 결結이라는 한국 특유의 단위가 사용되고 있으며, 또 사표라는 것은 각 토지의 동서남북 사방이 누구의 토지인가를 표시한 것이다. 1필지 내의 소구획은 '휴畦'라는 문자로 표시되고 있는데, 이러한 개별 토지에 대한 구체적인 정보는 이 토지에 관한 국가의 문서 기록에 따른 것이라고 생각된다. 2필의 토지는 모두 수전으로 각각 4결과 10결의 면적이며, 전자는 5개, 후자는 8개의 소구획으로 이루어져 있다는 것이 기록되어 있다.

결이라는 것은 신라 시대부터 조선 시대 말기까지 사용된 토지의 넓이를 표시하는 단위로 면적과 토지의 등급으로부터 산출되는 것이다. 조선 시대를 예로 들면, 토지는 6등급으로 나뉘며 가장 비옥한 1등의 토지 1결은 약 1헥타르, 가장 낮은 6등의 1결은 약 4헥타르였다. 이와 같이 1결의 면적은 등급에 따라 다르지만, 같은 1결의 토지로부터는 같은 생산량이 얻어지는 형태로 한 것이다. 또한 1결의 100분의 1이 1부負, 1부의 10분의 1이 1속束, 1속의 10분의 1을 1파把로 하였다.[54]

신라 시대에 1결이 어느 정도의 면적이었는지에 관해서는 연구자에

---

54) 속과 파라는 단위는 일본에도 수용되어 생산량을 표시하는 면적단위로서 이용되었다.

따라 크게 견해가 달라 확정적으로 말할 수 없으나, 1결의 면적을 가장 좁게 파악하는 견해에 따르면 1,500평 정도(약 4,500제곱미터)이다. 따라서 '석등기'에 기록된 2필의 토지는 각각 적어도 6,000평과 1만 5,000평이라는 광대한 넓이의 토지였다고 말할 수 있다. 더욱이 두 개의 토지 모두 면적이 4결, 10결로 되어 있고 부 이하의 단위가 전혀 나타나고 있지 않다. 참고로 신라장적문서에서는 네 개 마을의 경지 면적이 속 단위까지 표시되어 있으므로 국가는 부나 속 단위까지 토지를 파악하고 있었다는 점을 알 수 있다. 따라서 '석등기'에 나오는 2필의 토지가 4결과 10결이라는 것은 우연의 결과가 아니라고 생각된다. 이상의 두 가지 점, 즉 1필의 토지 면적이 매우 광대하다는 것과 결 단위로 토지를 파악하고 있었던 것은 당시 국가에 의한 토지 파악의 상황을 이해하는 데 있어 중요한 단서를 준다.

다음으로 고려 시대에 관해 살펴보면 두 개의 사료가 주목된다. 그중 첫 번째 사료는 '고성삼일포매향비高城三日浦埋香碑'의 비문이다. 이것은 지금의 강원도 고성에 있는 삼일포라는 호수 부근에 있던 석비의 비문으로 1309년에 세워졌다. 그 비문에는 미륵보살의 공양을 위해 '보寶'를 조직하고, 그 '보'의 기금을 충당하기 위해 3필의 토지를 기부하여 바쳤다는 점이 기록되어 있다. '보'라는 것은 일본의 계모임(다노모시코頼母子講)과 비슷한 성격의 조직으로 기금을 운용하고 그 이자로 다양한 활동을 했다. 조선 시대가 되어 흔히 조직되었던 '계'의 전신에 해당하는 것이다.

이 비문에 나오는 세 개의 토지에 관한 정보도 양안 기록에 근거한 것이라고 생각되는데, 2필이 수전, 1필이 밭으로 면적은 모두 2결이다.

또한 세 개의 토지 모두가 '진陣' 토지라고 기록되어 있다. '진' 토지란 조선 시대에는 경작이 행해지고 있지 않은 상태의 토지를 가리키는 말로서 사용되었는데, 고려 시대의 '진'에 관해서는 후술하겠지만 그 개념이 조선 시대와는 달랐다.

이와 같이 '매향비埋香碑'에서도 '석등기石燈記'의 토지보다는 작기는 하지만 1필의 토지로서는 꽤 큰 면적을 가진 토지가 양안에 등록되어 있었을 뿐만 아니라, 결 이하의 단위가 나타나지 않는다는 점에서도 '석등기'의 토지와 공통하고 있다. 또한 '진' 상태의 토지를 기진하는 것이 어떠한 경제적 의미를 지니고 있었는가에 관해서도 음미할 필요가 있다.

고려 시대의 또 하나의 사료는 「정두사조탑형지기浄兜寺造塔形止記」라는 비문 사료이다. 이것은 정두사에서 석탑을 건조한 전말을 기록한 것으로 1031년에 작성되었다. '형지기'의 일부에 석탑이 위치하는 토지에 관한 사항이 기록되어 있고, 2필의 부지에 관해 그 지목과 토지의 형상과 크기, 사표, 결부수 등이 기록되어 있다. 더욱이 장방형의 두 개의 토지에 대해 두 변의 길이가 보수步數로 표시되고, 그것을 곱하여 얻어진 면적을 기록한 후에 33보 사방의 면적을 1결로 하여 결부가 표시되어 있다.[55] 예를 들면 첫 번째의 토지는 27보와 20보의 두 변으로 된 장방형으로 그 면적이 540평방 보, 그로부터 얻어지는 결부가 49부 4속이라고 기록되어 있다. 이와 같이 '형지기'에서는 '석등기'나 '매향비'와 다른 결·속 단위가 나타나고 있는데, 이 점에 관해서도 국가의 토지 파악

---

55) 33보 평방을 1결로 한다는 규정은 『고려사』에서는 1076년 기록에서 처음으로 나오는데, '형지기'가 작성된 시점에 이미 이 규정에 따라 결부의 파악이 이루어지고 있었던 것을 알 수 있다.

방식과 관련하여 유의할 필요가 있다.

이상 세 가지 사료로부터 알 수 있는 신라, 고려 시대 국가의 토지 파악 방식 중에서 가장 주목되는 것은 '석등기', '매향비'에서 등장하듯이 매우 큰 면적을 가진 토지가 1필의 토지로서 국가의 토지장부에 등록되어 있었다는 점이다. 농업기술이 그 정도로 높지 않았던 시대에 이와 같이 큰 면적을 가지는 1필의 토지가 존재할 수 있었는가 하는 점은 쉽게 납득하기는 어렵다고 말하지 않을 수 없다.

이 문제와 관련하여 주목되는 것은 근대 한국에서 급속하게 진전한 경작 유구遺構에 관한 발굴 조사의 성과이다. 한국에서는 1970년대 이후 경작 유구의 발굴이 시작되었고, 특히 1990년대 이후 많은 유구가 발굴되어 조사·연구가 크게 진전했다. 농업의 개시 시기부터 조선 시대에 이르기까지 모든 시대의 유구가 포함되어 있어 경지의 입지조건을 비롯해 문헌 사료로는 알 수 없는 지견이 비약적으로 증가했다.

이러한 경작 유구에 관한 조사·연구의 성과 중에서 가장 주목되는 것은 수전 1구획의 면적에 대한 시대별 차이이다. 구체적으로는 농업의 개시기로부터 삼국시대 이전까지 수전 1구획의 면적은 매우 작고 가장 큰 것이 73제곱미터로 대부분이 20제곱미터 이하였던 것이 삼국 시대 이후 100제곱미터를 넘는 수전이 나타난다. 이러한 사실은 무엇을 말하는 것인가.

밭과 구별되는 수전의 특징은 주위를 두렁으로 에워싸지 않으면 안 되며, 동시에 지면이 수평이지 않으면 안 된다. 그렇게 해야 물이 유출되지 않고, 또 물이 균등하게 공급되기 때문이다. 주지하듯이 벼도 호흡을 해야 하는데, 10센티미터 이상 잠기면 호흡을 할 수 없게 되어 이틀

이내에 죽고 만다. 나무나 돌로 만들어진 농구밖에 없었던 시대에 넓은 면적의 토지를 수전으로 조성하는 것은 매우 곤란하기 때문에 작은 구획의 수전이 일반적이었던 것이다.[56] 그리고 삼국 시대가 되어 철제 농구가 보급되고, 나아가 우경이 확대됨에 따라 넓은 면적의 수전을 조성하는 것이 비로소 가능해진 것으로 보인다.

이와 같이 시대가 내려옴에 따라 1구획의 수전 면적이 넓어진 것을 알 수 있는데, 그렇다고 하더라도 삼국 시대 수전 1구획의 최대 면적이라고 해 봤자 진주 평거동 유적 783제곱미터에 지나지 않는다. 그에 비해 '석등기'에서 볼 수 있는 수전은 5개의 소구획으로 이루어진 4결과 8개의 소구획으로 이루어진 10결의 넓이로 1소구획의 평균 면적은 전자가 3,600제곱미터, 후자가 5,600제곱미터로 평거동 유적의 수치보다도 훨씬 크다. 수전 유구의 연구를 통해 얻은 소구획 수전의 존재와 '석등기'와 '매향비'에서 볼 수 있는 국가의 토지 파악에 있어서 대구획 필지의 존재, 이 모순을 어떻게 설명할 수 있을 것인가.

여기서 상기되는 것은 율령 시대의 중국과 일본에서 볼 수 있는 지배층에 대한 토지 지급의 양상이다. 앞서 지적했듯이 당이나 일본에서는 지배층에게 토지를 지급할 때 농지만이 아니라 개간이 기대되는 황무지를 지급 대상으로 했다. 신라에서도 지배층에 대한 토지 지급으로서 관료전 등의 제도가 존재하고 있었는데, 신라도 당이나 일본과 마찬가지로 황무지를 포함한 토지를 지급했던 것은 아닐까. 이렇게 생각하면 1필의 토지가 엄청나게 큰 것이나 결 단위로 토지가 등록되어 있었

---

56) 일본에서도 초기의 경작 유구에서 동일한 형태의 수전이 다수 발굴되고 있으며, 이는 '소구획 수전'으로 불린다.

던 것도 충분히 납득할 수 있다.

고려 시대의 지배층에 대한 토지 지급으로서 대표적인 것은 '전시과田柴科' 제도이다. 이 제도는 고려 초기부터 몇 번인가의 개정을 거쳐 1076년에 최종적으로 제도화되었다. 그 최대의 특징은 관료의 품계에 따라 '전지田地'와 '시지柴地'를 지급한 것인데, 여기서 '시지'로서 지급된 토지는 단순히 땔감 등을 얻기 위한 산림이나 들판이 아니라 개간이 기대되는 황무지였다고 생각된다. 왜냐하면 고려 최말기인 1391년에 제정되어 조선 초기에 가장 중요한 토지제도였던 '과전법'에서 품계마다 지급된 토지의 결수가 '전시과'에서 전지와 시지를 합친 결수와 완전히 일치하고 있기 때문이다. 곧 '과전법'에서도 농지만이 아니라 황무지가 과전에 포함되어 있었다고 볼 수 있으며, 이것은 신라의 관료전의 토지 지급 방식이 '과전법'에서도 답습되었다는 점을 이야기하는 것이다.

따라서 신라, 고려 시대로부터 조선 시대 초기까지 장기간에 걸쳐 지배층에 토지를 지급할 때에는 농지와 함께 개간이 기대되는 황무지가 합쳐져 지급되었고, '석등기'나 '매향비'에서 볼 수 있는 넓은 면적을 가진 1필의 토지는 지배층에게 지급된 토지로서 황무지를 포함하고 있었던 것이다. 결 단위의 면적을 가지고 있었던 것도 그 때문이며, 국가는 농지와 황무지를 엄밀하게 구별하여 토지를 파악하고 있지 않았다는 것이 된다. 신라장적문서와 '형지기'에서 볼 수 있는 부나 속 단위의 토지의 존재는 일반 농민의 소유지나 절의 부지(정두사의 경우)에 있어서는 보다 엄밀한 토지 파악이 이루어지고 있었던 상황을 반영한 것이라고 생각된다.

조선 전기 국가의 토지 파악

조선 시대에 들어서면 국가의 토지 조사(양전量田이라고 불림)에 관한 사료도 풍부할 뿐만 아니라 양안의 구체적인 내용에 관해서도 상세하게 알 수 있다. 특히 17세기 이후에 작성된 양안은 그 일부가 현존하고 있으므로 이전 시기에 비해 국가의 토지 파악의 실태를 이해하기가 훨씬 쉽다.

조선 초기 양전의 실태를 파악하는 데 있어 주목할 만한 것은 다음과 같은 실록 기사이다.

> 호조에서 국왕에게 아뢰었다. "각 도의 전지를 진陳(묵은) 토지와 개간한 토지를 구별하지 않고 모두 일률적으로 조사하여 양안에 등록하고 있습니다. 다만 오래된 진전陳田(농사를 짓지 않고 버려두어 거칠어진 토지)은 별도로 조사해서 속안으로서 별도의 양안에 등록하고 있습니다."—『세종실록』10년 8월 25일

이 사료에서 알 수 있듯이 세종 시대의 양전에서는 '진' 토지도 개간한 토지와 마찬가지로 조사해 양안에 등록하고, 장기간 '진' 상태였던 토지만은 따로 조사해서 속안이라는 별도의 양안에 등록되어 있었던 것이다. 또한 양전의 방식에 관해 다음과 같은 기사도 볼 수 있다.

> 당초 양전을 할 때 간전墾田이 1복('복ㅏ'이라는 문자는 부負의 생략형임) 이고 그 옆에 9복의 진전陳田이 있으면 합쳐서 10복으로 하고, 간전이

10복이고 그 옆에 90복의 진전이 있으면 합쳐서 1결로 한다. 10여 결의 토지가 모두 이러한 방법으로 양전이 이루어지고 있다. _『세종실록』 21년 9월 18일

이것은 농지가 전체의 1할밖에 안 되는 극단적인 경우를 문제로 한 발언이며, 진전의 비율이 그 정도로 극단적이지 않은 경우에는 진전을 합쳐 양전을 하여 농지와 구별하지 않고 양안에 등록하는 것 자체는 특별히 문제로 여기지 않았던 것으로 이해해야 한다. 조선 시대의 기본 법전이던 『경국대전』 「호전戶典」 양전조에서는 토지의 종류를 '정전正田'과 '속전續田'으로 나누고, 전자는 매년 경작이 행해지는 토지, 후자는 연년 경작하는 것이 어려운 토지로 규정하며 이 둘은 별개로 양전하여 양안도 '정전적正田籍', '속전적續田籍'으로서 분리 등록하도록 되어 있었다. 그러나 위에서 소개한 실록의 기사에서 엿볼 수 있듯이 정전과 속전의 구별은 상대적인 것으로, 정전에서도 속전에서도 모두 진전이 포함되어 있었다고 생각된다. 앞서 소개한 '매향비'에서 볼 수 있는 3필의 진전도 조선 초기 속전에 해당하는 것으로 그중에는 경작지도 일부 포함되어 있었던 것은 아닐까.

『세종실록』 「지리지」에는 전국의 간전 결수가 군현 단위로 표시되어 있는데, 전국의 총결수가 160만 결을 넘고 있다. 이 숫자는 조선 후기의 결수를 훨씬 뛰어넘는 것이며,[57] 실록의 결수에는 진전이 대량으로 포함되어 있었으므로 양자를 비교해도 별 의미가 없다.

---

57) 참고로 일제가 실시한 '토지 조사 사업' 개시 시점의 결수는 약 100만 결이었다.

이와 같이 한국에서는 신라 시대부터 조선 시대 전기에 걸쳐 국가는 간전과 진전을 구별하지 않고 파악했다고 생각할 수 있다. 그렇다면 왜 이러한 토지 파악 방식을 채택하고 있었던 것인가. 그 원인은 인구에 비해 토지가 여전히 풍부하게 존재했다는 점과 매년 안정적으로 경작할 수 있는 경지가 제한되어 있었다는 두 가지 조건에서 기인하는 것으로 보인다.

현존하는 조선 시대 분재기分財記(재산상속 문서)를 보면 15세기까지의 분재기에는 토지가 거의 나오지 않고 노비만이 분재되는 경우가 압도적으로 많은 데 비해, 16세기가 되면 토지가 분재의 대상으로서 나타나는 것을 알 수 있다. 또한 현존하는 토지명문(토지매매 문서)도 15세기까지의 것은 매우 소수이고, 압도적 다수는 16세기 이후의 것이다. 이러한 현상은 16세기가 되어 토지가 희소재로서의 의미를 갖기 시작한 것을 보여 주며, 15세기까지는 토지보다도 인간을 파악하는 것이 보다 중시되었던 것이다.

또한 농업기술 발전의 양상을 봐도 신라와 고려 시대에는 여전히 불안정한 경지가 많이 존재했고, 매년 안정적으로 경작할 수 있는 우량한 경지는 제한되어 있었던 것으로 보인다. 2년에 한 번 경작하는 '일역전一易田', 3년에 한 번 경작하는 '재역전再易田'에 관한 기사가 『고려사』에 보이는 것도 이러한 상황을 반영한 것이다.

이와 같이 인구에 비해 토지가 풍부하게 존재했을 뿐만 아니라 경지 자체가 불안정한 상황이 일반적이었던 단계에서는, 국가가 개개의 토지 상황을 정확하게 파악하는 것은 어렵고 그다지 의미가 없는 일이었다. 따라서 토지 조사에서도 경작 중인 토지와 그 주위에 펼쳐진 비경작지를 합해 양안에 기록하고, 특히 지배층에 대해서는 결 단위로 토지를 지급하여 그 내부에 존재하는 황무지 개간을 장려하는 정책을 취하는 것이 훨씬 현실적이었던 것이다.

그러나 이러한 토지 파악 방식은 인구 증가에 수반한 토지의 희소재화, 경지의 안정화가 점차 진전하는 가운데 다양한 문제를 야기하게 된다. 우선 불안정 경지의 극복에 관해 말하면, 그것은 고려부터 조선 초기라는 장기간에 걸쳐 서서히 추진되었다. 그중에서도 중요한 의미를 가졌던 것은 고려 시대 점성도占城稻의 수입과 보급, 농서를 통한 농업 지식의 보급 등이었다.

점성도는 중국 송대 1021년에 처음으로 사료에 등장하는데, 고려에 언제 수입되었는가는 명확하지 않다. 조선 시대 농서를 보면 점성도가 조선에서는 '산도山稻'로 불린다고 소개하면서 고려 시대에 중국에서 들어왔다는 점을 기술하고 있어, 필시 고려 후기에 다른 벼의 품종과 함께 들어왔을 것이다. 점성도는 중국과 일본에서도 수리 조건이 나쁜 저습지에서 재배 가능한 품종으로서 널리 재배되었으므로, 조선에서 광범위하게 보였던 수전직파법(『농사직설』에서 말하는 '수경법水耕法')에는 딱 맞는 품종이었다.[58]

고려 시대에는 중국의 농서를 왕성하게 수입하여 읽고 있었다. 『제민요술』이나 『농상집요』가 그 대표적인 것으로, 특히 『농상집요』는 고려에서도 직접 인쇄, 간행될 정도였다. 간행을 주도한 것은 지방관이었는데, 이것은 『농상집요』에 대한 수요가 매우 높았던 것을 말해 준다.

---

58) 식민지기 낙동강 델타 지역에서는 적미赤米가 재배되고 있다는 점이 보고되었는데, 이것은 점성도의 흔적일 것이다.

그러나 이들 중국의 농서는 아무리 그 내용이 뛰어난 것이었다고 해도 풍토가 다른 중국의 농업기술을 논한 것이고, 게다가 전작 중심의 화북 지방의 기술이었으므로 한국에 그대로 적용하는 것은 한계가 있었다. 그래서 조선 시대가 되면 독자적으로 농서를 편찬하려는 움직임이 시작되는데 태종대에 간행된『농서집요』는 그 최초의 성과였다.『농서집요』는『농상집요』의 일부를 발췌하여 거기에 '향언鄕言'(이두 추가 설명)을 덧붙인 것이고, 세종대에 편찬, 간행된『농사직설』(1530년 간행)에 이르러 비로소 한국 독자의 농서가 나타났다. 더욱이 15세기에는『금양잡록』과 『사시찬요초』등도 저술되어 농업에 관한 지식 보급이 크게 전진하게 되었다.

이상과 같은 변화 속에서 경지의 안정화와 연작화가 진전해 나갔고 15세기에는 인구도 빠르게 증가한 것으로 보인다. 고려 후기 원의 침략과 원에 대한 종속화, 원말의 혼란과 홍건족의 침입, 해안 지역을 중심으로 한 왜구의 횡행 등 13, 14세기의 고려 사회는 극히 불안정한 상황에 놓여 있었으나, 조선 왕조가 성립하고 국내외의 정세가 안정되는 가운데 인구의 지속적인 증가가 가능하게 되었던 것이다. 16세기가 되어 토지가 희소재로서의 성격을 갖기 시작하는 것은 이상과 같은 변화에 의한 것이다.

전환기로서 16세기

16세기가 되면 국가의 토지 파악 방식의 모순이 드러나게 된다. 그것을 상징적으로 보여 주는 것이 '진전수세陳田收稅'의 문제이다.『경국대전』의 양전 규정은 토지를 정전과 속전으로 나누어 파악하도록 했다. 그리고 정전의 경우는 그 일부가 진전이더라도 양안에 등록된 면적 전체에 대해 지세를 부과하고, 속전에서는 '수기수세隨起收稅', 즉 매년 경작된 토지만을 대상으로 지세를 부과하도록 했다. '진전수세' 문제란 정전에서 진전에도 지세를 부과하는 것 때문에 발생했다. 정전에서도 '수기수세'를 요구하는 목소리가 높아졌고 정부 내부에서 찬성하는 자도 적지 않았다.

진전에 대한 지세 부과는 아마도 고려, 나아가 신라 이래의 장기간에 걸쳐 실시되어 왔다고 생각되는데, 왜 16세기가 되어 이에 대한 비판이 강해진 것인가. 진전을 대상으로 부과되는 지세는 명목은 지세여도 실제로는 농산물 이외의 물품(해산물이나 임산물 기타 등등)으로 납입되었던 것으로 보인다.

농업기술이 낮은 단계에서는 국가에 대한 각종 부담 중에서 농업생산물의 비율은 낮을 수밖에 없다. 공업 등과 비교해 농업의 특징 중 하나는 노동력 수요의 계절적 편차가 크다는 점이다. 특히 기술이 낮은 단계에 있으면 있을수록 장기에 걸친 농한기가 발생하지 않을 수 없다. 이와 같은 상황에서는 국가는 농산물을 수취하기보다도 노동력을 수취하든가, 또는 농한기를 이용하여 얻을 수 있는 농산물 이외의 것을 수취하는 것이 합리적이다. 당이나 고대 일본의 국가 수취제도였던 조용조租庸調 제도에서는 농산물에 대해 부과되는 조租보다도 지방 특산물이나 노동력을 수취한 용庸·조調의 비중이 훨씬 높았는데 그 이유도 여기에 있었다. 한국의 경우도 마찬가지로 진전 수세의 관행도 무거운 지세를 부과할 수 없는 것에 대한 대체 조치였다고 볼 수 있는 것이다.

그러나 농업기술이 발전하여 농업생산력이 높아지면서 농한기가 점차 단축되면 국가 수취 중에서 지세가 점하는 비중을 높이는 것이 가능하게 될 뿐 아니라 오히려 바람직한 것이 된다. 16세기의 '진전 수세' 문제가 드러난 것은 경지의 안정화와 연작화가 진전하는 가운데, 진전에 대한 지세 부과가 경작자의 농업에 대한 전념을 저해하는 것으로 의식되었던 사정을 반영한 것이었다.

15세기부터 16세기는 한국의 역사상 양전이 가장 빈번하게 실시된 시기였다. 그것은 사회의 안정에 따른 경지의 증가와 과전법, 직전법을 비롯한 수조권분여지(정부에 대신해 지세를 수취하는 권리를 관료와 국가기관에 준 토지)의 광범위한 존재에 의한 것이었는데, 이 시기에 작성된 양안도 현존하지 않으므로 양전의 실태를 정확하게 아는 것은 곤란하다. 그러나 현존하는 분재기 중에는 분재 대상이 된 토지에 관해 각각의 토지가 양안에 어떻게 등록되고 있었는지를 기록한 것이 포함되어 있으므로 그것을 통해 국가의 토지 파악의 양상을 엿볼 수 있다.

15세기의 분재기 중에서 양전의 실태를 잘 드러내는 것으로서 '권개허여문기權玠許與文記'를 들 수 있다. 이 분재기는 경상도 안동에 거주하던 권개權玠[59)가 사위 하원河源에게 토지와 노비를 분재할 때 작성된 것으로 1475년의 것이다. 분재를 받은 하원은 세조의 즉위에 반대하여 처형된 사육신의 한 사람인 하위지河緯地의 조카로 권개가 그 처지를 불쌍하게 여겨 재산을 특별히 나누어 주었던 것이다. 분재된 토지는 전부 4필로 토지마다 양안에 기록되어 있는 정보를 표시하고 있으며, 평균

59) 권개는 졸저 『양반』에서 상세하게 소개한 권벌權橃의 조부 권곤權琨의 형이다.

면적은 1결 1부 5속, 두 개의 토지 면적은 1결을 넘고 있다. 곧 15세기에도 1필의 면적이 1결을 넘는 것이 포함되어 있었던 것으로 거기에는 경지가 아닌 토지도 포함되어 있었던 듯하다.

16세기가 되면 앞서 논했듯이 분재기에 토지가 등장하고 동시에 매매문기도 현존하는 것이 있으므로 양안에 개별 토지가 어떻게 등록되어 있었는가를 알 수 있는 사료의 수가 늘게 된다. 여기서는 그 대표적인 것으로서 경주에 거주하던 경주 손씨 일족이 소장하고 있는 고문서를 소개한다.

이 일족에게는 많은 분재기가 남겨져 있는데 가장 오래된 것은 1510년에 작성된 것으로, 특별히 이 분재기가 귀중한 이유는 분재된 개개의 토지에 관해 양안에 기록되어 있는 정보를 그대로 적기하고 있기 때문이다. 분재 대상이 된 토지는 전부 약 20결 58필로 그중 수전이 37필, 밭이 21필, 1필의 평균 결부수는 수전이 36부, 밭이 29부이다. 결부수는 토지의 등급에 따라 절대면적이 다르므로 결부수로부터 절대면적을 아는 것은 불가능하지만, 모두가 가장 비옥한 1등의 토지였다고 가정하면 36부가 약 3,600제곱미터, 29부가 2,900제곱미터가 된다. 실제로는 1등보다도 낮은 등급의 토지도 다수 포함되어 있었다고 생각되므로, 각각의 평균면적은 이 수치보다 넓다는 것은 분명하다. 따라서 권개의 허여문기보다는 좁으나 16세기 초기에도 양안에 등록된 토지에는 1필의 면적이 매우 큰 것이 다수 포함되어 있었다고 이해할 수 있다.

이상과 같은 15세기 후반부터 16세기 초기의 상황은 이 시기의 양전에서도 세종대와 마찬가지로 경지 주위에 있는 진전도 모두 합하여 양안에 등록하는 방법을 취하고 있었다는 것을 말한다. 더욱이 1524년의 전라도, 1526년의 경상도 양전을 마지막으로 이후 16세기 말까지는 한 번도 양전이 실시되지 않았으므로 '진전 수세'의 폐해를 비판하는 목소리가 높아지는 것도 당연했다.

17세기 양전 방식의 변화

1592년에 시작된 도요토미 히데요시 군대의 조선 침략은 조선에 심대한 피해를 끼쳤다. 이 전쟁은 1598년 히데요시의 사망으로 끝났으나 인적·물적 피해는 매우 심각했다. 양안과 호적대장이라는 국가 운영의 기초적인 장부도 유실된 것이 많아 전후 국가가 파악하는 인구와 토지는 이전의 절반 이하로 떨어진 상황이었다. 전후의 부흥이 긴급한 과제였으므로 이를 위해 1601년부터 1604년에 걸쳐 전국적인 양전이 실시되었다. 이때의 양전을 계묘양전癸卯量田이라고 하는데, 계묘양전에서는 그때까지와 다른 새로운 양전 방식을 채택했다. 그것은 경작 중인 토지(기전起田이라고 함)만을 대상으로 양전을 행한다는 것이었다. 그러나 계묘양전은 전쟁의 피해가 여전히 심각한 상황 속에서 행해졌으므로 토지 파악의 회복이라는 과제를 충분히 달성할 수 없었다.

계묘양전에서의 새로운 양전 방식은 전후 복구를 위해 행해졌다는 면에서 임시적인 조치로서의 성격을 가졌으나, 1634년에 지세 부과의 중심을 점하는 지역이었던 전라도, 경상도, 충청도를 대상으로 실시된 양전(갑술양전甲戌量田)에서 종래의 토지 파악 방식이 크게 개선되었다. 토지를 정전과 속전으로 나누는 종래의 방식에서 기전, 진전, 속전의 세

종류로 나눠 파악함과 동시에 진전에 대해서는 지세를 부과하지 않는 방식으로 변경되었던 것이다. 그리고 이 방식은 이후의 모든 양전에서 답습되었다. 기전과 진전을 구별하지 않고 파악한다는 신라 시대 이래의 양전 방식이 여기서 비로소 폐기되었던 것이다.

앞서 소개한 경주 손씨 가문에는 1690년에 작성된 분재기도 남아 있다. 이때에 분재된 토지는 전부 25필로 수전이 15필, 밭이 10필, 그 평균 결부수는 16.9부와 18.4부였다. 따라서 1510년의 분재기와 비교하면 1필당 결부수가 거의 반감한 것이 된다. 갑술양전의 결과 작성된 갑술양안에 개개의 토지가 어떻게 등록되어 있었는가는 경주 손씨 이외 가문의 분재기를 통해서도 다수 확인할 수 있다. 지역적으로 또 가문별로 약간의 차이는 있으나 모두 1필당 평균치로서는 10부 전후의 수치를 보여 주고 있다. 이와 같은 현상은 재산상속(16세기까지는 남녀균분상속이 일반적이었다)의 영향도 있을 것이나 주로 양전 방식의 변화, 즉 기전과 진전을 별개로 파악하여 양안에 등록하게 되었던 사정에 의한 것이었다고 생각된다.

갑술양전에서의 양전 방식의 획기적인 변화는 국가의 징세 방식의 변화와 깊은 관계를 가지는 것이었다. 조선 후기의 징세 방식의 변화 중에서 가장 큰 의미를 가졌던 것은 대동법의 제정이다. 대동법은 각 지역의 특산물을 수취하는 제도였던 공납제를 대신해 토지를 대상으로 대동미를 부과하여 수취된 쌀을 판매해 정부의 필요물자를 조달하는 제도이다. 1608년 경기에서 실시되었던 것을 시초로 1679년 마지막으로 경상도에서 실시되기까지 북부의 황해도, 평안도, 함경도를 제외한 5도에서 실시되었다. 또한 제외된 북부 3도에서도 대동법과 유사한 제도가 도입되어 공납제는 전면적으로 폐지되었다.

대동미로서 징수된 것은 1결당 대개 12두(지역마다 약간의 차가 있음)였는데, 이것은 전세가 1결당 4~6두였던 것에 비교하면 훨씬 무거운 부담액이었다. 이는 공납제가 실시되었던 시기에는 전세의 부담보다도 공납의 부담이 무거웠던 것을 말해 준다. 앞서 지적했듯이 농업기술이 미숙한 단계에서는 농업 생산물보다도 다른 생산물이나 노동력의 수취가 중요한 의미를 가지고 있었다. 따라서 공납제에서 대동법으로의 변화는 농업기술의 발전과 그에 수반한 농업생산력의 안정화, 토지생산성의 증대를 전제로 한 것이었다고 말할 수 있다.

양전에서 기전과 진전을 구별하여 기전에 대해서만 지세를 부과하는 새로운 방식이 채용된 배경도 대동법을 실시한 배경과 공통된 것이었다. 전세에 더하여 그것보다도 훨씬 무거운 대동미를 부과하는 새로운 지세제도가 원활하게 운용되기 위해서는 토지를 정확하게 파악하여 반드시 경작 중인 토지만을 대상으로 지세를 부과할 필요가 있었던 것이다.

대동법의 실시는 국가에 대한 부담을 농업 이외의 생산물과 노동력에 대신해 토지에 집중시킨 것을 의미했다. 그리고 이 방향은 대동법 이후에도 계속해서 강화되었다. 공납과 나란히 큰 부담이었던 군역의 부담도 1750년에 실시된 '균역법'을 통해 그 일부가 지세화되었을 뿐만 아니라, 19세기가 되면 대국가 부담의 대부분을 토지에 대해 부과하는 '도결都結'이라고 불리는 수세 방식까지 나타나게 된다. 이상과 같은 양전 방식의 변화와 대동법에서 볼 수 있는 대국가 부담의 토지로의 집중은 모두 농업생산력의 발전을 배경으로 실현된 것이고, 그 기저에 소농사회의 형성과 성숙이라는 움직임이 존재하고 있었던 것이다.

특권적 토지 소유의 해체

신라 시대부터 16세기 조선 전기까지 한국에서는 다양한 형태로 지배층에 대한 토지 지급이 이루어지고 있었다. 신라 시대의 관료전, 고려 시대의 전시과, 조선 초기의 과전 등이 그 대표적인 것인데, 이러한 토지를 국가는 어떻게 파악하고 있었는가.

신라 시대 관료전부터 조선 초기 과전에 이르기까지 지배층에 지급되던 토지 중에는 경작지만이 아니라 황무지도 포함되어 있었고, 또 이러한 정책이 취해졌던 이유로서 인구에 비해 토지가 풍부하게 존재하는 상황 아래 토지의 개간을 장려하는 의도가 있었던 것에 관해서는 이미 지적한 대로이다. 이러한 토지에 대한 국가의 파악 방식에 큰 변화가 생기는 것은 과전법의 실시에 의해서였다.

과전법의 실시에 앞서, 그 2년 전에 실시된 양전(기사양전己巳量田)에서 이를 주도한 조준趙浚은 양전 실시를 청하는 상소문에서 다음과 같이 주장하고 있다.

토지 조사에서는 공전과 사전의 구별을 일체 없애고 20결, 15결 혹은 10결을 단위로서 읍(도의 하부 행정단위인 군이나 현의 총칭)마다 표식으로 천자문의 글자를 사용하는 것으로 하며, 토지의 표식에 사람의 성명을 사용하지 않도록 한다. 이렇게 하는 것을 통해 장래 그 토지가 조상 전래의 토지라고 주장하는 폐해를 없애고, 양전을 완료한 후에 법에 따라 토지를 분급한다. —『고려사』「식화지」

이 상소문에서 알 수 있듯이 그때까지의 양전에서는 공전과 사전은 별개로 파악되었고, 개개의 토지를 구별하는 표식으로서 인명이 양안에 등록되고 있었다. 사전이라는 것은 관료 등의 개인에게 그 토지의 지세를 징수할 권리를 주는 토지로 거기서는 토지 내부의 상황을 국가가 파악할 수 없으며 사전 주인의 이름과 전체의 결수만이 양안에 등록되어 있었다고 생각된다. 기사년 양전에서는 사전도 국가가 조사하여 공전과 마찬가지로 양안에 등록하도록 주장한 조준의 의견에 따라 양전이 실시되었다. 조준의 상소에서는 10~20결마다 천자문의 글자를 붙이도록 주장하고 있는데, 15세기가 되면 5결을 단위로서 자호字号가 붙여지고 1필의 토지는 자호와 제차第次(지번)로 특정된다.

과전은 경기 지역에서 지급하도록 되어 있었는데, 세습을 인정하고 있었으므로 점차 과전으로서 지급해야 하는 토지가 부족하게 되었다. 또한 과전을 지급받은 자는 국가가 정한 액만큼을 경작자(전객佃客이라고 부름)로부터 징수하도록 했으나, 그것을 넘는 액수를 얻는 자도 있어 큰 문제가 되었다. 그래서 정부는 '관수관급제官收官給制', 즉 과전의 지세 수취를 정부가 행하여 과전주에게 주는 제도를 실시하여 그 폐해를 제거하기 위해 노력하였고, 1466년에는 과전법을 대신해 직전법을 실시하기에 이르렀다. 과전은 관료가 퇴직한 후에도 계속해서 지급되었으나 직전은 현직 관료에 한해서만 지급되었다.

과전법에서 사전의 조사, 관수관급제의 실시, 직전법으로의 이행이

라는 일련의 사태는 국가가 토지 파악을 강화한다는 정책 기조의 발로
였으며, 직전법 또한 1556년에는 완전하게 폐지되었다. 직전법의 폐지
는 신라 시대 이래 오랫동안 계속되어 온 지배층에 대한 특권적 토지지
급제도가 최종적으로 폐기된 것을 의미한다. 그리고 이러한 정책이 가
능했던 것은 한편으로는 경영 주체로서 소농민층이 성장한 것과, 다른
한편으로 지배층이 지주로서 성장하는 장기에 걸친 변동의 결과였다.
조선에서는 세종대에 토지의 매매가 공인되는데 이 조치는 양반층의
토지 집중을 초래했다. 사전 지급이라는 특권의 폐지도 이러한 보상 조
치가 있었기 때문에 큰 저항 없이 실시되었던 것이다.

　이렇게 해서 지배층에 대한 특권적 토지 지급은 제도적으로는 폐지
되었으나 16세기에는 '절수折受'라는 방법을 통한 토지 분급이 널리 행
해졌다. 절수라는 것은 개간을 조건으로 일정 범위의 토지 소유권을 정
부에게 신청하는 절차를 말하는데, 개간이 완료되면 그 토지의 소유권
을 인정받았다. 이것은 직전법이 폐지되는 가운데 종래의 개간 장려책
을 계승하는 것이면서 동시에 개간에 필요한 자본력과 노동력 동원 능
력을 겸비한 지배층에 대한 우대 조치로서의 성격을 가졌다. 그러나 실
제로는 절수를 행한 후 방치하고 있던 토지를 농민들이 개간한 단계에
서 자기의 소유지라고 주장하여 소유권 분쟁이 일어나는 경우도 많았
으므로 큰 문제가 되었던 것이다.

　절수에 의한 토지 지급은 17세기가 되면 거의 볼 수 없게 되지만, 이
후에도 서해안의 간석을 간척하는 경우에는 19세기까지 절수에 의한
토지 지급이 이루어졌다. 또한 17세기 이후에도 특별한 공적이 있는 관
료 등에게 토지를 주는 일도 계속되었는데, 그 대상이 되었던 토지는 수

외관둔전數外官屯田(개별 정부기관이 지세징수권을 갖는 토지 중에서 양안에 등록되어 있지 않은 것)이나 적몰전籍沒田(죄를 범하여 정부에게 몰수된 토지) 등으로 그 규모도 이전의 특권적 토지 지급에 비하면 사소한 것이었다.

이상에서 살펴보았듯이 조선에서는 기사년 양전을 계기로 국가가 모든 토지를 일률적으로 파악하게 되면서 사전에 대한 국가의 규제가 강화된 제1단계 시기를 지나, 나아가 직전법 폐지를 통해 특권적 토지 지급이 소멸하게 되는 제2단계를 거쳐 국가와 토지 소유 농민이 직접 대치하는 체제가 완성되었다. 이와 같은 장기에 걸친 변화는 기본적으로는 소농사회의 형성에 의해 촉진되었다고 생각되는데, 중국과 일본에서도 동일한 과정이 진행되었다.

중국과 일본의
토지 파악 방식의
변화

중국의 토지 파악 방식

　균전제가 실시되던 시대에는 국가는 호적에 근거하여 토지의 지급과 회수를 행하였고, 호적에는 호의 인적 정보만이 아니라 토지의 정보도 기재되어 있었다. 토지의 정보는 각 호마다 수전무수受田畝數와 1필지별 정보(무수畝數, 상전常田과 부전部田의 구별, 소재지, 사지四至 등)가 기재되어 있었는데, 여기서 상전이라는 것은 연작이 가능한 경지이고 부전은 휴한을 행하는 토지를 가리킨다. 부전의 경우에는 '삼역三易'과 같이 휴한의 빈도도 표시되어 있었다. 사지란 조선의 양안에서 볼 수 있는 사표에 해당하는 것으로 토지의 동서남북이 누구의 토지인가를 기록한 것이다. 중국에서 연작이 언제부터 일반적이게 되었는가에 관해서는 의견의 차이가 있으나, 우량한 토지에서는 늦어도 한대漢代에는 연작이 가능했던 것으로 보인다. 그러나 당대唐代의 호적에서 상전과 부전의 구별이 명기되고 있었던 것에서 알 수 있듯이 당대에도 여전히 광범위한 휴한을 행하는 토지가 존재했다.

당대 중기 이후 균전제가 붕괴한 다음에는 국가의 토지 파악이 매우 조잡해졌다. 국가가 정확한 토지 파악을 위해 노력하게 되는 것은 송대에 들어서이다. 인종대에 곽자郭諮 등에 의해 실시된 '천보방전법千步方田法'이 그 효시인데, 그것을 계승한 왕안석의 '방전균세법方田均稅法'은 상당한 지역에서 실시되었던 것으로 보인다. 이것들은 모두 천 보 평방의 토지를 단위로서 토지를 측량하는 것으로, 그 결과에 기반하여 토지대장에 해당하는 방장 등의 장부가 작성되었다. 이러한 장부가 어떠한 것이 있었는가는 명확하지 않지만 전국의 경지 면적의 절반 이상이 조사되었던 것으로 여겨지고 있다.

남송 시대가 되면 국가의 토지 파악에 있어 획기적인 변화가 발생한다. 그 변화란 명·청대의 어린도책의 원형이 되는 토지장부가 작성되기 시작했다는 점이다. 남송 시대의 토지 조사는 '경계법經界法'으로 불렸는데, 그 최초의 시도는 소흥紹興 12년(1142) 이춘년李椿年의 건의로 시작되었다. 이때의 조사에서는 먼저 토지 소유자가 자신의 토지의 형상을 그린 다음에 지목, 면적과 묘수, 소유의 내력, 전권의 유무 등을 기록한 '침기부砧基簿'라는 서류를 작성하여 관에 제출하고, 관에서는 그 기재에 문제가 없는지를 검토한 후 '침기부'를 보관하여 토지대장으로서의 기능을 갖도록 했다. 그리고 토지 소유자에게는 '침기부'의 사본을 교부하여 소유권 증서로서 토지매매 때 이용하도록 했다.

'침기부'의 작성과 함께 주목되는 것은 토지 면적을 구하는 방식이 이전보다도 정확해졌다는 점이다. 중국에서는 토지 면적을 구하는 방법으로서『구장산술九章算術』[60]이 오랫동안 사용되어 왔는데, 거기에는 장방형長方形, 대형台形, 삼각형三角形, 원형円形 등 비교적 단순한 형상의 면적만이 표시되어 있었다. 그에 비해 이춘년의 경계법에서는 부등변사각형 등 보다 복잡한 형상의 토지에 대해서도 면적을 구하는 방식이 표시되고 있었던 것이다. 광대한 평원이 펼쳐진 화북에 비해 복잡한 지형이 펼쳐진 강남 지역의 경지를 보다 정확하게 파악하려는 의도였을 것이다(『운록만초雲麓漫鈔』).

이춘년의 경계법은 그가 실각하면서 중지될 수밖에 없었는데, 이를 계승한 것이 주희의 경계법이었다. 남송의 경계법에서 가장 주목되는 것은 개별 토지의 측량이 이루어졌다는 점이다. 그 방법의 구체적인 내용은 명확하지 않은 점이 많지만, 측량의 최소 단위인 '보保'로써 일정한 거리마다 표식을 세워 주위를 확정한 다음 개별 토지를 측량하는 방법이지 않았을까 추측된다. 이것은 일본 에도 시대에 행해진 '돌림검지回し檢地'와 동일한 방법으로 이렇게 해서 비로소 '보'에 존재하는 모든 토지를 그린 '어린도'를 작성할 수 있었다고 생각된다. 그리고 개개의 토지의 형상도 그림으로 표시되었다는 점에서 명대 어린도책의 원형이 완성되었던 것이다.

또 하나 송대의 토지 파악에서 주목되는 것은 경계법과 같이 실제로 개개의 토지를 측량하는 방법만이 아니라, '수실首實' 혹은 '수실手實'이라고 하여 토지 소유자에게 토지를 신고하도록 해서 세금을 징수하는

---

60) 늦어도 기원전 2세기 무렵에 완성된 수학서로 한국과 일본에서도 널리 이용되었다.

방법이다. 국가의 토지 파악에 있어 이 두 가지 방법은 이후에도 답습되어 중화민국 시대에 실시된 토지 조사에서도 토지를 측량하는 '치본책治本策'과 자기신고(토지진보土地陳報)에 의한 '치표책治標策'이 병용되었다.

북송의 '방전법'과 남송의 '경계법'이 실시되었던 범위는 명확하지 않지만 전국적으로 시행된 것은 아니었다. 원대에도 지역에 따라 토지 조사('경리經理'로 불림)가 실시되었으나 그 전체상은 잘 알려져 있지 않다.

송대에 이어 국가의 토지 파악에 획기적인 변화가 생기는 것은 명대가 되고 나서이다. 그리고 변화의 가장 중요한 내용은 어린도책이 전국 규모로 작성되었다는 점이다. 명 태조 주원장은 이미 명을 건국하기 전부터 어린도책의 작성에 착수하였고 그 일부가 현존하고 있다. 즉 루안청시엔樂成顯에 의해 처음으로 소개된 1364년에 작성된 것으로 추정되는 어린도책이 그것으로, 휘주徽州 기문현祁門顯의 것이다. 이 어린도책에서 주목되는 것은 전체의 30퍼센트에 가까운 토지가 다양한 이유로 황전荒田으로 되어 있다는 점이다. 원말의 혼란으로 인해 대량의 황전이 발생하고 있었다고 여겨진다.

이와 같이 일찍부터 토지 파악을 중시하고 있던 주원장은 명 건국 후에 전국적인 규모로 어린도책의 작성에 착수했다. 이때 작성된 어린도책은 일부밖에 현존하지 않지만 그 조사 범위는 전국을 뒤덮었다고 보고 있다. 송대의 방전법과 경계법을 통한 토지 조사는 전국적으로 실시되었던 것이 아니었으므로 명초 어린도책의 작성은 균전법의 붕괴 이후 처음으로 국가가 전국의 토지를 조사한 것을 의미한다. 현존하는 명초의 어린도책에는 각 토지의 형상을 그린 그림이 빠져 있으나, 애초 정부의 방침은 1필의 토지마다 그 형상을 그림으로 표시함과 동시에 토지의 소재지, 소유자와 거주지, 면적과 사지(동서남북의 인접지, 한국의 사표를 말함) 등을 기록하도록 되어 있었다. 어린도책은 '그림'을 단위로 작성되었고 그림 전체의 지적도地籍圖가 권두에 수록되어 있었다. 어린도책이라는 명칭은 여기에서 유래한다.

명초에 작성된 어린도책은 시간이 경과함에 따라 현실을 반영하지 못하게 되었고, 동시에 명초의 '이갑제'마저 점차 파탄되어 나갔다. 이러한 상황 속에서 16세기 전반 가정 연간 이후 재차 토지 조사를 시행하는 사례가 증가한다. 그리고 그 집대성으로서 실시된 것이 장거정이 주도한 '장량丈量'(만력제 치세였으므로 '만력장량'으로 불림)이다. 이 만력장량은 세 가지 점에서 중국의 긴 역사 속에서도 특필할 만한 사업이었다. 첫째로 주원장 시기에 실시된 어린도책이 전국적인 범위에서 행해졌는가는 사료적으로 확실하다고는 말할 수 없을 뿐만 아니라 모든 토지에서 토지 측량이 이루어졌는지도 명확하지 않은 데 비해, 만력장량은 전국적인 규모로, 심지어 측량까지 실시된 것이 거의 확실하기 때문이다.

둘째로 '세무稅畝'라는 토지 파악 방식이 전면적으로 채용되었다는 점이다. 만력장량 때에 작성된 어린도책에서는 각 토지에 관해 두 개의 무수畝數가 표시되고 있었다. 하나는 '적積'으로서 그 토지의 면적이 표시되었고, 동시에 '절折'(절이란 환산한다는 의미임)로서 해당 토지의 지세 부과 기준이 되는 무수가 표시되고 있었다. '절'의 방법은 그 토지의 지목(수전, 밭, 산전, 연못 등)과 등칙(토지의 비옥도)을 감안한 것으로 절에 따라 얻어진 1무의 토지(이것을 세무라고 함)는 동일한 경제적 가치를 가진다고 간주되었다. 그러한 의미에서 후술하듯이 세무제도는 한국의 결부, 일본의 석고石高와 동일한 성격을 가진 것이었다. 만력장량이 실시된 가장 큰 원인은 세역의 불균형이었고, 그것을 시정하기 위해 '균전균역'을 목표로 하였는데 세무제도는 이를 위해 채용되었다고 생각된다.

셋째로 만력장량에 의한 토지 파악은 그 이후 청대를 통해 국가가 부과하는 지세의 '원액元額'으로서의 역할을 수행했다. 청 왕조는 건국 후부터 강희제 시대까지 몇 번의 토지 조사를 시도하였고, 일부 지역에서는 조사가 이루어졌으나 전국적인 규모의 조사는 실시되지 않았다. 그리고 조사가 실시된 경우도 대부분은 소유자의 자기 신고에 바탕을 둔 것이었으므로 만력장량 이후의 변화를 부분적으로 반영한 것에 지나지 않았다. 한국이나 일본에 비해 국토가 광대한 중국에서 전국적인 토지 조사를 하는 것은 매우 곤란한 사업이었다. 청대만이 아니라 그 이후 현재에 이르기까지 전국적인 토지 조사는 한 차례도 이루어지지 않았던 것이 그 어려움을 잘 말해 준다. 그만큼 만력장량이 가진 역사적 의미가 한층 크다고 말할 수 있다.

이와 같이 중국에서는 명대 초기와 후기 두 번에 걸쳐 대규모의 토지 조사가 실시되었던 것인데, 그렇다면 어째서 공전절후하다고도 말할 수 있는 이러한 토지 조사가 가능했던 것인가. 다시 말할 필요도 없이 소농사회의 성립이야말로 그 결정적 요인이었다고 볼 수 있다.

중국에서는 한국과 일본보다도 훨씬 이른 시기부터 소농의 형성이 진전했다고 볼 수 있다. 농업의 중심지였던 화북에서는 남북조 시대부터 당대에 걸쳐 농업기술의 발전이 실현되어 연작만이 아니라 2년 3모작 등의 윤작을 행하는 지역까지 출현하기 시작했다. 그리고 이러한 변화가 균전제, 조용조제에서 양세법으로의 이행을 가능하게 했던 것이다. 조용조제는 노동력을 부과 기준으로 하는 것인 데 비해 양세법은 토지를 조세 부과의 기준으로 하는 것이며, 이러한 변화를 가능하게 한 기본적인 요인은 농업의 안정화, 토지와 농민의 결합 강화였다. 농민을 병사로서 징발하는 부병제府兵制로부터 고병제雇兵制로의 이행도 농업 노동의 통년화通年化에 대응한 조치였다고 생각할 수 있다. 이러한 변화는 전술한 조선에서 대동법으로 이행한 것과 동일한 역사적 의미를 갖는 것이었다고 말할 수 있다.

그러나 중국의 경우 소농사회의 형성은 복잡한 경위를 더듬었다. 송대 이후 농업의 중심지는 강남으로 이동했는데, 고지부에서는 일찍부터 집약적인 도작이 전개된 반면 델타부에서는 여전히 조방적인 도작밖에 가능하지 않았고 집약적인 도작의 실현은 명대가 되어 가능하게 되었다. 더욱이 중국의 경우 전란에 의한 농지의 황폐화가 반복적으로 일어났다. 특히 당말부터 오대에 걸친 시기와 원말 명초 시기에 대량의 농지가 황폐화했다. 주원장이 토지 조사를 실시했을 때에도 대량의 황지가 존재했다. 그리고 명대가 되어 정치와 사회의 안정이 실현되는 가운데 이러한 상황이 크게 개선되고 비로소 소농사회가 본격적으로 확립될 수 있었던 것이다. 이러한 의미에서 만력장량이야말로 소농사회의 확립에 부합하는 국가의 새로운 토지 파악으로의 이행을 상징하는 사업이었다.

중국에서의 특권적 토지 소유 문제에 관해 간단하게 언급하면 그것은 매우 빨리 소멸했다고 말할 수 있다. 당대의 균전제에서는 관인영업전과 같은 특권적 토지 소유가 큰 비중을 점하였고, 송대에도 관료들에게 직전이 지급되었으나, 원대 이후 관료에 대한 토지 지급은 행해지지 않게 되었다. 관료들은 토지의 구입을 통해 대토지 소유의 주체가 되는 것이 통례였고, 그것은 어디까지나 경제적 행위에 따른 것으로 관료로서의 특권과는 관계없는 일이었다.

명·청대의 특권적 토지 소유로서는 황실 및 청대의 군사 귀족이던 기인旗人에 대한 토지 지급이 있었으나 규모 면에서 큰 비중을 점하는 것이 아니었으며, 대부분의 경우 농민에게 빌려주어 그 특권이 형해화하는 경우가 많았던 것으로 보인다.

일본의 토지 파악 방식

일본에서는 7세기 후반부터 당의 균전제를 모방해 '반전수수법班田收受法'이 시행되기 시작했고, 그 운영을 위해 '전적田籍'과 '전도田圖'('반전도班田圖')라는 것이 작성되었다. '전도'는 일정한 지역을 1정町(109미터 사방)마다 구획으로 구분하여 구획별로 수급자명을 표시한 것으로 실물은 현존하지 않지만 후에 전도에 기반하여 작성된 '장원도'에서 그 양상을 엿볼 수 있다. 전도는 일종의 지적도로 중국에서도 한국에서도 유사한 것은 존재하지 않으므로 일본 독자의 기록이라고 말할 수 있다. 다른 한편 '전적'도 현존하지 않기 때문에 그 내용을 정확하게 알 수는 없으나 호적과 마찬가지로 '호'마다 지급된 토지를 기록한 것으로 추정되고 있다. 전적과 전도 모두 6년마다 실시되는 반전에 합하여 작성되도록 하였다.

반전수수법은 9세기가 되면 토지 부족 등의 이유로 점차 유지가 곤란해지고, 902년의 반전을 마지막으로 그 생명을 다했다. 이후 일본에서는 '장원'이 발달하여 장원제의 시대가 되는데, 이전에는 장원제의 형성을 사적 대토지 소유의 성장으로 이해하여 국가의 토지 파악은 형해화해 나간다는 이해가 일반적이었다. 그러나 최근의 연구에서는 장원제를 국가의 제도 내에 있는 것으로 파악하고, 중앙정부가 지배하는 공영公領과 장원의 공존관계를 중시하는 '장원공영제莊園公領制'라는 개념이나 국가의 규정성을 보다 중시하는 '공전체제公田體制'론 등이 많은 지지를 얻고 있는 듯하다. 장원제의 형성 및 그에 대항하면서 성장한 영주제라는 시각에서 10세기 이후의 역사를 파악하고 영주제를 '봉건제' 개념으로 이해하려고 한 종래의 통설에서는 같은 시기에 집권적인 국가체제를 유지한 중국, 한국과는 완전히 다른 틀에서 일본 '중세'를 파악하지 않을 수 없었으나, 국가에 의한 토지 파악의 규정성을 중시하는 최근의 연구 동향은 중국, 한국과의 비교 연구의 가능성을 시사하는 것은 아닐까 생각된다.

반전수수법의 폐지 이후 일본에서는 국가가 주도한 전국적인 토지 조사는 실시되지 않았다. 대신해 '국國'(율령에서 규정된 '국'으로 영제국令制國이라고 함)을 단위로 하는 토지 조사가 행해졌다. 반전수수법 시대의 토지 조사를 '교전校田'이라든가 '검전檢田'으로 부르고, 센고쿠 시대 이후의 토지 조사를 '검지檢地'로 부르는 데 비해 이 시기의 토지 조사는 '검주檢注'로 불렸다. 검주에는 대상 범위나 조사 방법에 따라 몇 가지 종류가 있었고, '국' 내부의 모든 토지를 대상으로 한 '대검주大檢注'(정검주正檢注라고도 불림)는 가장 중요했다. 또한 '국' 전체의 경지 면적이나 각 토지의 지배 관계 등을 표시한 문서가 작성되었으며 이것을 '대전문大田文(오타부미)'이라고 불렀다. 대전문에 표시된 총 경지 면적이 반전제 붕괴 이후의 토지제도의 큰 틀을 규정했다고 볼 수 있다. 대전문에 의해 파악된 토지 면적이 오랫동안 고정되면서, 그에 대해 부과되는 국가 부담의 청부가 제도화되는 한편으로 경지 면적의 증대와 생산량의 증가 등에 의한 이익을 둘러싸고 여러 세력이 복잡하게 관계하는 사태가 가마쿠라, 무로마치 시대를 통해 전개되었다.

대전문에 의한 토지 파악과 현실의 괴리라는 상황이 크게 변화하기 시작하는 것은 센고쿠 시대에 들어서이다. 곧 센고쿠다이묘들이 시행한 검지에서 새롭게 개간된 토지와 증대된 생산량의 파악이 강화됨과 동시에 장원 영주의 권한이 축소되고, 토지에 대해 중층적으로 성립하고 있던 복잡한 관계가 점차로 정리되기 시작했다. 이러한 움직임을 집대성한 것이 도요토미 정권에 의해 시작된 '태합검지太閤檢地'였다.

'태합검지'에 관해서는 수많은 연구가 축적되어 왔다. 그리고 아라키 모리아키安良城盛昭에 의해 제기된 '소농자립책', 즉 '태합검지'에 의해 소농이 토지 소유자로서 인정받고, 더불어 영주 이외에 토지에 대한 권리를 가지고 있던 중간 계층의 권리가 부정되면서 봉건제가 성립했다는 이해가 크게 영향력을 발휘해 왔다. 그러나 이러한 이해는 검지장과 같은 1차 사료의 연구가 진전하는 가운데 실증적으로 부정되고 있으며 대규모 수정이 이루어지고 있는 형편이다. 특히 검지장에 '명청인名請人 (나우케닌)'으로 등록되어 있는 자가 실제 소유자가 아닌 경우가 다수 포함되어 있다는 점이 분명하게 밝혀진 것은 아라키의 주장을 근저에서 뒤엎는 것이었다. 이렇게 해서 '태합검지'의 이해도 크게 변하였고, 그것에 의해 장원제가 최종적으로 폐기됨과 동시에 영주와 농민이 토지를 둘러싸고 직접적으로 대치하는 관계가 성립한 것은 큰 의미를 가지는 것이었다고 생각된다.

지금까지 일본 학계의 '태합검지' 연구는 주로 일국사적 관점에서 수행되어 왔으므로 중국과 한국과의 비교에는 전혀 관심을 기울이지 않았다. 그러나 전술했듯이 중국과 한국에서 이루어진 국가의 토지 파악의 역사적 추이를 고려하면 또 다른 이해가 가능해지지 않을까. 특히 '태합검지'와 그것을 계승한 도쿠가와 정권의 초기 검지가 행해진 16세기 후반부터 17세기에 걸쳐서는 중국의 '만력장량'이나 조선의 갑술양전과 시기적으로도 중복된다는 점은 단순히 우연의 결과라고는 생각할 수 없다.

비교사적 시야에 서서 주목하고 싶은 것은 검주장이나 대전문, 검지장에 기재되어 있는 경지의 상황이다. 율령제 시대의 전도와 이후의 검주장, 장원회도 등을 보면 경지 이외에 다양하게 표현된 황지가 큰 비중을 점하고 있는 것을 알 수 있다. 즉 '견작전見作田'(경작 중인 수전) 이외에 '상황常荒'(일찍이 경작이 행해졌으나 경작이 방기된 지 3년 이상 경과한 황지), '연황年荒'(3년 이하의 황지), '황폐荒廢'(농지로서 이용된 적이 없는 토지), '가타아라시片あらし'(수리 조건이 나빠 격년으로 경작하는 토지) 등으로 기록된 토지가 대량으로 존재하고 있었다. 이러한 토지 파악의 방식은 진전까지 파악하고 있던 한국의 경우와 공통된 것으로 개간을 장려하려는 의도를 포함한 것이었다는 점에서도 동일한 것으로 보인다.

경지 주변에 많은 황폐지가 존재하고 있던 상황은 오랜 기간을 거치며 개선되어 나갔다. 그것이 '만작화滿作化', 곧 토지장부에 등록된 모든 토지의 경지화인데, 특히 13세기 이후 이러한 움직임이 활발해졌다. 센고쿠다이묘에 의한 검지나 '태합검지'는 이러한 만작화의 발전을 바탕으로 율령 시대 국가의 토지 파악을 획기적으로 변경하는 것이었다. 단 '태합검지' 단계에서는 동일본과 같은 농업의 후진 지역에서는 여전히 토지 파악에 있어 불충분한 점이 있었고, 도쿠가와 정권이 수립된 이후 실시된 17세기의 검지를 통해 새로운 토지 파악 방식이 확립되었다고 봐야 할 것이다.

도요토미 정권에서 도쿠가와 정권 초기에 걸친 검지를 이와 같이 이해한다면 그것은 경지의 안정화와 소농경영의 광범위한 형성이라는 성과를 국가가 새롭게 파악했다는 의미에서 중국의 '만력장량'이나 조선의 갑술양전과 동일한 역사적 의의를 가진 것이라고 말할 수 있다. 도요토미 정권과 도쿠가와 정권에 의한 '국회도國繪圖'(율령국 단위의 지도)나 '향장鄕帳'[61]의 작성은 율령 시대 국가의 토지 파악 전통을 계승한 것이며, 그것이 정권의 정통성의 증거로 의식되고 있었다.

마지막으로 일본의 특권적 토지 소유의 문제에 관해 논하자면 율령제 시대 이후 다양한 특권적 토지 소유가 중층적으로 존재했다는 점이 일본의 큰 특징이다. 그러나 센고쿠다이묘에 의한 검지로부터 '태합검지'에 이르는 과정에서 그들의 특권적 토지 소유는 부정되고, '태합검지' 이후에는 영주와 농민 둘만이 토지에 대한 권리 보유자로서 직접 대치하게 된 상황에 관해서는 전술한 대로이다. 이 과정에서 대소의 영지를 독자적으로 보유하고 있던 무사층의 토지에 대한 권리도 부정되었으며, 도요토미 정권 이후는 무사 계층 전체가 토지에 대한 지배권의 보유자로서 농민과 대치하게 되었던 것으로, 이에 따라 무사는 개개의

---

61) '국國' 단위의 경지 면적과 생산고를 기록한 것으로, 도요토미 정권에서는 '어전장御前帳'(고젠초)으로 불렸다.

토지 소유자로서는 존재할 수 없게 되었다. 이 점은 토지 소유의 주체이기도 했던 중국의 사대부나 조선의 양반과는 큰 차이를 보이는 지점으로 농촌 지배의 취약화를 가져온 요인이 되었다.

결부·세무·석고

명의 '만력장량', 조선의 갑술양전, 도요토미 히데요시의 '태합검지'에서 도쿠가와 정권 초기의 검지는 모두 시기적으로도 겹친다. 뿐만 아니라 소농사회의 성립이라는 점을 배경으로 하면서 국가가 새로운 수준에서 토지 파악을 실현한 토지 조사였다. 따라서 이와 같은 점에서 삼국의 토지 조사는 기본적으로 공통의 역사적 의의를 갖는 것이었다고 말할 수 있다. 그것을 상징적으로 보여 주는 것이 한국의 '결부結負', 중국의 '세무稅畝', 일본의 '석고石高'라는 독특한 토지 파악 방식이다.

일본의 석고제가 도요토미 정권 들어 처음으로 성립된 것은 주지의 사실로서 중국의 세무 역시 만력장량에 의해 비로소 전면적으로 채용되었다. 그에 비해 한국의 결부제는 제도 자체로서는 신라 시대에까지 거슬러 올라가지만, 앞서 검토했듯이 경지 이외의 토지도 합쳐서 파악하는 양전 방식하에서 결부는 토지생산량을 표시하는 단위로서의 의미보다도 지세를 포함한 각종 국가 부담의 부과 단위로서 기능했다. 그것이 갑술양전 이후 경지와 비경지를 엄밀하게 구별해 파악하게 되면서 비로소 결부가 각 토지의 생산량을 표시하는 단위로서의 의미를 갖게 되고, 공납과 군역 등의 지세화도 가능해진 것이다.

이 세 가지는 모두 지목, 면적, 비옥도의 세 요소를 종합하여 얻을 수 있는 각 토지의 생산량에 바탕을 둔 것이었으므로 지세 부과의 단위도 될 수 있었다. 거기서는 토지가 순수하게 경제적 가치에 근거하여 파악되고 토지 소유자의 정치적·사회적 지위는 고려되지 않았다. 그러한 의미에서는 이러한 단위는 근현대의 법정지가, 과세 기준과 동일한 의미를 갖는 것이며, 이러한 단위의 성립이야말로 소농사회의 성립과 그에 수반한 국가의 토지 파악 방식의 일대 변혁을 상징하는 것이었다.

이렇게 해서 16세기부터 17세기에 걸쳐 이루어졌던 토지 조사에 바탕을 둔 토지 파악은 이후 19세기 후반까지 유지된다. 조선에서는 1718~1720년에 걸쳐 실시되었던 경자양전을 마지막으로 대한제국기에 시행된 광무양전까지, 또한 일본에서는 18세기 초기에 행해진 막부 직할지를 대상으로 한 겐로쿠元祿검지 후 메이지유신 이후의 지조개정까지 대규모의 토지 조사는 한 차례도 실시되지 않았다. 또한 중국에서는 명에서 청으로 왕조가 교체되었음에도 불구하고 청대에 전국적인 토지 조사는 한 번도 시행되지 않았고, 1930년대에 시작되는 민국정부의 토지 조사를 기다리지 않으면 안 되었다. 국가가 전국적인 토지 조사를 하는 것은 매우 어려운 일이다. 일본에서도 지조개정 이후, 또한 한국에서도 토지 조사 사업 이후 현재에 이르기까지 한 번도 전국적인 토지 조사는 실시되고 있지 않다. 그만큼 16세기부터 17세기에 걸쳐 삼국에서 대규모의 토지 조사가 실시되었던 것은 획기적인 의미를 갖는 일이었다.

국가 토지 파악의
새로운 단계

16세기부터 17세기에 걸쳐 실시된 토지 조사가 소농사회의 확립과 깊은 관련을 갖는다고 하면, 19세기 후반부터 시작되는 토지 조사는 자본주의체제에 적합한 토지제도의 수립을 목적으로 한 것으로 토지 조사의 새로운 단계를 구분짓는 것이었다. 〈표 11〉은 19세기 후반부터 20세기 전반에 걸쳐 동아시아 지역에서 실시된 토지 조사의 일람표이다. 이 중에는 대만에서 유명전劉銘傳이 실시한 '청부사업清賦事業'이나, 대한제국의 '광무양전사업光武量田事業' 등 이전 토지 조사의 연장선상에 위치시킬 수 있는 것도 포함되어 있으나, 그 이외는 기본적으로 구미의 압력에 대항해 새로운 국가체제를 구축하는 것을 목표로 실시된 것이었다.

〈표 11〉 근대 동아시아 토지 조사 일람표

연도	일본 '본토'	기타 일본	대만	한국	관동주	기타 일본 지배 지역	중국
1873	지조개정 (~1881)						
1882		이즈제도 토지 조사 (~1883)					
1885	지압 조사 地押調査 (~1888)						
1886			유명전 청부 사업 (~1892)				
1898			토지 조사 사업(~1905)	광무양전 (~1903)			영국의 홍콩 신계 토지 조사
1899		오키나와현 토지 정리 사업(~1903)					1898 독일의 교주만점령지 토지법
1906		홋카이도에 지조조례 시행					
1910				토지 조사 사업(~1918)			
1914					토지 조사 사업 (~1924)		
1915							북경 정부 경계국 설치
1924						남양군도 제1기 토지 조사(~1932)	
1930							중국토지법 공포
1933						남양군도 제2기 토지 조사(~?)	중국지정학회 설립
1936						만주국 지적 정리 사업	
1937							중국토지법 수정 실시

〈표 11〉로부터 그 성패는 별도로 하더라도 동아시아 대부분의 지역에서 토지 조사가 시도되었던 것을 알 수 있다. 토지 조사의 주체로는 일본, 중국의 국민정부, 유럽의 식민지 종주국이라는 세 주체로 나눌 수 있다.

이 중 토지 조사의 실시 주체로 가장 중요했던 것은 일본이다. 일본은 국내의 주요부(오키나와, 홋카이도, 이즈伊豆제도 등을 제외하고)에서 '지조개정'을 실시한 것을 시초로, 새롭게 지배하게 된 대만, 한국, 관동주, 남양군도, 나아가 '만주국' 등에서 토지 조사를 차례차례 실시했다. 일본을 '토지 조사를 하는 제국주의'로도 명명할 수 있을 정도이다. 이러한 조사는 토지 소유자의 확정과 지세제도의 정비, 지적제도의 확립 등을 목적으로 실시된 것으로, 그 이념은 자본주의체제에 적합한 토지제도, 지세제도를 수립하는 것이었다. 또한 대만의 토지조사사업 이후 유럽에서 배운 측량기술을 이용하게 된 것도 이전의 토지 조사와 다른 측면이었다.

이러한 일본의 일련의 토지 조사로부터 영향을 받아 중화민국 정부도 1920년대부터 토지 조사 실시를 계획하기 시작했다. 그러나 그것이 본격화되는 것은 1930년대에 들어서이며 강소성과 절강성 등을 중심으로 조사가 추진되었으나, 중일전쟁이 격화하는 가운데 중단될 수밖에 없었다. 국민정부의 토지 조사 실태에 관해서는 자료 부족으로 연구가 공백 상태였는데, 근년 가타야마 쓰요시片山剛 등의 노력으로 대만 등지에 소장되어 있던 당시 장부가 발굴되어 연구가 진전되기 시작했다.

동아시아의 토지 조사의 또 한 주체는 영국과 독일 등의 유럽 세력이다. 즉 영국이 지배한 홍콩의 신계新界 지역과 독일이 일시 지배한 교주만膠州灣에서의 토지 조사가 그것인데, 이는 일본과 국민정부가 행한 토지조사와는 다른 독특한 성격의 것이었다.

19세기 후반 이후 실시된 동아시아의 이상과 같은 토지 조사는 공통의 성격을 가지면서 동시에 사업마다 독자적 측면도 더불어 가졌으나, 국가에 의한 토지 조사라는 긴 역사를 가졌던 점이 이러한 토지 조사를 가능케 한 역사적 요인이었다고 생각한다. 구미의 지배를 받은 다른 지역에서도 동일한 시도를 하려는 지역이 존재했으나, 그러한 시도가 큰 어려움에 직면했던 점(대표적인 예로서 인도의 경우)과 비교할 때 소농사회라는 유산의 크기를 짐작할 수 있다.

참고문헌

1. 사료

「개선사석등기開仙寺石燈記」.

「고성삼일포매향비高城三日浦埋香碑」.

「정두사조탑형지기淨兜寺造塔形止記」.

『경국대전經國大典』.

『경전여사經典余師』.

『고려사高麗史』.

『농가월령農家月令』

『농사직설農事直說』.

『농서農書』.

『농정전서農政全書』.

『단재신채호전집丹齋申采浩全集』.

『소학小學』.

『소학집주小學集註』.

『승정원일기』.

『안동권씨성화보安東權氏成化譜』.

『역대보안歷代寶案』.

정사성鄭士誠,『지헌집芝軒集』권3, 잡저,「향약鄕約」.

『제민요술齊民要術』.

조선왕조실록朝鮮王朝實錄.

『진부농서陳旉農書』.

『화명초和名抄』.

『화이변태華夷變態』.

신라장적문서新羅帳籍文書.

2. 논저

고석림, 「남송 토지경계법상에 보이는 침기부(砧基簿)에 대하여」, 『대구사학』 15,
  16-1, 대구사학회, 1978.

_____, 「李椿年의 土地經界法에 대하여」, 『복현사림』 1-1, 경북사학회, 1979.

곽종철·이진주, 「우리나라의 논 유구 집성」, 『한국의 농경문화』 6, 경기대학교 박
  물관, 2003.

기시모토 미오·미야지마 히로시 지음, 김현영·문순실 옮김, 『현재를 보는 역사
  조선과 명청』, 너머북스, 2014.

김필동, 『한국사회조직사연구』, 일조각, 1992.

남풍현, 「정두사조탑형지기(浄兜寺造塔形止記)의 해독: 고려시대 이독연구(吏讀硏
  究)의 일환으로」, 『古文書硏究』 12, 한국고문서학회, 1998.

문숙자, 『조선 양반가의 치산과 가계경영』, 한국학중앙연구원출판부, 2016.

미야지마 히로시, 『미야지마 히로시, 나의 한국사 공부』, 너머북스, 2013.

박 훈, 「幕末維新期 정치변혁과 봉건·군현론」, 『일본역사연구』 42, 일본사학회,
  2015.

_____, 「明治維新과 '士大夫的 政治文化'의 도전: '近世' 동아시아 정치사의 모
  색」, 『역사학보』 218, 역사학회, 2013.

_____, 『메이지 유신은 어떻게 가능했는가』, 민음사, 2014.

呉仁澤, 「朝鮮後期癸卯·甲戌量田의 推移와 性格」, 『역사와 세계』 19, 효원사학회,
  1995.

魏恩淑, 「12세기 농업기술의 발전」, 『역사와 세계』 12, 부산대사학회, 1988.

兪垣濬, 「「南宋經界法」에 대하여(1)-李椿年과 朱熹의 經界案을 중심으로」, 『경희사
  학』 20, 경희사학회, 1996.

_____, 「「南宋經界法」에 대하여(2)-李椿年과 朱熹의 經界案을 중심으로」, 『경희사학』 21, 경희사학회, 1997.

윤인숙, 『조선 전기의 사림과 소학』, 역사비평사, 2016.

이수건, 『경북지방고문서집성』, 영남대학교출판부, 1981.

이영훈, 「개선사석등기에 새겨진 신라의 토지제도」, 『古文書研究』 50, 한국고문서학회, 2017.

이인재, 「新羅統一期의 結負制」, 『동방학지』 101, 연세대학교 국학연구원, 1998.

_____, 「新羅統一期土地制度研究」, 연세대학교 석사학위논문, 1995.

이재룡, 『조선전기 경제구조연구』, 숭실대학교출판부, 1999.

이준구, 『조선후기 신분직역변동연구』, 일조각, 1993.

이훈상, 『조선후기의 향리』, 일조각, 1990.

정경일, 「麗末鮮初의 埋香碑研究」, 한국교원대학교 석사학위논문, 1993.

정호훈, 「朱子 『孝經刊誤』와 그 성격」, 『동방학지』 116, 연세대학교 국학연구원, 2002.

_____, 『조선의 소학: 주석과 번역』, 소명출판, 2014.

趙彦衛, 『雲麓漫鈔』 卷一, 商務印書館, 1936.

진덕규, 『19세기 韓國傳統社會의 變貌와 民衆意識』, 고려대학교 민족문화연구소 출판부, 1982.

한국학중앙연구원 장서각, 『경주 경주손씨 고문서』, 한국학중앙연구원, 2016.

岡本隆司, 『近代中國史』, ちくま新書, 2013.

江守五夫 崔龍基 編, 『韓國兩班同族制の研究』, 第一書房, 1982.

鎌田元一, 『律令公民制の研究』, 塙書房, 2001.

工藤敬一, 『莊園社會の基本構造』, 校倉書房, 2002.

貫井正之, 『豊臣政權の海外侵略と朝鮮義兵研究』, 靑木書店, 1996.

溝口雄三, 『方法としての中國』, 東京大學出版會, 1989.

_____, 『中國前近代思想の屈折と展開』, 東京大學出版會, 1980.

宮崎市定, 『科擧』, 中公新書, 1963.

宮崎正勝, 『鄭和の南海大遠征: 永樂帝の世界秩序再編』, 中公新書, 1997.

宮嶋博史, 「朝鮮の族譜 東アジアにおけるその位置」, 鈴木董 編, 『系譜の比較史』, 刀水書房, 2008.

_____, 「朝鮮農業史上における15世紀」, 『朝鮮史叢』3, 青丘文庫, 1980.

_____, 「朝鮮社會と儒教」, 『思想』750, 1986.

_____, 「朝鮮時代の科擧 全體像とその特徵」, 中國社會文化學會, 『中國—社會と文化』22, 2007.

_____, 『兩班: 李朝社會の特權階層』, 中公新書, 1995.

_____, 『朝鮮土地調査事業史の研究』, 東京大學東洋文化研究所, 1991.

旗田巍, 「新羅・高麗の田券」, 『朝鮮中世社會史研究』, 法政大學出版局, 1972.

_____, 『朝鮮中世社會史の研究』, 法政大學出版局, 1972.

吉田孝, 「墾田永年私財法の基礎的研究」, 『律令國家と古代の社會』, 岩波書店, 1983.

金観涛・劉青峰 著, 若林正丈・村田雄二郎 譯, 『中國社會の超安定システム:'大一統'のメカニズム』, 研文出版, 1987.

檀上寛, 『明朝專制支配の史的構造』, 汲古書院, 1995.

大谷敏夫, 『淸代政治思想史研究』, 汲古書院, 1991.

渡辺信一郎, 『中國古代社會論』, 青木書店, 1986.

稲葉君山, 『光海君時代の滿鮮關係』(復刊), 國書刊行會, 1976.

_____, 『朝鮮文化史研究』, 雄山閣, 1925.

島田虔次, 『朱子學と陽明學』, 岩波新書, 1967.

_____, 『中國思想史の研究』, 京都大學學術出版會, 2002.

欒成顯, 鶴見尚弘 譯, 「朱元璋によって撹造せられた竜鳳期魚鱗冊について」, 『東洋學報』70-1・2, 1989.

鈴木榮太郎, 「朝鮮農村社會の研究」, 『鈴木榮太郎著作集』5, 未來社, 1973.

鈴木俊幸, 『江戸の読書熱: 自學する読者と書籍流通』, 平凡社, 2007.

鈴木中正,『淸朝中期史研究』,燎原書房, 1971

李泰鎭, 六反田豊 譯,『朝鮮王朝社會と儒敎』,法政大學出版局, 2000.

李泰鎭, 川尻文彦 譯,「朝鮮時代の兩班」,『中國—社會と文化』8, 1993.

李海濬, 井上和枝 譯,『朝鮮村落社會史の研究』,法政大學出版局, 2006.

李勛相 著・宮嶋博史 譯,『朝鮮後期の鄕吏』,法政大學出版局, 2007.

網野善彦,「莊園公領制の形成と構造」,竹内理三 編,『體系日本史叢書6　土地制度史
　　1』,山川出版社, 1973.

鳴海邦匡,『近世日本の地圖と測量-村と'廻り檢地'』,九州大學出版會, 2007.

木下鐵矢,『'淸朝考證學'とその時代: 淸代の思想』,創文社, 1996.

＿＿＿＿,『朱子學の位置』,知泉書館, 2007.

百瀬弘,『明淸社會經濟史研究』,研文出版, 1980.

夫馬進 編,『中國東アジア外交交流史の研究』,京都大學學術出版會, 2007.

夫馬進,『中國訴訟社會史の研究』,京都大學學術出版會, 2011.

富澤淸人,『中世莊園と檢注』,吉川弘文館, 1996.

北岡伸一・步平 編,『「日中歷史共同研究」報告書 第1卷 古代・中近世史篇』,勉誠出版,
　　2014.

北島万次,『豊臣秀吉の朝鮮侵略』(新裝版),吉川弘文館, 1995.

北村敬直,『淸代社會經濟史研究』,朋友書店, 1973.

費孝通, 橫山広子 譯,『生育制度: 中國の家族と社會』,東京大學出版會, 1985.

濱島敦俊,『明代江南農村社會の研究』,東京大學出版會, 1982.

浜中昇,『朝鮮古代の經濟と社會: 村落・土地制度史研究』,法政大學出版局, 1986.

濱下武志,『近代中國の國際的契機: 朝貢貿易システムと近代アジア』,東京大學出版
　　會, 1990

＿＿＿＿,『朝貢システムと近代アジア』,岩波書店, 1997.

山脇悌二郎,『長崎の唐人貿易』,吉川弘文館, 1964.

森嶋通夫,『日本にできることは何か』,岩波書店, 2001.

杉本史子,『領域支配の展開と近世』, 山川出版社, 1999.

三上次男·神田信夫 編, 『民族の世界史3 東北アジアの民族と歴史 3』, 山川出版社, 1989.

三田村泰助,『清朝前史の研究』, 東洋史研究會, 1965.

森政夫 外 編, 『明清時代史の基本問題』, 汲古書院, 1997.

上田信, 『傳統中國: '盆地' '宗族'にみる明清時代』, 講談社, 1995.

相田洋,『中國中世の民衆文化: 呪術 規範 反亂』, 中國書店, 1994.

西村元照,「張居正の土地丈量: 全體像と歷史的意義把握のために」,『東洋史研究』30-1, 2·3, 1971.

石橋崇雄, 『大淸帝國』, 講談社, 2000.

笹川裕史, 『中華民國期農村土地行政史の研究: 國家-農村社會間關係の構造と變容』, 汲古書院, 2002.

小島毅,『中國近世における禮の言說』, 東京大學出版會, 1996.

小山正明,『明清社會經濟史研究』, 東京大學出版會, 1992.

小野和子 編,『明末清初の社會と文化』, 京都大學人文科學研究所, 1996.

_____ , 『明清時代の政治と社會』, 京都大學人文科學研究所, 1983.

小葉田淳,『金銀貿易史の研究』, 法政大學出版會, 1976.

小田省吾,『辛未洪景來亂の研究』, 小田先生頌壽記念會, 1934.

速水融,『近世初期の檢地と農民』, 知泉書館, 2009.

松浦茂,『淸の太祖 ヌルハチ』, 白帝社, 1995.

松浦章,『淸代海外貿易史の研究』, 朋友書店, 2002.

宋希璟, 村井章介 校注,『老松堂日本行錄: 朝鮮使節の見た中世日本』, 岩波文庫, 1987.

茂木敏夫,『變容する近代東アジアの國際秩序』, 山川出版社, 1997.

辻本雅史,『近世教育思想史の研究: 日本における'公教育'思想の源流』, 思文閣出版, 1992.

阿部吉雄,『日本朱子學と朝鮮』, 東京大學出版會, 1965.

安良城盛昭,「太閤檢地の歷史的意義」,『歷史學研究』167, 1954.

岸本美緒 編,『岩波講座世界歷史 13 東アジア 東南アジア傳統社會の形成 16-18世紀』, 岩波書店, 1998.

岸本美緒,『東アジアの'近世'』, 山川出版社, 1998.

_____,『清代中國の物價と經濟變動』, 研文出版, 1997.

安部健夫,『清代史の研究』, 創文社, 1971.

岩見宏 外 編,『明末清初期の研究』, 京都大學人文科學研究所, 1989.

岩井茂樹 編,『中國近世社會の秩序形成』, 京都大學人文科學研究所, 2004.

奧崎裕司,『中國鄉紳地主の研究』, 汲古書院, 1978.

吳金成, 渡昌弘 譯,『明代社會經濟史研究』, 汲古書院, 1990.

伍躍,『中國の捐納制度と社會』, 京都大學學術出版會, 2011.

吾妻重二,『宋代思想の研究-儒教·道教·仏教をめぐる考察』, 關西大學出版部, 2009.

_____,『朱子學の新研究』, 創文社, 2004.

原武史,『直訴と王權: 朝鮮 日本の「一君萬民」思想史』, 朝日新聞社, 1996.

伊東貴之,『思想としての中國近世』, 東京大學出版會, 2005.

入間田宣夫,「鎌倉時代の國家權力」, 原秀三郎等 編,『大系·日本國家史2 中世』, 東京大學出版會, 1975.

張海瀛,『張居正改革と山西萬曆清丈研究』, 山西人民出版社, 1993.

張希清·毛佩琦·李世愉主 編,『中國科擧制度通史』, 上海人民出版社, 2015.

赤嶺守,『琉球王國』, 講談社, 2004.

田中健夫,『中世對外關係史』, 東京大學出版會, 1975.

田川孝三,『李朝貢納制の研究』, 東洋文庫, 1964.

鄭樑生,『明日關係史の研究』, 雄山閣, 1985.

井上進,『顧炎武』, 白帝社, 1994.

井上徹,『中國の宗族と國家の禮制』, 研文出版, 2000.

佐久間重男,『日明關係史の研究』, 吉川弘文館, 1992.

佐藤文俊, 『明末農民反亂の研究』, 研文出版, 1985.

佐藤愼一, 『近代中國の知識人と文明』, 東京大學出版會, 1996.

佐藤泰弘, 『日本中世の黎明』, 京都大學學術出版會, 2001.

佐竹靖彦, 『中國古代の田制と邑制』, 岩波書店, 2006.

中根千枝 編, 『韓國農村の家族と祭儀』, 東京大學出版會, 1973.

重田德, 『清代社會經濟史研究』, 岩波書店, 1975.

中村榮孝, 『日鮮關係史の研究』 上 中 下, 吉川弘文館, 1965~69.

中村哲 編, 『東アジア資本主義の形成』, 青木書店, 1994.

增淵龍夫, 『歷史家の同時代史的考察について』, 岩波書店, 1983.

池田温, 『中國古代籍帳研究: 概說・錄文』, 東京大學東洋文化研究所, 1979.

真壁仁, 『德川後期の學問と政治 : 昌平坂學問所儒者と幕末外交変容』, 名古屋大學出
版會, 2007.

津出比呂志, 「古代水田の二つの型」, 樋口隆康他, 『展望—アジアの考古學–樋口隆康
教授退官記念論集』, 新潮社, 1983.

淺井清, 『明治維新と郡県思想』, 巌松堂書店, 1939.

清水盛光, 『支那家族の構造』, 岩波書店, 1942.

村井章介, 『アジアのなかの中世日本』, 校倉書房, 1988.

板野長八, 『中國古代における人間観の展開』, 岩波書店, 1974.

坂野正高, 『近代中國政治外交史』, 東京大學出版會, 1973.

片山剛 編, 『近代東アジア土地調査事業研究』, 大阪大學出版會, 2017.

平木實, 『朝鮮社會文化史研究』, 國書刊行會, 1987.

平野聰, 『興亡の世界史 17 大清帝國と中華の混迷』, 講談社, 2007.

何炳棣, 寺田隆信 外 譯, 『科擧と中國近世社會: 立身出世の階梯』, 平凡社, 1993.

何炳棣著, 寺田隆信・千種真一 譯, 『科擧と近世中國社會: 立身出世の階梯』, 平凡社, 1993.

戶川芳郎・蜂屋邦夫・溝口雄三共 著, 『儒教史』, 山川出版社, 1987.

和田正廣, 『明淸官僚制研究』, 汲古書院, 2002.

丸山眞男,『日本政治思想史研究』, 東京大學出版會, 1952.

荒木見悟,『明代思想研究』, 創文社, 1972.

荒木敏一,「宋代の方田均税法」,『東洋史研究』6-5, 1941.

_____,『宋代科擧制度研究』, 東洋史研究會, 1969.

後藤基巳,『明淸思想とキリスト教』, 研文出版, 1979.

黑田明伸,『中華帝國の構造と世界經濟』, 名古屋大學出版會, 1994.

ジャック・ジョルネ,「中國社會に及ぼした儒教的傳統の影響について」,『思想』
   792, 岩波書店, 1990.

J. R. ヒックス著, 新保博 譯,『經濟史の理論』, 日本經濟新聞社, 1995.

L. E. イーストマン, 上田信 ほか 譯,『中國の社會』, 平凡社, 1994.

M. フリードマン, 田村克己 ほか 譯,『中國の宗教と社會』, 弘文堂, 1987.

Anthony Reid, *Southeast Asia in the Age of Commerce*, 1450-1680, Vol. 2,
   Expansion and Crisis, Yale University Press, 1993

J. Palais, *Politics and Policy in Traditional Korea*, Harvard University Press, 1975

Sui-Wai Cheung edited. *Colonial administration and land reform in East Asia*,
   Routledge, Taylor & Francis Group, 2017.

찾아보기